DIERCKE Erdkunde
für Gymnasien in Nordrhein-Westfalen
9

Moderator:
Wolfgang Latz, Linz

Autoren:
Dieter Engelmann, Dortmund
Ursula Faust-Ern, Düsseldorf
Peter Gaffga, Idar-Oberstein
Wolfgang Latz, Linz
Evelyn Noll, Dortmund
Dr. Walter Weidner, Altlußheim

Wissenschaftliche Beratung:
Prof. Dr. Eckart Ehlers, Bonn

Dieses Buch ist Eigentum des Städt. Gymnasiums Schleiden

Ausgabe-Datum	Zu-stand*	Name des Schülers der Schülerin	Klasse Kurs	Rückgabe-Datum	Zu-stand*	Lehrer-zeichen
18.8.97	1	Torben Hoffmann	9a	15.6.98	1	
11.8.98	1	C. Schlosser	9b	14.6.95	1	
10.8.99	1	Simon Schmidt	9b	26.6.00	2+	
15.8.2000	2-	Markus Jatzke	9a			

* Die Zahlen von 1-6 entsprechen den Zeugnisnoten (1=neu)

westermann

Einband:
Blick über den Königssee
mit Watzmann und
Steinernem Meer

Dieses Papier wurde
aus chlorfrei gebleichtem
Zellstoff hergestellt

1. Auflage Druck 5 4 3 2
Herstellungsjahr   2000 1999 1998 1997
Alle Drucke dieser Auflage können im Unterricht parallel
verwendet werden.

© Westermann Schulbuchverlag GmbH, Braunschweig 1996

Verlagslektorat: Theo Topel, Susanne Guse
Herstellung: Hans-Georg Weber
Druck und Bindung: westermann druck GmbH, Braunschweig

ISBN 3-14-11 **4239**-4

Inhaltsverzeichnis

Europa – Einheit in der Vielfalt — 4
- Arbeit mit Texten — 10

Vielfalt und Wandel – Wirtschaftsräume in Deutschland — 12

Landwirtschaft in Deutschland – eingebunden in Europa — 15
Intensivieren oder aufgeben – Die westdeutsche Landwirtschaft — 16
- Die Qual der Zahl — 19

Intensivhaltung - Produktion wie am Fließband — 20
Vom Plan zum Markt - Die ostdeutsche Landwirtschaft — 22
Projekt: Nahrungsmittelversorgung bei uns — 24

Industrie und Dienstleistungen in Deutschland – mit europäischer Zukunft — 25
Ein strukturschwacher Raum macht sich fit – Ostdeutschland — 26
Schlank für den Weltmarkt – Der Industrieraum Stuttgart — 32
Industrie im Moor – Papenburg — 36
Auf dem Weg zur Dienstleistungsmetropole? – Berlin — 38
Wachstum ohne Schornsteine – Das andere Ruhrgebiet — 44
Fremdenverkehr – Hoffnung für den Bayerischen Wald — 50
Ergebnisseite — 55

Zwischen Arm und Reich – Staaten und Regionen in Europa — 56
Industrielle Schwerpunkte verlagern sich – Großbritannien — 59
Zentralismus und Dezentralisierung – Frankreich — 65
Reicher Norden, armer Süden – Italien — 71
Exportorientierte Landwirtschaft – Spanien — 75
Aktiver Süden, passiver Norden – Finnland — 79
EU – Probleme werden gemeinsam angepackt — 83

Vor den Toren der EU – Staaten im ehemaligen Ostblock — 99
Ein Land im Umbruch – Polen — 105
Neuer Staat mit schwerem Erbe – Tschechien — 111
* Aktiv- und Passivräume in Europa — 116
Wichtige Daten zu den Ländern der EU und ausgewählten Staaten der Erde — 118
Ergebnisseite — 119

Die Erhaltung der Umwelt – eine Aufgabe für alle — 120
Nutzung wider die Natur? – Der Rhein — 123
- Anfertigung einer Kartenskizze — 134

Boden – eine belastete Grundlage unseres Lebens — 135
Projekt: Versuche zum Thema Boden — 144
Luft und Klima – vom Menschen beeinflusst — 145
Projekt: Erkunden – Messen – Kartieren — 158
Ein gefährdetes Ökosystem – Die Ostsee — 159
Ergebnisseite — 167

Ein Raum unter der Lupe
Nationalpark Berchtesgaden – Schutz ohne Konflikte? — 168
- Kausaldiagramme veranschaulichen Zusammenhänge — 177
* International schützen – national handeln — 178

Minilexikon — 180
Bildnachweis — 184

- Einführung in geographische Arbeitsweisen
* Topographische Übungen

Europa – Einheit in der Vielfalt

Europa – Einheit in der Vielfalt

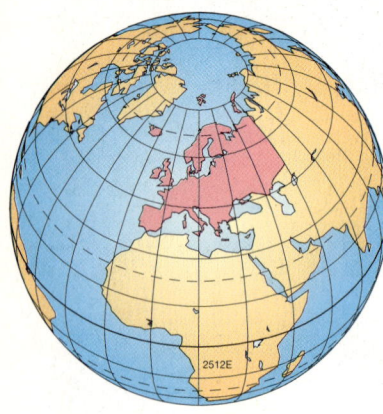

M1 Europa

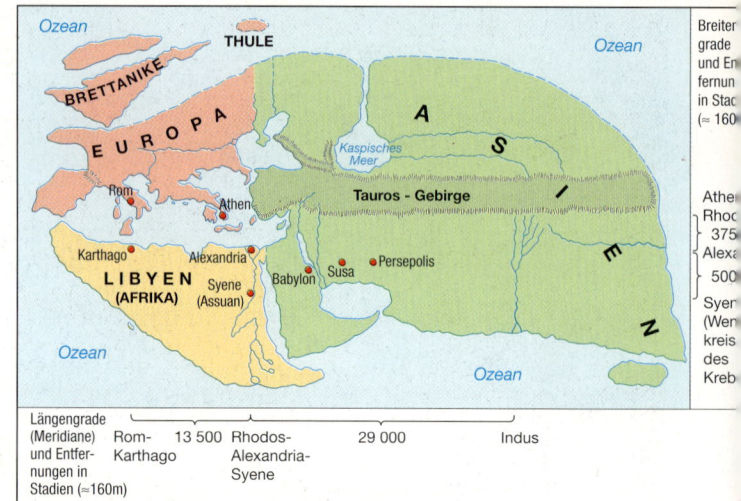

M2 Europa aus der Sicht des griechischen Gelehrten Eratosthenes von Kyrene (279-202 v. Chr.)

Wo liegt Europa?

Als der berühmte Geograph Alexander von Humboldt (1769-1859) gefragt wurde, wo denn der Kontinent Europa beginne und ende, antwortete er:

„Europa, das ist nur ein gewaltiger, vielgliedriger Fortsatz Asiens, der eigentlich keine Individualität besitzt. Man sollte daher nicht von 'Europa', sondern eher von 'Eurasien' sprechen."

Wo Europas Grenzen genau verlaufen, war und ist zum Teil auch heute noch umstritten. In der Antike war Europa der Kontinent, in dessen Richtung die Sonne unterging („ereb" = Land des Sonnenuntergangs). Asien („asu") dagegen galt als das „Land der aufgehenden Sonne". In späteren Jahrhunderten wurde vor allem die Ostgrenze Europas zum Streitpunkt unter den Gelehrten. Schon 1777 schlug der deutsche Geograph Pallas vor den Ural als Ostgrenze festzulegen. Heute hat man sich aus praktischen Gründen darauf geeinigt diese Grenze des Kontinents anzuerkennen. Am Ural verläuft in etwa auch eine Klimagrenze, die das kontinentale Klima im Westen Russlands von dem extrem kontinentalen Klima Sibiriens trennt.

Kein anderer Kontinent der Erde weist eine so vielfältige Gliederung auf engem Raum auf wie Europa. Lange, buchtenreiche Küsten, Gebirge, Beckenlandschaften und Ebenen gliedern den Kontinent. Allein 19% der Fläche Europas sind Halbinseln, 8% sind Inseln. Europa ist von Gebirgen umgeben: Im Norden und Westen liegen die erdgeschichtlich sehr alten, abgetragenen skandinavischen und britischen Gebirge. Die Mitte durchzieht eine abgetragene Gebirgsschwelle, zu der auch unsere Mittelgebirge gehören. Im Süden dagegen liegen die jungen Hochgebirge, die eine natürliche Grenze zu Südeuropa bilden.

---

1 Vergleiche *M2* und *M3*. Erläutere die Sicht des Eratosthenes.

2 Übertrage die Werte von *M5* in ein Säulendiagramm. Überlege, welche Art der Darstellung die günstigere ist.

3 Trage in je eine Kopie mit den Umrissen Europas
a) die natürlichen Vegetationszonen,
b) die Böden,
c) die klimatische Gliederung,
d) die Höhengliederung
des Kontinents ein. Suche Gemeinsamkeiten und Unterschiede (*Atlas*).

4 Begründe, warum Alexander von Humboldt von dem „Eurasischen Kontinent" sprach (*Atlas*).

M3 Satellitenbild Europa

Kontinente sind große, geschlossene Festlandmassen der Erde. Sie enden nicht an den Küstenlinien, sondern setzen sich im Meer bis an den Rand der Ozeanböden fort.

Subkontinente sind selbstständige Teile von Kontinenten. Sie bilden durch ihre Lage, Größe, Bevölkerung und ihre wirtschaftliche Entwicklung eigene Raumeinheiten. Zu den Subkontinenten gehört zum Beispiel Indien.

Erdteile sind Großräume, deren Einheit auch aus der gemeinsamen Kultur, der Geschichte und der gesellschaftlichen Ordnung entstanden ist.

M4 Kontinente, Subkontinente, Erdteile

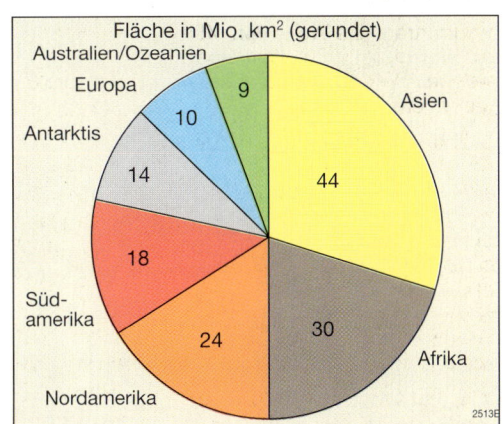

M5 Größe der Kontinente

Dom zu Speyer	(D)
Schloss Brühl	(D)
Kathedrale von Burgos	(E)
Moschee von Cordoba	(E)
Versailles	(F)
Apollo Heiligtum Delphi	(GR)
Zentrum von Florenz	(I)
Christuskloster Tomar	(P)
Westminster Palast und Abtei	(GB)
Tower von London	(GB)

M1 Ausgewählte Kulturdenkmäler Europas (UNESCO)

1 Fasse zusammen, was Europa trennt und was es verbindet (*Text, M1-M4*). Suche nach weiteren Beispielen.

2 Erarbeite mit *M2* und *M3* typische Merkmale der Romanik. Informiere dich über die Entstehung und Verbreitung dieses Baustils in Europa (*Lexikon*). Informiere dich ferner über den gotischen und barocken Baustil.

Ein, zwei, viele Europas?

Man spricht gewöhnlich von einem Europa, aber es gibt mehrere verschiedene Europas. Gemeint sind nicht nur die verschiedenen Nationen, die das Ergebnis einer mehr oder weniger langen Geschichte sind. Die erste große Trennlinie verläuft zwischen dem mediterranen Europa, das von der lateinischen Kultur und dem Mittelmeerklima geprägt ist und dem Europa nördlich der Alpen, dem atlantischen Europa. Ein weiteres Europa ist das slawische östlich der Elbe, ein kontinentales Europa. Weitere Unterteilungen sind ein iberisches, ein griechisches und ein italienisches Europa; oder ein germanisches, ein skandinavisches und ein britisches Europa; oder auch ein balkanisches, ein karpatisches usw.
(nach: Europa, der große Bildatlas, Stuttgart 1992, S. 6)

Andere Wissenschaftler behaupten, dass das, was Europa zu einem Erdteil zusammenbindet, mehr als die Landfläche zwischen Atlantik und Ural und mehr als das Staatenmosaik unseres Kontinents sei. „Was Europa eint, ist eine geistige und kulturelle Klammer, die von der Antike bis heute reicht."
(Weidenfeld, W. (Hrsg.), Die Identität Europas, Bonn 1994, S. 13 ff.)

Gemeinsam steht Europa in der Tradition der Antike und des Christentums. Gemeinsam hat man romanische und gotische Kirchen gebaut. Europäische Völker haben andere Kontinente entdeckt und erschlossen. Gemeinsam hat Europa das Gesicht der modernen Welt geprägt, technisch, rechtlich, sozial. Amerika und Russland sind ohne ihre europäischen Wurzeln nicht denkbar.
(Europa-Bürgerinformationen 1983)

M2 und M3 Beispiele romanischer Baukunst: die Dome zu Speyer (links) und Pécs, Ungarn (rechts)

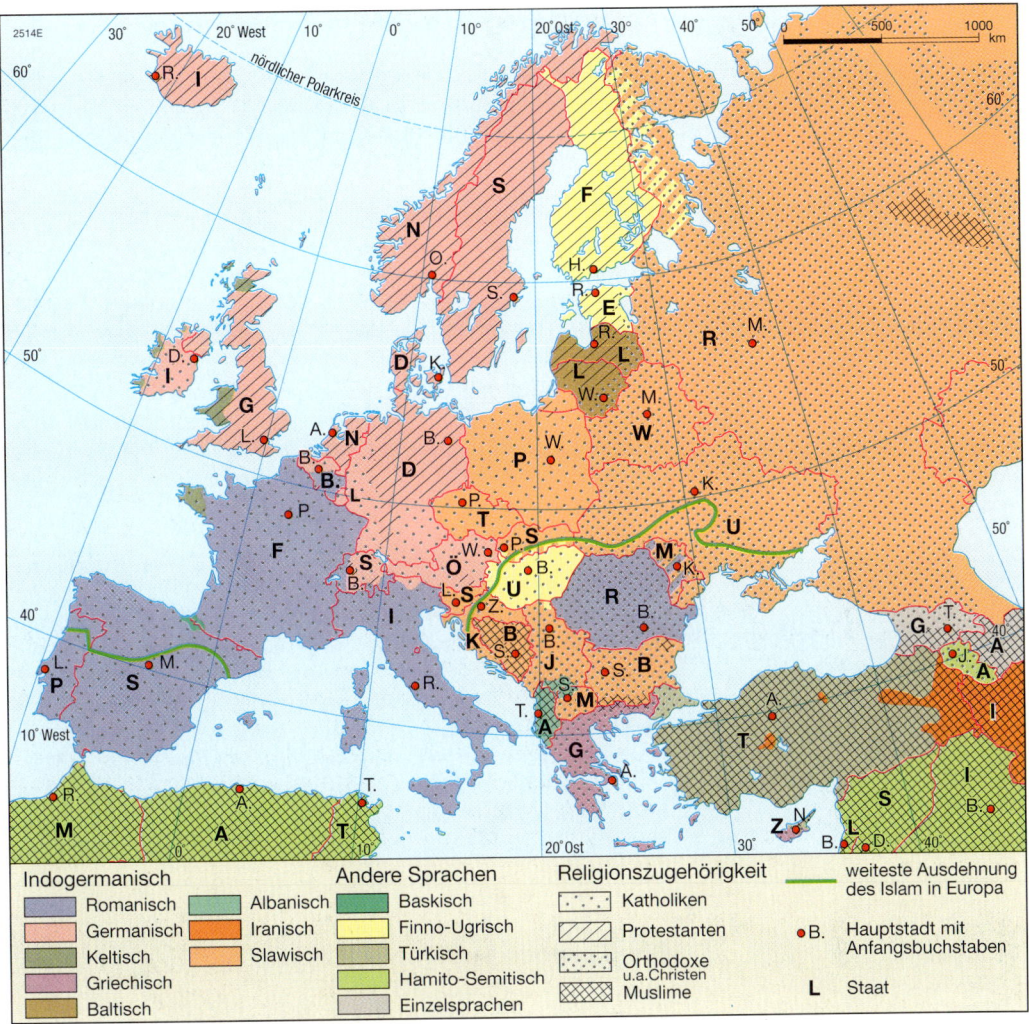

M4 Sprachen und Religionen verbinden und trennen

1. Die Religion: Eine wichtige Klammer, die das europäische Haus zusammenhält, ist das Christentum. Ab dem 4. Jahrhundert begann von Rom aus die Missionierung des Kontinents. Mit den Klöstern und Bischofssitzen wurden christlicher Glaube und Wertvorstellungen über den Kontinent verbreitet.

2. Die Sprache: Ebenfalls ab dem 4. Jahrhundert wurde Latein die offizielle Sprache der Kirche. Die geistlichen und weltlichen Gelehrten schrieben ihre Bücher in Latein. Latein galt als die verbindende Sprache der Gelehrten. Auch unsere heutigen Sprachen haben viele gemeinsame Wurzeln.

3. Die Kunst und Architektur: Europäische Kirchen und Schlösser wurden zu bestimmten Zeiten oft nach ähnlichen Bauplänen errichtet. Auch die typischen Stilelemente von Malerei und Musik einer Epoche waren in ganz Europa bekannt und wurden teilweise nachgeahmt.

4. Staatsformen und Wertvorstellungen: Fast alle europäischen Staaten bekennen sich zur Demokratie, einer Staatsform, die bereits vor über 2000 Jahren in Griechenland entstand. Europa verbindet ferner das Bekenntnis der Völker zur Beachtung der Freiheit und Menschenwürde.

M5 Was Europa verbindet

M1 Fall der Zollgrenzen am Übergang Venlo-Schwanenhaus

Auf dem Weg zu einem geeinten Europa

Die Idee eines geeinten Europa ist keine Erfindung unserer Zeit, sondern lässt sich weit in die Geschichte zurückverfolgen. Für viele gilt Karl der Große, der König der Franken und römische Kaiser (747-814), als der „Vater Europas". Wie er, träumten der Philosoph Erasmus von Rotterdam (1466-1536), der französische Dichter Victor Hugo (1802-1885) und der englische Politiker Winston Churchill (1874-1965) von einem geeinten Europa. Auch die Politiker unserer Zeit bekennen sich zu dem „Europäischen Haus", das endlich zusammenfinden soll.

Viele Jahrhunderte jedoch zerfiel Europa in ein Mosaik kleiner Staaten, die oft genug gegeneinander Krieg führten. Noch bis 1990 lief ein Riss quer durch Europa und Deutschland. Der „Eiserne Vorhang" trennte die westliche Staatengemeinschaft von dem „Ostblock", den kommunistisch regierten Ländern.

Seit 1951 treiben europäische Politiker die Einigung des Kontinents voran. 1967 wurde die Europäische Gemeinschaft (EG) beschlossen, deren Mitgliedsstaaten Teile ihrer nationalen Rechte an europäische Institutionen abtraten. 1992 wurde im Vertrag von Maastricht die Europäische Union (EU) gegründet, die die europäischen Staaten noch enger zusammenbindet und den Bürgern neue Freiheiten eröffnet. Trotz vielfältiger Unterstützungen bestehen innerhalb der Mitgliedsstaaten große Unterschiede in der Wirtschaftsleistung (Bruttosozialprodukt). Sollten auch die Länder Osteuropas in die EU aufgenommen werden, würde sich das Wirtschaftsgefälle weiter verschärfen.

Die Chancen unserer Zeit

Deutschland bekennt sich heute, da wir die Chance haben die Teilung Europas endgültig zu überwinden, klar zur europäischen Integration. Auch nachdem wir unsere staatliche Einheit mit Zustimmung aller europäischen Staaten friedlich wiedergewonnen haben, decken sich unsere nationalen Interessen mit denen Europas. Für unser Land, dessen wirtschaftliche Leistungskraft so sehr von offenen Grenzen abhängt und das in der Mitte Europas mehr Nachbarn hat als sonst ein Staat, gibt es keinen anderen Weg. Wir wollen keine bloße Freihandelszone. Solidarisches und gemeinschaftliches Handeln sind für alle Völker unverzichtbar. Die Menschen erwarten von Europa, dass es entschlossen beiträgt zur Überwindung der Arbeitslosigkeit und zur Förderung des Friedens und der inneren Sicherheit. Die wirtschaftliche Erneuerung im Innern gehört aus meiner Sicht ebenso dazu wie eine offene Haltung nach außen.
(nach: Bundespräsident Roman Herzog, in: Europa extra 12/94)

Arbeit mit Texten

1. Lies die Texte auf den Seiten 10 und 11 sorgfältig durch.

2. Nenne die Autoren, die Quellen und die Erscheinungsjahre.

3. Nenne das Thema der Texte.

4. An wen richten sich die Texte?

5. Suche Fachausdrücke und Schlüsselworte.

6. Gliedere die Texte in Sinnabschnitte.

7. Wiederhole die Textaussagen.

8. An welcher Stelle werden Meinungen, an welcher Fakten dargestellt?

9. Überlege, welche Meinungen die Autoren vertreten.

10. Welche Fragen oder Probleme lassen die Texte aus?

M2 Die Europäische Union

Die neuen Freiheiten in EU-Europa

Die EU ist das wirtschaftliche Kraftzentrum der Welt und sie bietet ihren Bürgern neue Freiheiten. Dazu gehören zum Beispiel der freie Personenverkehr, Grenzkontrollen fallen weg und es besteht eine Niederlassungs- und Beschäftigungsfreiheit für alle EU-Bürger. Darüber hinaus ist auch der freie Warenverkehr garantiert. Voraussetzung war jedoch, dass Normen und Vorschriften gegenseitig anerkannt und harmonisiert und Steuern angeglichen wurden. Man vereinbarte ferner, dass Grenzkontrollen entfallen. Die EU-Staaten verständigten sich auf den freien Dienstleistungsverkehr: Banken-, Versicherungs- und Telekommunikationsmärkte wurden europaweit geöffnet. Für die Jugend wurden die Programme „Socrates" und „Leonardo" gegründet, mit denen die schulische und berufliche Ausbildung sowie das Erlernen von Fremdsprachen gefördert werden.

(nach: Renner, G./Czada, P., Vom Binnenmarkt zur Europäischen Union, Bühl 1992)

1 Beschreibe das Zusammenwachsen Europas (*Text, M2*).

2 Erstelle eine Grafik zu der Einwohnerzahl und dem Bruttoinlandsprodukt (BIP) der EU-Länder. Gliedere dabei nach Nord-, West-, Süd- und Mitteleuropa (Daten auf *Seiten 56/57*).

3 Fasse die Vorteile zusammen, die der Zusammenschluss den EU-Mitgliedern bringen kann.

4 Bearbeite die Quellentexte nach den vorgeschlagenen Schritten der Textarbeit.

Marschland bei Wilhelmshaven

Frankfurt – "Mainhattan"

Industrieregion Stuttgart

Vielfalt und Wandel – Wirtschaftsräume in Deutschland

Blick über die Havel nach Spandau (Berlin)

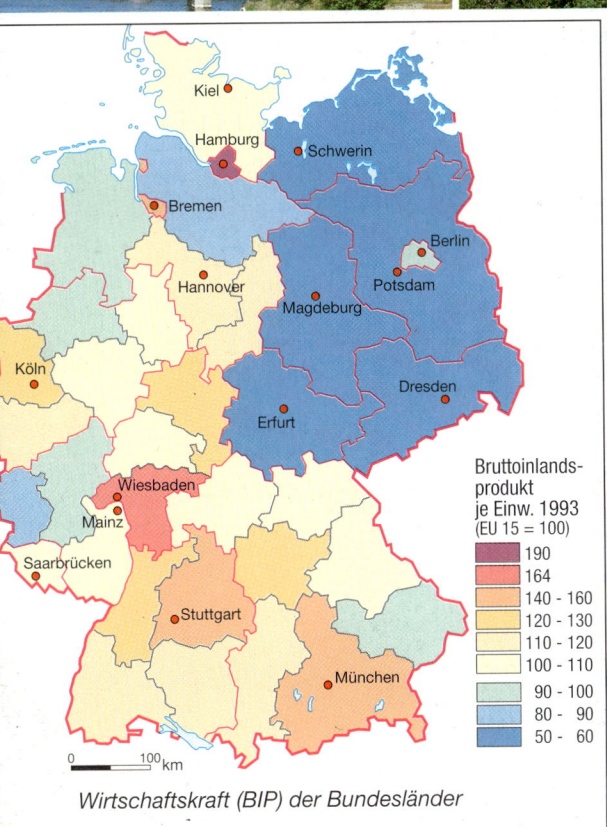

Wirtschaftskraft (BIP) der Bundesländer

Bruttoinlandsprodukt je Einw. 1993 (EU 15 = 100)
- 190
- 164
- 140 - 160
- 120 - 130
- 110 - 120
- 100 - 110
- 90 - 100
- 80 - 90
- 50 - 60

Landschaftspark Duisburg-Nord – ehemals ein Stahlwerk (Gebläsehalle)

Vielfalt und Wandel – Wirtschaftsräume in Deutschland

> Dienstleistungen – Wachstumsbranche Nr. 1!
> Immer weniger Beschäftigte – immer mehr Computer
> Hofsterben bundesweit – das Ende der Landwirtschaft?
> Der Siegeszug des Roboters
> Die neuen Länder – Armenhaus der Nation?

Die deutsche Wirtschaft hat sich in den letzten Jahrzehnten stark gewandelt. Dies wird deutlich an der veränderten Bedeutung der **Wirtschaftssektoren**: Noch in den 50er Jahren hatte der **sekundäre Sektor** (die verarbeitende Industrie) den größten Anteil an der Zahl der Beschäftigten in Deutschland. Außerdem leistete dieser Wirtschaftssektor auch den höchsten Beitrag zum deutschen **Bruttoinlandsprodukt (BIP)**, dem Gesamtwert aller im Land produzierten Güter und erbrachten Dienstleistungen. Auch der **primäre Sektor** (Landwirtschaft, Forstwirtschaft und Fischerei) besaß noch eine gewisse Bedeutung.

Seitdem zeigt sich jedoch ein verändertes Bild: Der **tertiäre Sektor** hat sehr stark an Bedeutung gewonnen. Zu ihm zählen Handel, Banken und Verkehrsbetriebe, Tourismus und Verwaltung. Der primäre Sektor dagegen hat nur noch einen verschwindend geringen Anteil an den Beschäftigten und am BIP.

Was für ganz Deutschland gilt, gilt jedoch nicht für die einzelnen Regionen: In einigen Teilen des Ruhrgebietes zum Beispiel ist der Bergbau nach wie vor von Bedeutung, in Friesland und im Allgäu die Landwirtschaft. Für die Region Stuttgart ist der sekundäre Sektor besonders wichtig, für Frankfurt und den Bayerischen Wald der tertiäre Sektor.

Dabei sind die einzelnen Regionen sehr unterschiedlich entwickelt. Neben Räumen mit einer sehr hohen Wirtschaftskraft liegen wirtschaftlich schwache mit vielen Arbeitslosen. Solche **räumlichen Disparitäten** innerhalb eines Staates sind typisch für alle europäischen Staaten. In Deutschland sind die Unterschiede zwischen den alten und neuen Bundesländern jedoch besonders extrem.

M1 Bundesländer im Vergleich

	Einwohner in %	Bruttoinlandsprodukt 1993 Anteil am BIP in %	Bruttoinlandsprodukt 1993 DM je Erwerbstätigen
Baden-Württemberg	12,5	15,0	90 500
Bayern	14,5	16,9	87 400
Berlin	4,4	4,3	74 200
Brandenburg	3,1	1,5	35 200
Bremen	0,8	1,2	93 800
Hamburg	2,1	4,0	121 400
Hessen	7,3	9,9	104 900
Mecklenburg-Vorpommern	2,3	1,0	32 900
Niedersachsen	9,4	8,9	82 000
Nordrhein-Westfalen	21,8	22,8	89 100
Rheinland-Pfalz	4,8	4,5	86 600
Saarland	1,3	1,3	83 300
Sachsen	5,7	2,6	33 500
Sachsen-Anhalt	3,5	1,6	35 100
Schleswig-Holstein	3,3	3,2	83 400
Thüringen	3,1	1,3	31 900
Bundesgebiet	100	100	80 500

1 a) Beschreibe die Entwicklung der Wirtschaftssektoren in Deutschland *(M2)*.
b) Überlege Gründe dafür.

2 a) Setze *M1* in ein Diagramm um.
b) Inwieweit werden in *M1* räumliche Disparitäten deutlich?

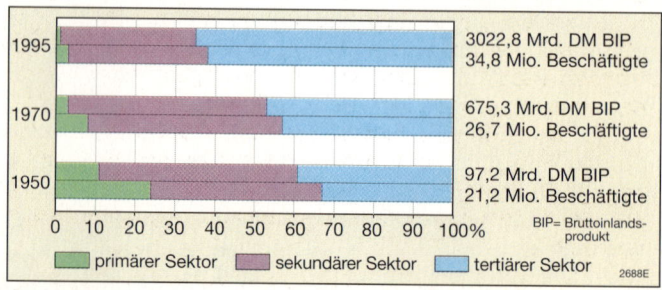

M2 Entwicklung der Wirtschaftssektoren in Deutschland

Die Zukunft der Landwirtschaft: Bio-Diesel aus Raps? ▷

Landwirtschaft in Deutschland – eingebunden in Europa

Wusstest du schon, dass die Bauern von einem Brot, das im Geschäft 4,50 DM kostet, nur etwa 30 Pfennig erhalten? ..., dass täglich etwa 71 Bauern ihren Hof aufgeben? ..., dass vor 60 Jahren zur Bearbeitung von 100 ha etwa 40 Menschen nötig waren, heute dagegen nur noch 2 bis 3? ..., dass in der Zeit nach dem Zweiten Weltkrieg bis heute über eine Million landwirtschaftlicher Betriebe aufgegeben worden sind? ..., dass ein computergestütztes Spritzgerät bis auf 2% genau die exakt vorgegebene Menge an Pflanzenschutzmitteln pro Hektar einhält? ..., dass ein Großteil der Landwirte ihr Vieh per Computersteuerung füttert? ..., dass Raps zu den fettreichsten Pflanzen zählt und pro Hektar die Produktion von 1500 Litern reinem Öl ermöglicht? ..., dass über die Hälfte der Bundesbürger für die Mehrarbeit bei art- und umweltgerechter Produktion zwischen 10 und 20 % mehr bezahlen würde?

Intensivieren oder aufgeben
Die westdeutsche Landwirtschaft

Ohne Erhöhung der Produktivität keine Überlebenschance

Herr Heimann, alle zwanzig Minuten muss in Deutschland ein Bauer seinen Hof aufgeben. Sie sind einer der wenigen Landwirte, die ihren Hof erhalten und das Einkommen aus der Landwirtschaft gesteigert haben. Wie war das möglich?

Bei den großen Problemen, mit denen wir Bauern in Westdeutschland zu kämpfen haben, war das nicht leicht. Denken Sie nur an die Konkurrenz der Großbetriebe in Frankreich, England oder Ostdeutschland, die ihre Maschinen besser einsetzen und dadurch kostengünstiger produzieren können. Wenn ich weiterhin ausschließlich von der Landwirtschaft leben und meinen Hof als **Vollerwerbsbetrieb** erhalten wollte, hatte ich nur eine Chance: Ich musste die **Produktivität** erhöhen.

Was bedeutet das?

Das heißt zunächst einmal, dass ich mehr produzieren musste. Dies war nur möglich, wenn ich meine Anbaufläche vergrößerte und mehr Maschinen einsetzte. Deshalb habe ich durch Zupacht von Land meinen Betrieb erheblich vergrößert und im Laufe der Jahre immer teurere und leistungsfähigere Maschinen eingesetzt.

Neben dieser verstärkten **Mechanisierung** war besonders die **Intensivierung** des Anbaus produktionssteigernd. So habe ich zum Beispiel allein durch verbesserte Anbautechniken, besseres Saatgut und ertragreichere Pflanzen meine Produktion in den letzten 30 Jahren um fast 40% erhöhen können.

Andererseits konnte ich meine Produktivität dadurch steigern, dass ich die Kosten so weit wie möglich gesenkt habe. Hierbei fielen besonders die Entlassung zahlreicher Arbeitskräfte, aber auch der verminderte Einsatz von Dünger und teuren Pflanzenschutzmitteln ins Gewicht. Auch bei der Ernte spare ich Geld. Ich lasse sie gegen

M1 Lage der Fallbeispiele

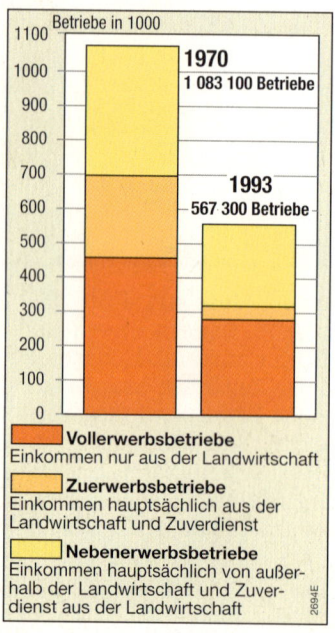

M2 Landwirtschaftliche Betriebe nach Erwerbsstruktur

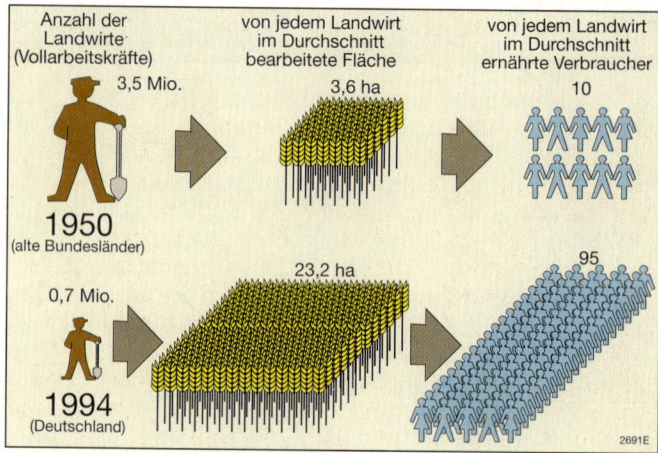

M3 Entwicklung der Produktivität

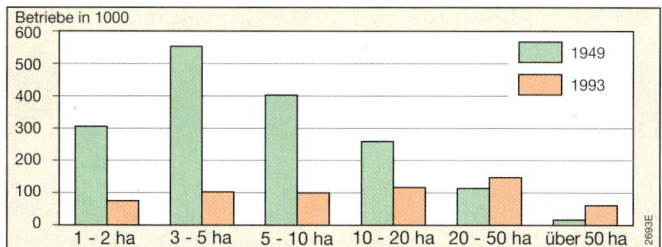

M4 Betriebsgrößenstruktur in der westdeutschen Landwirtschaft 1949 und 1993

Lohn einbringen statt teure Maschinen zu kaufen und zu unterhalten. Den Anbau zu intensivieren und die Kosten zu senken reichte jedoch noch nicht aus. Ich musste mich auch auf wenige Produkte konzentrieren.

*Was hat eine solche **Spezialisierung** mit der Steigerung von Produktivität zu tun?*

Gleichzeitig Gemüse anzubauen und Tiere zu halten war für mich zu teuer. Selbst bei hoher Mechanisierung konnte ich damit nicht so viel Geld verdienen wie mit der Produktion von Ackerfrüchten. So habe ich mich auf den Anbau von Getreide und Zuckerrüben spezialisiert. Meine Maschinen, wie zum Beispiel der Rübenvollernter, sind nun besser ausgelastet und die Personalkosten drastisch gesunken. Somit produziere ich pro Hektar jetzt mehr und billiger als früher.

Bei solchen Erfolgen brauchen Sie sich ja um die Zukunft Ihres Hofes keine Sorgen zu machen?

Das wäre schön! Große Sorgen machen mir zum Beispiel die Erzeugerpreise. Sie entwickeln sich völlig anders als die Kosten für meine Betriebsmittel. Will ich trotz sinkender Erzeugerpreise mein Einkommen halten, so muss ich immer mehr produzieren. Da es allen Bauern so geht, wird mehr produziert, als man verkaufen kann. Das führt in Deutschland und in der Europäischen Union (EU) zu

M5 Der Vollerwerbsbetrieb der Familie Heimann bei Paderborn

	1960	1995
LN^1	157 ha	240 ha
Ackerfläche:		
- Getreide	56%	59%
- Raps und Grassamen	11%	7%
- Futterpflanzen	25%	0%
- Zuckerrüben	0%	20%
- Gemüse	10%	0%
- Stilllegung	0%	14%
Vieh:		
- Milchkühe	72	0
- Jungrinder	68	0
- Säue	65	0
- Mastschweine	480	0
Arbeitskräfte	16	2
davon Lohnarbeitskräfte	15	1
Kosten:		
- Lohn	110 000/Jahr	52 000/Jahr
- Maschinen	128 DM/ha	370 DM/ha
Aufwand für Arbeitserledigung, z.B. für die Ernte:	848 DM/ha	1100 DM/ha
Subventionen	0 DM/ha	500 DM/ha

LN^1 = landwirtschaftliche Nutzfläche

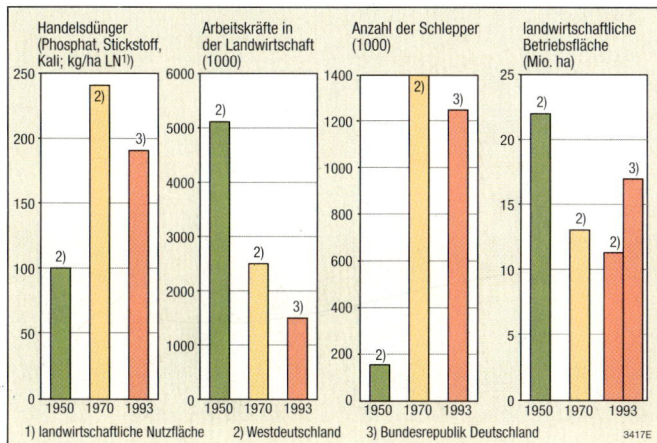

M6 Daten zur deutschen Landwirtschaft

1 Die deutsche Landwirtschaft macht einen bedeutenden Strukturwandel durch. Begründe diesen Satz mit Hilfe von *M2* und *M4*.

2 Erläutere die Entwicklung der Produktivität *(M3, M5* und *M6).*

3 In der Landwirtschaft gilt das Prinzip: Wachse oder weiche. Erkläre.

17

M1 *Erzeugerpreise ausgewählter Produkte*

Erzeugnis	1985/86	93/94
	DM/100 kg	
Brotroggen	41,30	25,15
Futtergerste	40,55	24,59
Schweine	338,00	246,00
Milch	60,74	56,74
Brathähnchen	1,97	1,49

(Quelle: Agrarbericht der Bundesregierung 1995)

M2 *Preisentwicklung für Betriebsmittel (in DM)*

	1960	1995
Stickstoffdünger (100 kg)	9,25	25
1 Traktor	35 000	160 000

einer teuren **Überproduktion.** Die Überschüsse, etwa bei Getreide, müssen für viel Geld eingelagert und können nur mit Verlust auf dem Weltmarkt verkauft werden.

Gibt es keinen Ausweg aus diesem Teufelskreis immer mehr für immer weniger Geld produzieren zu müssen?
Doch, entweder kostendeckende Preise oder staatliche Unterstützung in der jetzigen Form. Für jeden Hektar mit Getreide erhalte ich von der EU zum Beispiel 616 DM/Jahr. Dafür muss ich allerdings einen Teil meiner Fläche brachliegen lassen. Mit dieser **Flächenstilllegung** soll die Überproduktion bei uns und in der EU abgebaut werden. Für jeden Hektar stillgelegte Fläche erhalte ich einen Ausgleich von 780 DM pro Jahr (1994). Insgesamt machen die **Subventionen** über 50% meines Gewinns aus.

Welche Rolle spielen bei den hohen Subventionen die naturräumlichen Voraussetzungen und der Markt?
Trotz aller Fortschritte bei der Produktion sind Klima, Boden und Markt weiterhin sehr wichtig. Die Zuckerrüben baue ich zum Beispiel an, weil hier der fruchtbare Boden hohe Hektarerträge liefert und ich mit ihnen relativ gute Gewinne erziele.

Die Einbindung in die EU bringt für mich Vor- und Nachteile. Vorteilhaft ist, dass sich der Markt für landwirtschaftliche Produkte enorm vergrößert hat und unsere Erzeugnisse überall in der EU zollfrei verkauft werden können. Nachteilig ist zum Beispiel, dass die in Brüssel getroffenen Regelungen gleichermaßen für alle Länder gelten. Nehmen Sie etwa die für Getreide festgesetzten niedrigen Preise. Sie machen mir hier bei den hohen Kosten für Betriebsmittel erheblich mehr Probleme als zum Beispiel einem französischen Bauern mit niedrigeren Kosten. Ich muss meine Produktivität noch mehr steigern – aber wie lange ist das noch möglich?

1 Erläutere die Folgen, die sich durch die unterschiedliche Entwicklung der Preise für landwirtschaftliche Erzeugnisse und Betriebsmittel ergeben.

2 Berechne die Subventionen, die für den Betrieb Heimann jährlich für die Flächen anfallen, die mit Getreide angebaut bzw. stillgelegt sind.

3 Begründe, weshalb viele Bauern mit der Abhängigkeit von den agrarwirtschaftlichen Entscheidungen in Brüssel nicht zufrieden sind.

M3 *Stillgelegte Ackerfläche, auf der gegen Erosion und Nährstoffverlust bodendeckende Pflanzen angebaut werden*

Die Qual der Zahl

Viele Inhalte im Fach Erdkunde lassen sich besonders gut und einfach mit Hilfe von Zahlen darstellen. Ob die Koordinaten eines Ortes bestimmt, Klimadaten ausgewertet oder, wie im vorliegenden Fall, die Entwicklung der landwirtschaftlichen Produktion in den neuen Bundesländern/Ostdeutschland bzw. Westdeutschland erfasst wird, immer geht es darum mit Hilfe von Zahlen einen Sachverhalt zu erfassen und auszudrücken.

In den Statistiken überwiegen *absolute Zahlen*. Sie stellen exakte, leicht zu vergleichende Werte dar und geben Grundinformationen zu unterschiedlichen Sachverhalten (Menge, Größe, Häufigkeit).

Häufig sind sie wenig anschaulich. Hier helfen *relative Zahlen* weiter. Sie setzen zwei Werte zueinander in Beziehung, so z.B. bei dem Ertrag in dt je ha die Menge einer bestimmten Fruchtart (in 1000 kg) und die Wirtschaftsfläche (pro ha = 10 000 m^2).

Einen noch besseren Vergleich ermöglichen die **Indexzahlen**. Sie beziehen sich auf die absoluten Werte eines ausgewählten Zeitraumes, die gleich 100 gesetzt werden. Andere Zeiträume werden dann dazu wie Prozentzahlen in Beziehung gesetzt. So kann man mit Indexzahlen besonders gut eine zeitliche Entwicklung darstellen und zwei oder mehrere unterschiedliche Sachverhalte miteinander vergleichen, weil man sie alle auf den vergleichbaren Ausgangswert 100 setzt.

Beachte!

Um Zahlen richtig zu interpretieren muss man sehr aufpassen. Während absolute Zahlen kaum Probleme bereiten, können relative Zahlen sehr unterschiedliche Sachverhalte ausdrücken:

- Ein Anstieg der Betriebsfläche um 7% macht bei einem Hof von 25 ha 1,75 ha aus, bei einem solchen von 350 ha aber 24,5 ha, also das 14fache.

- Hat der Besitzer eines 20 ha großen Hofes 10 ha dazugekauft, so kann er stolz von einer 50%igen Vergrößerung sprechen, der Besitzer eines 200 ha großen Hofes dagegen nur von einer 5%igen Vergrößerung.

Auch Indexzahlen können zu falschen Vorstellungen von den dargestellten Sachverhalten führen: Die beiden Werte 116,0 und 96,8 für Weizen in Ost- und Westdeutschland (M4) zum Beispiel sagen nur aus, dass die Weizenfläche gegenüber der Fläche von 1985 um 16% zu- bzw. 3,2% abgenommen hat. Beide Zahlen verschweigen aber, wie viel das tatsächlich ist. Will man sich genau informieren, helfen nur absolute Zahlen weiter.

M4 Anbau und Ertrag ausgewählter Feldfrüchte in Ost- und Westdeutschland

Fruchtart	1985		1990		1994		1994/85		1994/85		Index 1994 1985 =100	
	Ost	West	Ost	West	Ost	West	Ost	West	Ost	West	Ost	West
	\multicolumn{7}{c}{Anbaufläche in 1000 ha}			in %			
Getreide, darunter	2519	4884	2478	4471	2041	4192	-478	-692	-19,0	-14,2	81	85,8
Weizen	744	1624	759	1671	863	1572	+119	-52	+16,0	-3,2	116,0	96,8
Roggen	690	426	643	413	380	343	-310	-83	-45,0	-19,5	55,0	80,5
Gerste	882	1949	920	1693	623	1447	-259	-502	-29,4	-25,8	70,6	74,2
Hafer	178	584	134	339	69	323	-109	-261	-61,3	-44,7	38,7	55,3
Kartoffeln	475	220	337	211	60	233	-415	+13	-87,4	+5,9	12,6	105,9
Zuckerrüben	233	403	202	406	133	367	-100	-36	-42,9	-8,9	57,1	91,1
Raps und Rüben	144	266	149	570	621	436	+477	+170	+331	+63,9	431,0	163,9
					Ertrag in dt/ha				in %			
Getreide, darunter	46,2	53,1	47,2	57,9	56,2	59,2	+10	+6,1	+21,6	+11,5	121,6	111,5
Weizen	52,9	60,8	55,2	66,2	64,3	69,6	+11,4	+8,8	+21,6	+14,5	121,6	114,5
Roggen	36,3	42,8	31,8	47,1	44,1	51,8	+7,8	+9,0	+21,5	+21,0	121,5	121,0
Gerste	49,5	49,7	52,2	54,3	55,3	51,5	+5,8	+1,8	+11,7	+3,6	111,7	103,6
Hafer	42,0	48,1	42,6	45,3	37,3	43,6	-4,7	-4,5	-11,2	-9,4	88,8	90,6
Kartoffeln	259,9	359,3	201,9	342,8	247,9	350,6	-12,0	-8,7	-4,6	-2,4	95,4	97,6
Zuckerrüben	318,0	516,3	360,5	585,8	391,7	517,9	+73,7	+1,6	+23,2	+0,3	123,2	100,3
Raps und Rüben	26,4	30,2	24,6	30,2	27,9	26,7	+1,5	-3,5	+5,7	-11,6	105,7	88,4

Intensivhaltung – Produktion wie am Fließband

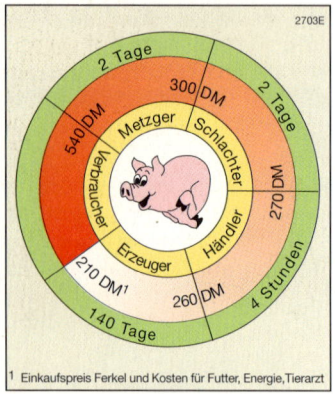

M1 Wer verdient am Schwein?

M2 Beratungs- und Erzeugerring Sögel e.V., bei Cloppenburg

230 Mitglieder; 63 Sauenhalter mit Ferkelproduktion; ca. 50 000 Stück; ca. 42 Sauen pro Betrieb und 167 Mastbetriebe mit Schweinemast; ca. 183 000 Stück; ca. 660 gr tägliche Gewichtszunahme.
5 LKW für Transport zum Schlachthof; 2 LKW für Transport zu den 23 Zerlegerbetrieben.
Fläche: etwa 8 000 ha; durchschnittlich ca. 34,7 ha pro Betrieb.

1 Erläutere das Schema der Lieferbeziehungen des Beratungs- und Erzeugerrings in Sögel (M6).

2 Erläutere den Konkurrenzdruck, dem die Mastbetriebe ausgesetzt sind (M4 und M7).

3 Verdeutliche, wie dem Schutz der Umwelt bei der Schweinemast in Sögel und Umgebung Rechnung getragen wird.

Schweinefleisch – europaweite Konkurrenz

Auch für die Vollerwerbsbetriebe, die dem Beratungs- und Erzeugerring in Sögel angeschlossen sind, besteht die einzige Chance zu überleben darin sich zu spezialisieren und die Produktivität zu erhöhen. So beschäftigen sie sich intensiv mit nur einem Zweig der Produktion, etwa der Aufzucht von Zuchtsauen und Ferkeln oder der Schweinemast. Diese **Intensivhaltung** wird unterstützt durch eine Beratung seitens der Zentrale in Sögel. Sie hilft bei Fragen der betrieblichen Erweiterung oder der Produktion, wie zum Beispiel bei der Futterzusammensetzung oder bei der Festlegung der Stalltemperatur während der Aufzucht.

Die Bauern des Erzeugerrings wie auch die übrigen deutschen Schweinemäster müssen sich gegen starke europäische Konkurrenz auf dem heimischen Fleischmarkt durchsetzen. Große Importmengen, vor allem aus Dänemark und den Niederlanden, erhöhen bei uns das Angebot an Schweinefleisch und drücken die Preise. Niedrige Preise führen dazu, dass viele Betriebe nicht mehr genügend Gewinne erwirtschaften können und aufgeben müssen.

Die Bauern des Beratungs- und Erzeugerrings versuchen dem starken Druck der ausländischen Konkurrenz auf mehrere Arten zu begegnen: verbesserte Vermarktung, Kostensenkung und Erweiterung der Verdienstmöglichkeiten. Dazu stellt man die hohe Qualität des Fleisches heraus, weist auf die ständige Kontrolle der Ställe und der Produktion hin sowie auf die kurzen Wege, die die Schweine bis zum Schlachter zurücklegen.

Ferner zieht man so viele Ferkel wie möglich bei einer Zuchtsau auf und verkauft die Schweine nicht mehr an den Schlachthof, sondern lässt sie dort nur gegen Lohn schlachten. Mit dem Fleisch beliefert man dann Metzgereien in ganz Deutschland und in der Schweiz. Statt

M3 Herkunft des Kraftfutters bei der Schweinemast, Region Sögel

getreidehaltiges Futter (80 %)	eiweißhaltiges Futter (20 %)
- zwei Drittel werden an Ort und Stelle produziert;	- etwa 3 - 5 % werden an Ort und Stelle produziert;
- ein Drittel wird importiert, überwiegend aus Ostdeutschland	- 95 bis 97 % werden importiert, vorwiegend Soja aus Brasilien

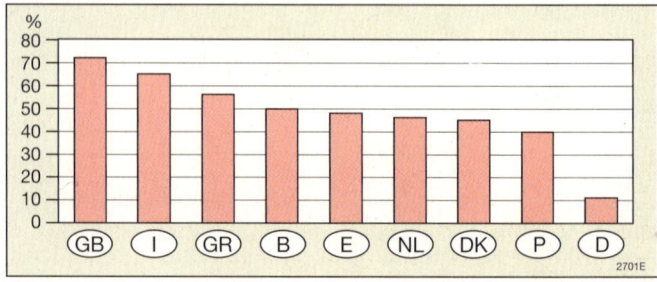

M4 Betriebe mit über 1000 Tieren in der Schweinehaltung, 1993

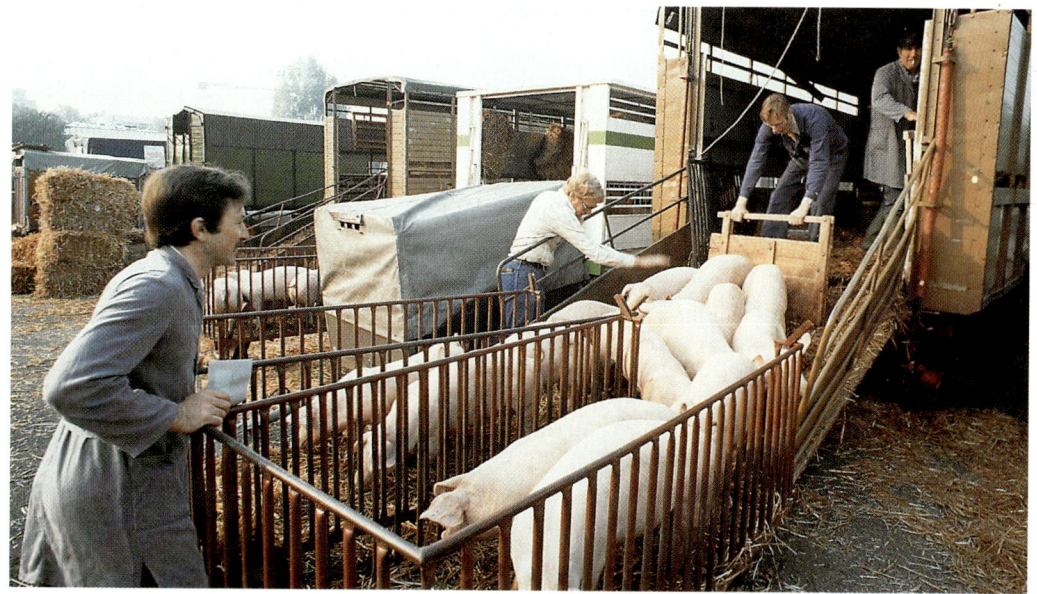

M5 Viehtransport

2,70 DM je kg vom Schlachthof erhält man so 3,30 DM von den Landmetzgern (1994).

Eine zusätzliche Kostenbelastung stellen die zahlreichen deutschen Umweltschutzauflagen dar. So darf ein Mäster zum Beispiel nicht mehr Tiere halten, als er Gülle auf eigenen oder fremden Feldern entsorgen kann. Einige teure zentrale Güllelager wurden um Sögel herum angelegt. So kann man die Gülle zwischenlagern und umweltverträglich auf die gesamte Fläche verteilen.

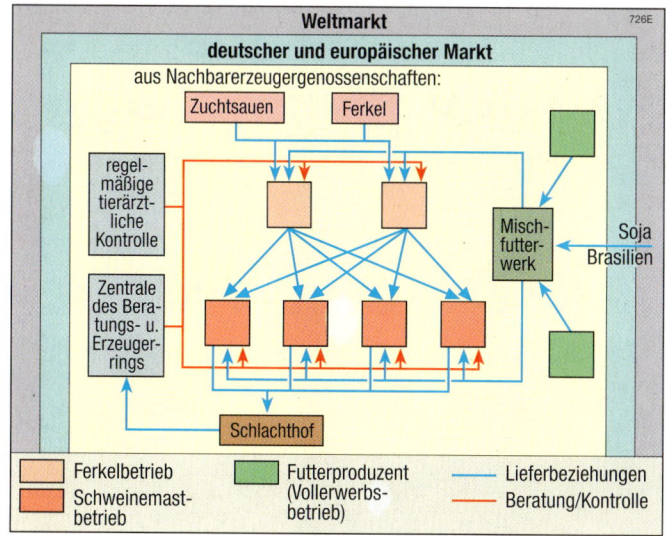

M6 Schema der Lieferbeziehungen des Beratungs- und Erzeugerrings Sögel

M7 Selbstversorgungsgrad bei Fleisch im EU-Vergleich, 1993 (in %)

Staat	Schweine-fleisch	Rind-, Kalbfleisch	Geflügel
Belgien u. Luxemburg	186	178	107
Dänemark	451	176	240
Deutschld.[1]	79	106	61
Frankreich	97	116	156
Griechenld.	64	31	91
Großbrit.	76	91	96
Irland	166	1218	100
Italien	66	64	99
Niederlande	292	189	201
Portugal	94	68	103
Spanien	101	97	93
EU[2]	104	104	107

[1] nur alte Bundesländer
[2] ohne Schweden, Finnland, Österreich
(Quelle: Agrarbericht 1995)

Vom Plan zum Markt
Die ostdeutsche Landwirtschaft

Entwicklung im Zeitraffer

Mit der Wiedervereinigung der beiden deutschen Staaten musste sich die ostdeutsche Landwirtschaft auf völlig neue Bedingungen einstellen. Bis dahin war sie in riesigen Landwirtschaftlichen Produktionsgenossenschaften (LPG) organisiert und zentral von Ostberlin aus geplant. Im Zuge dieser **Planwirtschaft** legte der Staat zum Beispiel genau fest was und wie viel zu produzieren und wie viel und an wen zu verkaufen war. Die Landwirtschaft war hoch subventioniert und keinem so starken Konkurrenz- oder Leistungsdruck ausgesetzt wie in Westdeutschland.

Fast über Nacht änderten sich die Bedingungen: Wettbewerb, Marktorientierung und Produktivität waren die neuen Vorgaben. Sie werden zu einer Überlebensfrage für die ostdeutsche Landwirtschaft, auch für die ehemalige LPG (P) Ranis in Thüringen.

Frau Hauke, aus der LPG (Pflanzenproduktion) Ranis ist die Genossenschaft 'Agrarprodukte Ludwigshof' geworden. Wie kam es dazu?
Nach der Wiedervereinigung war eines unserer obersten Ziele den Bestand der alten LPG mit mehr als 4500 ha und über 400 Mitgliedern, darunter 40% Frauen, zu erhalten. Unsere Mitglieder waren fast alle mit der landwirtschaftlichen Produktion, aber auch in angeschlossenen Einrichtungen, wie Werkstätten oder Küchen, beschäftigt. Ab März 1990 konnten alle, die einst Eigentum in die LPG eingebracht hatten, darüber wieder frei verfügen und einen neuen Hof einrichten. Den meisten waren die Kosten dafür jedoch zu hoch und das Risiko, allein verantwortlich zu produzieren, zu groß.

Wie viele neue Genossenschaftsmitglieder haben Sie denn gewinnen können?

M1 *Genossenschaft Agrarprodukte Ludwigshof (1995)*

LN 4301 ha, davon 539 ha Grünland, 372 ha Ackerfläche (47,1% Getreide, 6,6% Raps, 26,8 % Futterpflanzen, 0,8 % Zuckerrüben, 0,8 % Kartoffeln, 7,2 % Sonderkulturen, 10,7 % Stilllegung)
3795 Rinder (1467 Kühe,
1307 Jungrinder, 1021 Mastrinder),
2289 Schweine, 800 Schafe,
40 Pferde, 150 000 Masthähnchen
Arbeitskräfte (AK) 147, darunter
44 Frauen
AK/100 ha 3,4
Lohnkosten 5 Mill. DM
Sozialabgaben 1,06 Mill. DM

Der ehemalige Gutshof (Gebäude 1,2,3,6,8) wurde ab 1969 von der LPG bewirtschaftet.
Die Gebäude 4,5 und 7 wurden 1981/82 errichtet.

Nutzung der Gebäude bis 1990
① Verwaltungsgebäude
② Saatgutspeicher und Pferdestall
③ Lehrlingswohnheim für Bildungswerk
④ Kälberstall
⑤ Saatguthalle
⑥ Schafstall
⑦ Technikhalle
⑧ Scheune/Stall
heute
① Verwaltungsgebäude
② und ③ Ausbildungsräume (Bildungswerk)
④ Kälberstall
⑤ Schafstall
⑥ Reitstall
⑦ Ausbildungshalle (Bildungswerk)
⑧ Abriss vorgesehen

M2 *Verwaltungs- und Wirtschaftsgebäude der Genossenschaft 'Agrarprodukte Ludwigshof'*

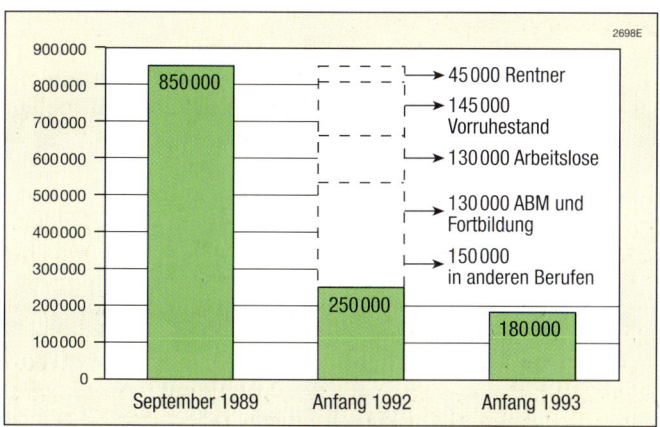

M3 Beschäftigte in der ostdeutschen Landwirtschaft

354 ehemalige LPG-Mitglieder, darunter 129 Frauen, sind in unsere **Genossenschaft** eingetreten und haben ihre Grundstücke an sie verpachtet. Am Jahresende erhalten sie Pachtzins und einen Anteil vom Gewinn. Die anderen haben ihr Land an die Genossenschaft verkauft.

Haben Sie die alten Arbeitskräfte halten können?
Nein, von den ehemaligen Arbeitnehmern konnten nur noch wenige bleiben. Einige, vor allem die gut ausgebildeten Techniker, sind in Bau- und Industriebetriebe abgewandert. Viele Männer haben wegen ihres Alters keine Arbeit mehr gefunden. Sie sind frühzeitig in den Ruhestand getreten. Ein Großteil der Frauen ist bei Arbeitsbeschaffungsmaßnahmen (ABM) hier in der Umgebung untergekommen.

Wie beurteilen Sie Ihre Zukunft?
Gut. Dank Steuererleichterungen und Hilfe bei der Modernisierung aus Brüssel und Bonn haben wir den Übergang zur Marktwirtschaft erfolgreich bewältigt. Bei der Größe unseres Betriebes können wir die Maschinen und Produktionseinrichtungen optimal auslasten und sind den europäischen Konkurrenten gegenüber ebenbürtig.

Landwirtschaftliche Produktionsgenossenschaft (LPG)

Die meisten Betriebe in der Deutschen Demokratischen Republik (DDR) waren LPGs. Sie entstanden dadurch, dass die Mitglieder auf Anordnung des Staates Grund und Boden, Geräte, Maschinen und Tierbestände in die LPG einzubringen hatten. Grund und Boden blieben zwar ihr Eigentum, doch das Recht sie zu nutzen bekam die LPG. Sie ist keine Genossenschaft, zu der sich alle freiwillig zusammenschlossen, sondern eine, zu deren Beitritt die meisten gezwungen wurden.
Die LPGs waren riesige Betriebe. Nicht selten hatten solche mit Viehwirtschaft – LPG (T) = Tierproduktion – 2 000 Stück Milchvieh oder 40 000 bis 60 000 Mastschweine und solche mit Ackerbau – LPG (P) = Pflanzenproduktion – eine Wirtschaftsfläche von mehr als 4 500 ha mit über 250 Mitarbeitern.

M4 Landwirtschaftsbetriebe in Ostdeutschland (1993)

Art	Zahl der Betriebe	durchschnittliche Größe in ha
Familienbetriebe	22 466	84
Genossenschaften	2 902	1 197

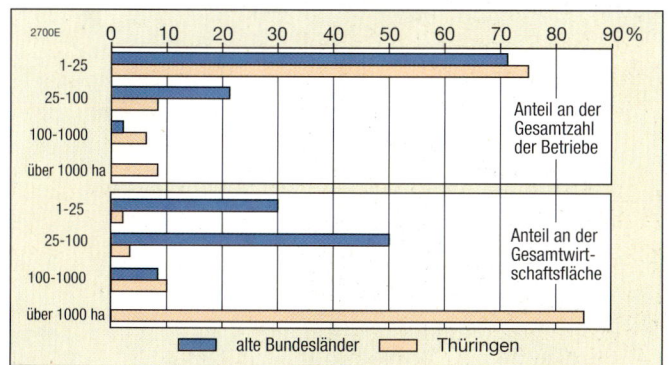

M5 Kennzahlen landwirtschaftlicher Betriebe in den alten Bundesländern und im Land Thüringen, 1993

1 Nenne einige wesentliche Unterschiede zwischen einem westdeutschen Vollerwerbsbetrieb und einer ostdeutschen Genossenschaft.

2 Weshalb ist das Gebiet der ehemaligen LPG nicht in zahlreiche Familienbetriebe aufgeteilt worden?

3 Beschreibe charakteristische Merkmale für die ost- und westdeutsche Landwirtschaft *(M5)*.

Projekt
Nahrungsmittelversorgung bei uns

Die meisten unserer Nahrungsmittel werden zwar in Deutschland produziert, trotzdem tragen aber viele europäische und außereuropäische Länder zu unserer Versorgung bei. Die zahlreiche, kaufkräftige Bevölkerung macht Deutschland zu einem attraktiven und heiß umkämpften Markt.
Die unterschiedlichen Herkunftsregionen unserer Nahrungsmittel können ganz gezielt im Rahmen eines Projektes untersucht werden. So könnt ihr vorgehen:

1. Auswahl der Produkte/der Produktgruppen (je unterschiedlicher die Herkunftsregionen, desto besser).

2. Auswahl des Unternehmens, das die Produkte anbietet (zum Beispiel Händler auf dem Wochenmarkt oder Supermarkt).

3. Zeitraum der Untersuchung (zum Beispiel ein Tag auf dem Wochenmarkt bei mehreren Händlern oder ein Jahr bei einem Händler für ein oder mehrere Produkte).

4. Darstellung der Ergebnisse der Untersuchung (zum Beispiel Karte mit Herkunftsregionen, Transportmengen und Transportwege).

Der Chemiepark Bitterfeld im Aufbau ▷

Industrie und Dienstleistungen in Deutschland – mit europäischer Zukunft

Klärwerk Bitterfeld-Wolfen

Bayer Bitterfeld GmbH
(Säcke, Tabletten)

MILTITZ
Riech- und Aromastoffe

TEXCO
Dispersionsfarben

IAB-Ionenaustauscher

WSZ Wolfener
Schwefelsäure und
Zement

**Chemie GmbH
Bitterfeld-Wolfen**
(Chemische Grundstoffe,
Farbstoffe,
Pflanzenschutzmittel)

**Chemie GmbH
Bitterfeld-Wolfen**

ICR
Recycling von
Chemikalien

DTA
Technische Dienste
und Anlagenbau

VZB
Verpackungs-
zentrum Bitterfeld

Ein strukturschwacher Raum macht sich fit
Ostdeutschland

Der Osten – strukturschwach

Es war alles sehr schnell gegangen: Nach der Wiedervereinigung Deutschlands wurden in der ostdeutschen Industrie plötzlich andere Schwerpunkte gesetzt. Während der Planwirtschaft war es vor allem darauf angekommen möglichst viele Güter zu produzieren und zu exportieren um so die staatlich vorgegebenen Planziele zu erreichen. Auf Qualität und Umweltschutz wurde dabei nur wenig Wert gelegt. Nun, im Rahmen der Marktwirtschaft, gelten völlig andere Vorgaben: Es zählen vor allem Produktivität und Qualität, wobei gleichzeitig umweltschonende Produktionsverfahren angewandt werden müssen.

Die Produktionsanlagen in den meisten Industriebetrieben der ehemaligen DDR waren jedoch veraltet und stark umweltbelastend, so dass sie stillgelegt werden mussten. Außerdem war ihre Produktivität nur gering: Anfang der neunziger Jahre produzierte ein Beschäftigter im Westen pro Monat noch viermal so viel wie sein ostdeutscher Kollege. So waren viele Betriebe im Osten gegenüber denen im Westen und den ausländischen Betrieben nicht konkurrenzfähig.

Außerdem waren der Industrie die wichtigsten Absatzmärkte verloren gegangen. Zur Zeit der DDR wurden 60% der Produktion nach Osteuropa und in die damalige UdSSR geliefert. Nach den politischen Veränderungen in diesen Ländern gingen diese Aufträge jedoch drastisch zurück. Um europaweit konkurrenzfähig zu werden investierten die neuen privaten Eigentümer in neue Maschinen und entließen Arbeitskräfte. Kurzarbeit und Arbeitslosigkeit waren die Folge. So wurden die fünf neuen Bundesländer im Vergleich zu den alten Ländern zu einem **strukturschwachen Raum** mit zu wenigen Arbeitsplätzen, einer unzureichenden Infrastruktur und einem nur geringen Beitrag zum Bruttoinlandsprodukt.

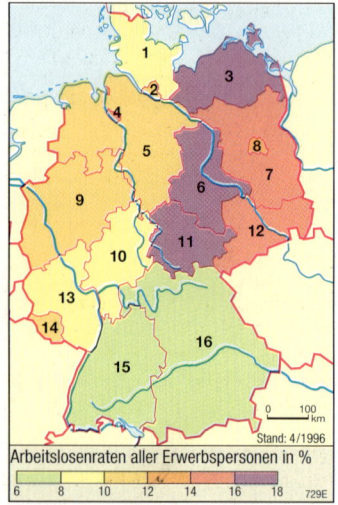

M1 Arbeitslosigkeit in Deutschland

M2 Entwicklung der Ostexporte der neuen Bundesländer

Ausfuhren nach	1991 (Mio. DM)	Veränderung zu 1990 (%)
GUS	9560	-46,2
Polen	997	-66,1
Ungarn	375	-86,1
Rumänien	219	-85,4
Bulgarien	130	-90,8

(Statistisches Bundesamt, Wiesbaden)

1 Nenne Gründe für den wirtschaftlichen Niedergang im Osten Deutschlands (*M2*).

2 Erläutere, wieso die neuen Bundesländer zu den strukturschwachen Gebieten in Deutschland zählen (*M1, M3, M4* und *Karte Seite 13*).

3 Beschreibe die Lage der Fördergebiete in Deutschland und nenne zwei strukturschwache Gebiete, für die Fördermittel bereitstehen (*M4*).

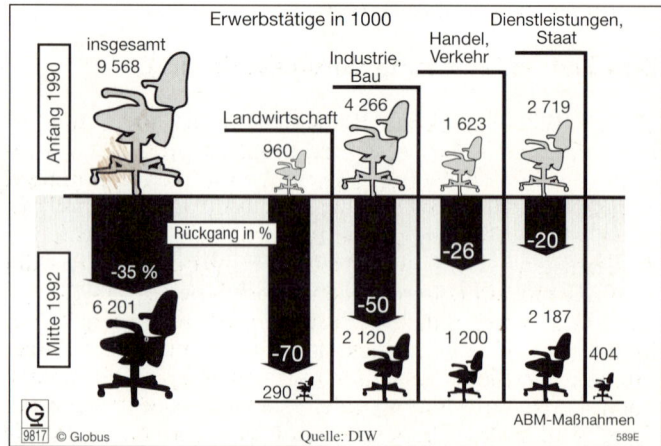

M3 Entwicklung der Zahl der Arbeitsplätze in den neuen Bundesländern

Die von der EU und der Bundesregierung festgelegten **Fördergebiete** sind vor allem durch folgende **Strukturschwächen** gekennzeichnet:

in den neuen Ländern
– dünn besiedelte, ländlich geprägte Regionen mit stark abnehmender Zahl von Arbeitsplätzen im primären und mit Mangel an Arbeitsplätzen im sekundären und tertiären Sektor (z.B. Mecklenburg-Vorpommern, Brandenburg),
– industriell geprägte Regionen mit einseitiger Wirtschaftsstruktur (z.B. überwiegend chemische Industrie wie im Raum Halle-Leipzig-Bitterfeld),
– Grenzregionen mit ungünstiger Infrastrukturanbindung und ungünstigen Standortfaktoren für Neuansiedlungen (Grenzgebiete zu Polen und der Tschechischen Republik),

in den alten Ländern
– Gebiete mit alten Industrien, die sich in der Krise befinden (z.B. Kohle, Stahl, Schiffbau),
– dünn besiedelte Gebiete ohne ausreichendes Arbeitsplatzangebot im sekundären und tertiären Sektor.

Ziel der Förderungen ist es die räumlichen Disparitäten abzubauen und bundesweit vergleichbar gute Lebensbedingungen zu schaffen.
(nach: Bundesraumordnungsbericht 1993)

M4 Fördergebiete in Deutschland

Das Ziel: Aufschwung durch Förderung

Um die Wirtschaftskraft der neuen Bundesländer zu stärken und neue Arbeitsplätze zu schaffen stellten die Bundesregierung und die Europäische Union mehrere hundert Milliarden Mark an Fördermitteln bereit. Damit soll ein Anreiz geschaffen werden bestehende Industriebetriebe zu modernisieren oder neue Firmen zu gründen. So erhält zum Beispiel ein Unternehmen, das sich neu ansiedelt, von der EU und der Bundesregierung sofort einen Teil seines investierten Geldes zurück; außerdem muss es weniger Steuern bezahlen. Zusätzlich unterstützen die Gemeinden noch die Neuansiedlung, indem sie Gewerbebetrieben billig Grundstücke überlassen und für eine ausreichende Infrastruktur (z.B. Ver- und Entsorgung, Verkehrsanbindung) sorgen.

M5 Investitionsförderung in den neuen Bundesländern am Beispiel eines Großbetriebes

Investition eines großen Unternehmens:	100 Mio. DM
davon Ausrüstungen (z.B. Maschinen):	70 Mio. DM
Gebäude:	30 Mio. DM
Zuschuss des Staates zur Investition:	31,4 Mio. DM
Steuererleichterungen im ersten Jahr:	22,3 Mio. DM

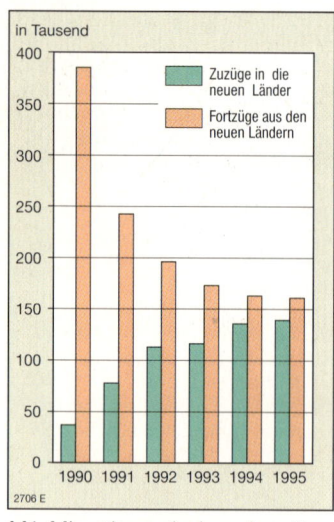

M1 Migration zwischen den alten und den neuen Bundesländern

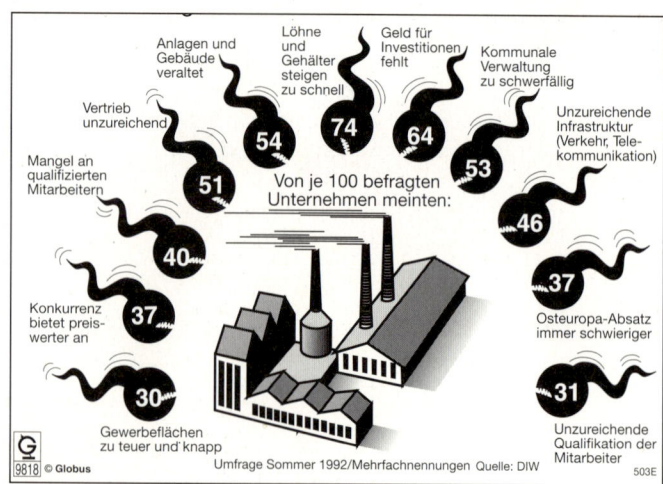

M2 Sorgen der ostdeutschen Industrie nach der Wiedervereinigung

1 Erläutere die Standortprobleme in den neuen Bundesländern zu Beginn der neunziger Jahre (M2).

2 Nenne Gründe für die Migration zwischen den alten und den neuen Bundesländern (M1).

Der Standort Ostdeutschland – im Wandel

Zu Beginn der neunziger Jahre waren die Standortbedingungen in den neuen Ländern denkbar schlecht: Das Straßennetz war nur unzureichend ausgebaut, das Schienennetz veraltet. Telefon- und Faxanschlüsse gab es viel zu wenige und vielerorts herrschte sogar Mangel an Fachkräften. 1989 bis 1991 waren nämlich über eine Million Menschen in die alten Bundesländer umgezogen. Diese meist jüngeren **Migranten** waren gut ausgebildet und suchten sich in den alten Bundesländern einen neuen und gut bezahlten Arbeitsplatz.

M3 Gewerbe- und Bürokomplex in Hennigsdorf/Brandenburg (für 1700 neue Arbeitsplätze)

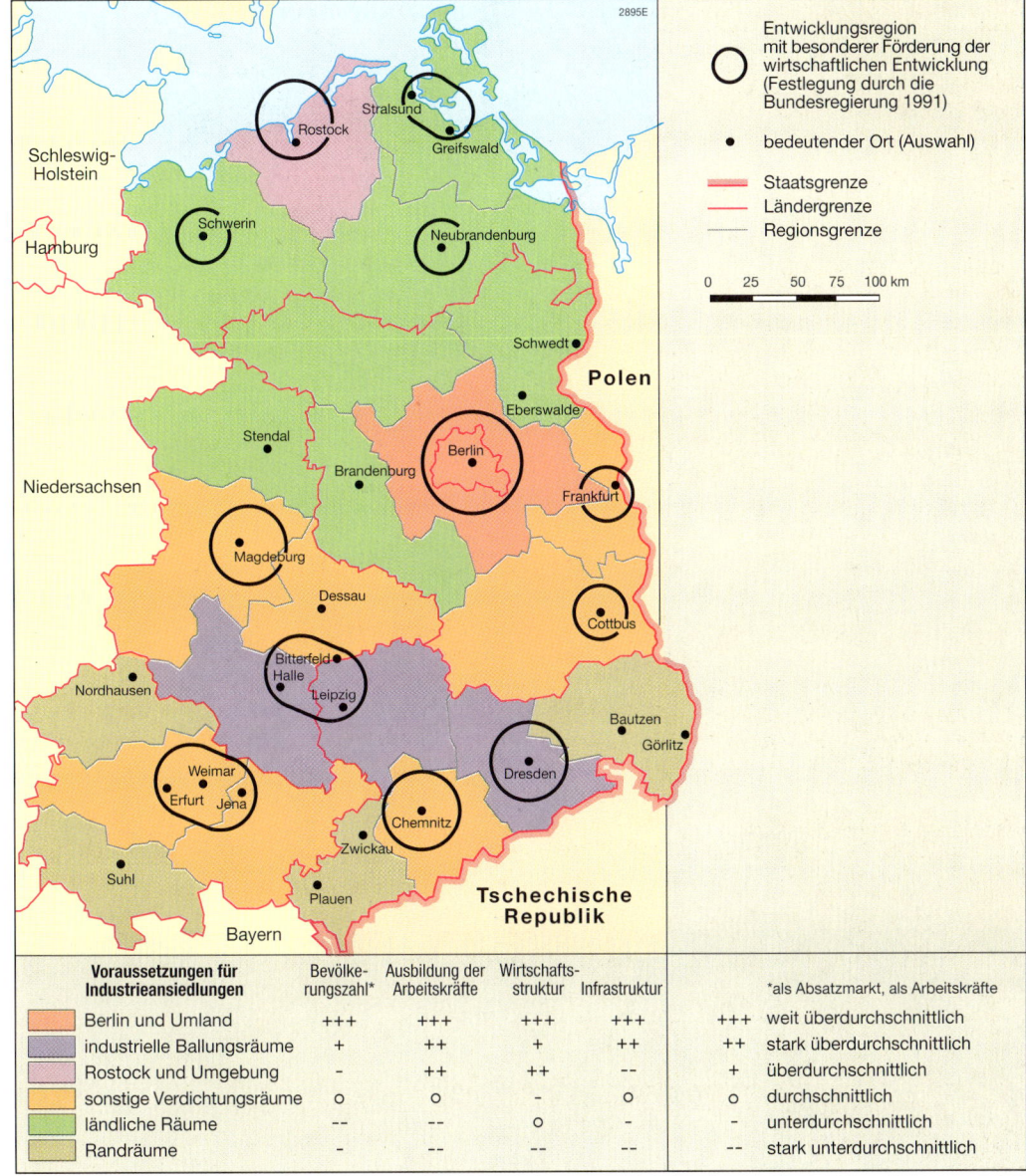

M4 Ausgewählte Standortfaktoren in den neuen Bundesländern zu Beginn der neunziger Jahre

Doch die Standortfaktoren in den neuen Bundesländern verbessern sich ständig: Das Autobahn-, Schienen- und Wasserstraßennetz wird völlig erneuert; die Möglichkeiten zur Telekommunikation sind seit Mitte der neunziger Jahre genauso gut wie in den alten Bundesländern. Fast jede Gemeinde bemüht sich ein neues Gewerbegebiet zu erschließen und mit einer guten Infrastruktur auszustatten. So wird der Standort Ostdeutschland langsam immer attraktiver, vor allem für solche Unternehmen, die ihren Handel mit Osteuropa verstärken wollen.

3 Vergleiche Schwedt, Bitterfeld und Bautzen. Wo siehst du die besten Standortbedingungen für die Ansiedlung eines neuen Betriebes *(M4, Atlas)*? Erkläre anhand eines Beispiels.

M1 Struktur und Entwicklung der Beschäftigung im Raum Bitterfeld

Beschäftigte bis 1990:
74 000 Arbeitskräfte,
davon Landwirtschaft 5,1 %,
Bergbau 8,0 %,
chemische Industrie 44,0 %,
übrige Industrie 13,5 %,
Dienstleistungen 29,4 %

Branche in 1000	1989	1991	1992
Chemiekombinat	17,5	8,7	4,5
Filmkombinat	15,4	4,7	3,5
Braunkohle-förderung	6,0	2,5	2,3

(nach Angaben des Landratsamtes Bitterfeld)

1 Beschreibe die Branchen und die Verteilung der Industrie im Raum Bitterfeld *(Atlas)*.

Bitterfeld – Chemiezentrum im Umbruch

Bitterfeld gilt seit Jahrzehnten als einer der bedeutendsten Chemiestandorte Europas. Nachdem jedoch wegen zu geringer Produktivität und extremer Umweltbelastung große Teile der chemischen Industrie stillgelegt werden mussten, wurden innerhalb kürzester Zeit Tausende arbeitslos. Die Arbeitslosenquote (Arbeitslose pro 100 Erwerbsfähige) drohte zeitweise gar über 30% zu steigen.

Besonders betroffen waren dabei die Frauen. Zu Zeiten der DDR war es für sie eine Selbstverständlichkeit einem eigenen Beruf nachzugehen. Die Großbetriebe hatten sogar eigene Kindertagesstätten und Kindergärten. Nach

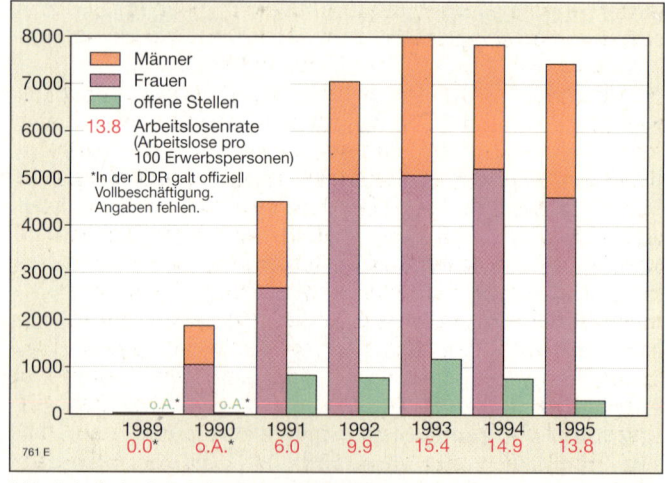

M2 Arbeitslosigkeit im Raum Bitterfeld

M3 Neu geschaffene Freifläche im Chemiepark

der Wiedervereinigung sank nun die Zahl der berufstätigen Frauen besonders stark und ihr Anteil bei den Arbeit suchenden ist heute überdurchschnittlich hoch. Von der Bundesregierung und der EU wurden zahlreiche Programme zur Verringerung der Arbeitslosigkeit ins Leben gerufen: Kurse zur beruflichen Fortbildung, Lehrgänge zur Umschulung auf andere Berufszweige und Arbeitsbeschaffungsmaßnahmen (Arbeitsstellen, die für eine begrenzte Zeit vom Staat bezuschusst werden).

Zur Sicherung alter und zur Schaffung neuer Arbeitsplätze wurde auch das Konzept „Chemiepark Bitterfeld" entwickelt: Die wenigen Anlagen der ehemals staatlichen Chemiebetriebe, des „Chemie-**Kombinats**", die noch produktiv und umweltgerecht arbeiten konnten, wurden entweder in eine neu gegründete Chemie-Aktiengesellschaft zusammengefasst oder verkauft. Der Rest wurde abgerissen. Damit entstanden freie Gewerbeflächen.

Einer der ersten Interessenten für eine Neuansiedlung war die Bayer-AG. Sie erwarb eine 53 ha große, bisher unbebaute Fläche. Sie grenzt direkt an das ehemalige Kombinatsgelände an, wo man noch einmal 27 ha als Reservefläche für mögliche Betriebserweiterungen reservierte. Das Land Sachsen-Anhalt übernahm die Beseitigung der vorhandenen Altlasten. Diese waren auf dem bislang unbebauten Gebiet relativ gering (Abwässer, Chemiemüll). Die Fläche innerhalb des ehemaligen Kombinats ist jedoch so verseucht, dass sie wohl erst in einigen Jahren genutzt werden kann. Der Bayer-Konzern erhielt zu seinen hohen Investitionen von 750 Millionen DM eine Investitionsförderung von etwa 40%. Insgesamt wurden so 750 Arbeitsplätze neu geschaffen, etwa die gleiche Anzahl wird in anderen Firmen gesichert.

M4 Verbesserung der Umweltsituation im Raum Bitterfeld nach der Wiedervereinigung

Belastungen der Umwelt durch Industrie 1989:
40 000 t Staub, 94 000 t Schwefeldioxid, 24 000 t andere Luftschadstoffe; 350 000 m^3 ungeklärte Abwässer
Verbesserung 1990-1993:
Rückgang der Luftverschmutzung um 50 % und der Abwasserbelastung um 35 %.

2 Erläutere die Veränderungen im Raum Bitterfeld
a) im Bereich der Beschäftigung *(M1 und M2)*,
b) im Bereich der Umweltbelastungen *(M4)*.

3 Nenne mögliche Gründe für Bayer, sich in Bitterfeld anzusiedeln (vgl. auch die *Seiten 30-33*).

4 Erläutere das Konzept des Chemieparks Bitterfeld *(M5 und Seite 25)*.

M5 Schema der Lieferbeziehungen im Chemiepark Bitterfeld

Das Konzept des Chemieparks ist richtungsweisend für ganz Europa:
Die einzelnen Firmen bestehen ausschließlich aus Produktionsanlagen. Nahezu alle Dienstleistungen werden von selbstständigen Privatfirmen im Park erledigt. (Diese sind aus den Dienstleistungsabteilungen des ehemaligen Kombinats hervorgegangen.) So muss sich keiner der Produktionsbetriebe mehr eine eigene Betriebsfeuerwehr, eine eigene Schlosserei oder eine eigene Kantine leisten. Durch diese schlanke Produktion können die Betriebe im Chemiepark besonders kostengünstig arbeiten.

Schlank für den Weltmarkt
Der Industrieraum Stuttgart

Stuttgart – ein Magnet für Tüftler und Weltfirmen

Bis Anfang der siebziger Jahre galt Stuttgart als der reichste Ballungsraum Europas. Verantwortlich für die besondere Wirtschaftskraft waren die Leistungsfähigkeit und die Dichte der Industrie in dem Kernraum Südwestdeutschlands.

Die wesentliche treibende Kraft für die wirtschaftliche Entwicklung der einst ländlichen Region Stuttgart ist immer der Erfindungsreichtum der Menschen gewesen. Weil Bodenschätze fehlten, musste man in zumeist kleinen Handwerksbetrieben von Anfang an verarbeiten, verbessern, erfinden. Und dafür waren die Schwaben offenbar genau die Richtigen: Sie tüfteln gern, sind hartnäckig und halten viel vom Ausprobieren und Selbermachen.
(nach: Stuttgart, der 'findige' Wirtschaftsstandort, 1995)

Automobil und Aktenordner, Bausparkasse und Bürokopierer, Streichhölzer, Tafelschokolade und Teddybär wurden zum Beispiel in Stuttgart erfunden. Auch heute noch ist der Südwesten Deutschlands bei Erfindungen absolut Spitze: Im Durchschnitt der Jahre 1990/95 wurden hier 7903 Patente angemeldet (zum Vergleich: Nordrhein-Westfalen 7831, Deutschland: 34 408). Der Aufstieg Stuttgarts begann, als 1926 Gottlieb Daimler und der Mannheimer Carl Benz Deutschlands erstes Automobilwerk in Stuttgart bauten. Der erste „Daimler" galt als ein Meisterstück südwestdeutscher Ingenieurkunst und handwerklicher Geschicklichkeit. Aber auch andere Firmen haben zu der besonderen Wirtschaftskraft der Region beigetragen: Zu ihnen gehören unter anderem Porsche, Bosch, Bauknecht und Salamander. Es war ein glücklicher Zufall, dass die Firmengründer im Land blieben und die Betriebe zu Weltfirmen wuchsen.

M1 Die Wirtschaftskraft des Industrieraumes Stuttgart im Vergleich

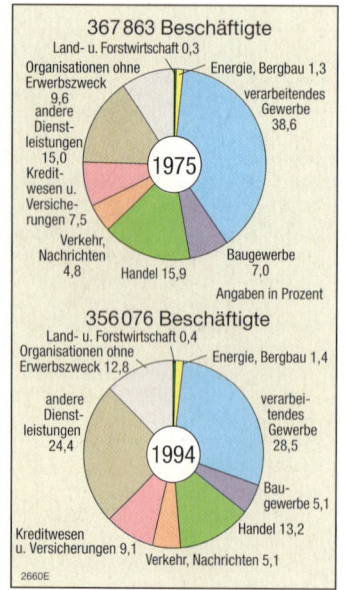

M2 Beschäftigtenstruktur Stuttgarts

M3 Industrielle Verflechtung: Siemens-Roboter arbeiten für Mercedes

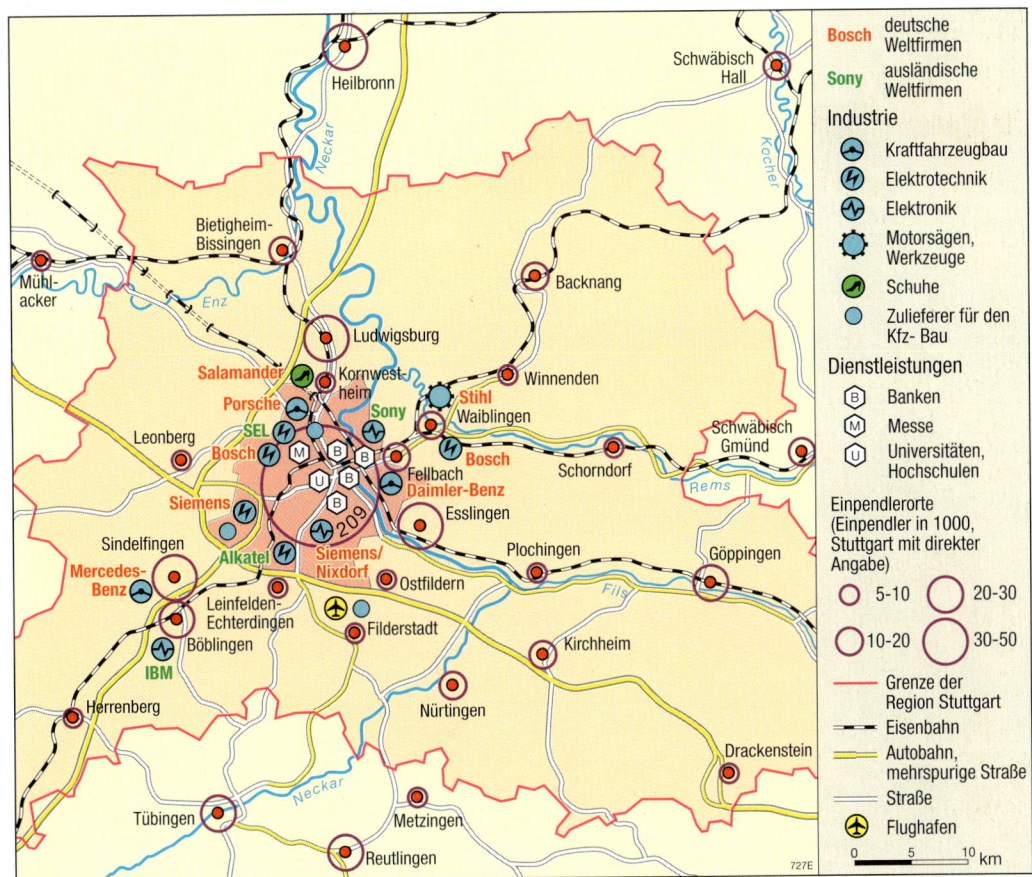

M4 Der Industrieraum Stuttgart: 28% aller Beschäftigten Baden-Württembergs arbeiten in dieser Region, jede dritte DM wird hier erwirtschaftet

Viele Zulieferbetriebe siedelten sich im Großraum Stuttgart und damit in der Nähe ihrer Abnehmer an. Gießereien und Textilbetriebe zum Beispiel belieferten die Automobilfirmen, Maschinenbauer konstruierten moderne und schnelle Maschinen für die Großbetriebe. Der Maschinenbau wiederum brauchte Produkte der Elektroindustrie für seine Aufträge.

Es waren vor allem mittelständische Betriebe von 50 bis 500 Mitarbeitern, die den einst ländlichen Raum in eine eng verflochtene Industrieregion umwandelten. Diese enge **industrielle Verflechtung** zwischen Groß- und mittelständischer Industrie gilt auch heute noch als ein besonderes Kennzeichen und ein Standortvorteil der Region.

Weil immer mehr Firmen Lagerkosten sparen wollten, vereinbarte man möglichst genaue Liefertermine für die Teile, die an einem bestimmten Tag oder sogar zu einer bestimmten Stunde gebraucht wurden. **„Just-in-time"** nennt man diese präzise Lieferung, die Kosten spart, aber den Verkehr auf Straßen und Autobahnen erhöht und vor den Firmen neue Parkplätze nötig macht.

1 Nenne Gründe, warum sich Stuttgart zu einem der bedeutendsten Industrieräume entwickeln konnte *(Text, M1, M3, M4, Atlas)*.

2 Beschreibe die Industrie- und Beschäftigtenstruktur Stuttgarts und ihre Veränderungen *(Text, M2, Atlas)*.

3 Begründe den Standortvorteil, den der Raum Stuttgart z.B. der Automobilindustrie bietet *(M4, Atlas)*.

4 Werte M4 aus. Berücksichtige dabei die Raumveränderungen.

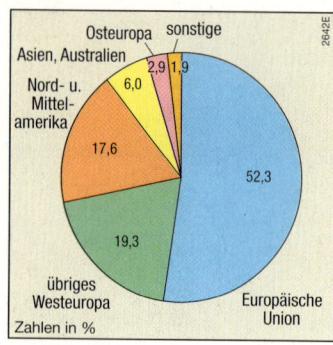

M1 Einkauf des Daimler-Benz-Konzerns

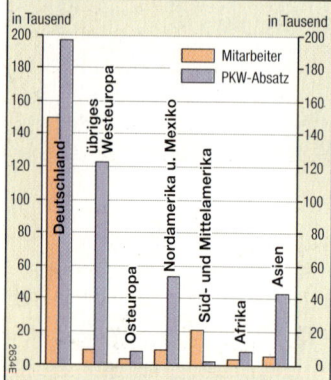

M2 „going-global", Mercedes-Benz weltweit – Produktion im Ausland: 1995 : 5%, 2005: 20%

M3 Beispiel weltweiter Zusammenarbeit - Autodesign im weltweiten Verbund

Das Fitnessprogramm der Industriebetriebe

„Unsere Region kann nur dann ihre nationale und internationale Bedeutung sichern, wenn wir besser und billiger produzieren als unsere Konkurrenten, wenn wir konsequent weiter Hightech-Produkte entwickeln und Märkte nicht nur in Deutschland oder Europa, sondern weltweit suchen", fordert der Leiter der Industrie- und Handelskammer (IHK).

So sind Autos aus Stuttgart technisch vom Feinsten, sie gelten als besonders sicher und zuverlässig. In Stuttgarter Entwicklungsabteilungen wurden zum Beispiel moderne Airbags, Sicherheitslenkräder oder besonders leistungsfähige und umweltfreundliche Motoren entworfen. Siemens forscht nach Superchips mit bisher nicht erreichter Speicherkapazität, in den Labors der Biochemie wird das Erbgut von Pflanzen und Tieren erforscht und verändert. Aber längst sind Forschung und Entwicklung internationalisiert. Computer und Satellit machen einen weltweiten Datenaustausch in Sekunden möglich.

„Um bei dem harten internationalen Wettbewerb überleben zu können müssen wir die Produktivität unserer Betriebe erhöhen und rationalisieren", sagen die Manager und entwickelten eine „Schlankheitskur" für ihre Betriebe. Bei dieser **schlanken Produktion** wurden der Personalbestand verkleinert und die Produktionsabläufe gestrafft. Durch den Einsatz von computergesteuerten Maschinen und Robotern konnte mehr, billiger und fehlerfreier produziert werden. Um Arbeitskosten zu sparen und neue Märkte zu erschließen verfolgen Großfirmen die **Going-global**-Strategie. Sie verlegen Teile ihrer Produktion in **Niedriglohnländer** um Kosten zu sparen. Sie gründen Fabriken im Ausland, in den Wachstumsmärkten der Zukunft.

1 Der harte internationale Wettbewerb zwingt die Industriebetriebe sich fit zu halten. Welche Maßnahmen wurden getroffen (M1, M2, M4)?

2 Erläutere und begründe die „going-global-Strategie". Welche Folgen kann sie für die Industrieregion Stuttgart haben?

3 M5 beschreibt die Probleme und die neuesten Veränderungen in der Region Stuttgart. Werte die Texte aus und fasse sie zu einem eigenen Bericht zusammen.

M4 Mercedes-Benz: Niederlassungen weltweit

Was wird aus dem industriellen Kernraum Südwestdeutschlands? Industrie weniger zuversichtlich.

Von den Hauptindustriegruppen der Region wird die Zukunft des Industriestandorts Stuttgart kritisch beurteilt. Nur die Investitionsgüterindustrie sieht die Lage mehrheitlich als gut bis befriedigend an. Vor allem die Bereiche Fahrzeugbau, Feinmechanik und Optik können einen erfreulichen Auftragseingang verzeichnen, der sich allerdings in hohem Maße auf Auslandsaufträge stützt. Weniger positiv wird die Lage des Maschinenbaus eingeschätzt. Auch er verzeichnet inzwischen die wesentlichen Einnahmen aus dem Auslandsgeschäft. Der Inlandsabsatz dagegen stagniert. Investiert wird von den heimischen Firmen nur um den notwendigen Ersatz sicherzustellen oder um weiter zu rationalisieren. Die Erweiterungsinvestitionen finden fast nur noch im Ausland statt.
Die Verbrauchsgüterindustrie spricht von einer ausgesprochen ungünstigen Entwicklung am Standort Stuttgart. Sowohl dem Einzelhandel als auch dem Großhandel fehlen die Käufer. Vier von zehn Unternehmen planen weitere Stellenkürzungen. 77% der Bauunternehmer und 32% der Händler wollen ihren Personalbestand reduzieren. Helfen können nur noch „standortpflegerische politische Rahmenbedingungen", wie zum Beispiel Reduzierung der staatlichen Regulierungen, Abbau der Steuerbelastungen und Senkung der Lohn- bzw. Lohnnebenkosten (z.B. Beitrag zur Renten- und Krankenversicherung, Lohnfortzahlung im Krankheitsfall usw.), meinen die Industrie- und Handelskammern.

Die Region muß im Dienstleistungsbereich zulegen

Die Sicherung des Standorts Stuttgart sowie neue Wirtschaftsimpulse verspricht sich die Landesregierung von dem Projekt „Stuttgart 21". In der Nähe des Flughafens wird ein zweites großes Messegelände entstehen. Schon jetzt werden in der Region mit über 12 000 Kongressen und Veranstaltungen jährlich über sechs Milliarden DM erwirtschaftet. Allein 1995 stieg die Zahl der Veranstaltungen um 20%. Einen weiteren Aufschwung erhofft man sich von der Gründung einer Filmakademie und Filmfachfabrik in Ludwigsburg, dem neuen Media-Forum und dem weiteren Ausbau der Hochschulen. Die Tür zur Weiterentwicklung und dem Umbau des industriellen Kernraums Südwestdeutschlands zu einer bedeutenden Dienstleistungsregion ist damit geöffnet worden.
(nach: Staatsanzeiger Baden-Württemberg, Nr. 6, 5.2.96, S.4)

Die Internationalisierung und Rationalisierung hat nicht nur die großen Konzerne, sondern auch schon den Mittelstand erreicht. Stuttgart hat von 1993 bis 1996 mehr als ein Fünftel seiner industriellen Arbeitsplätze verloren. Wenn in der Region nicht schnellstens ein neuer Strukturwandel eingeleitet und vorrangig der Dienstleistungsbereich ausgebaut werden, müssen wir mit einem weiteren Rückgang der Wirtschaftskraft und einem Ansteigen der Arbeitslosenzahlen rechnen.
(H.-P. Stihl, Präsident der Industrie- und Handelskammer Region Stuttgart, 1996)

M5 Aktuelle Veränderungen in einem traditionellen Industrieraum

Industrie im Moor
Papenburg

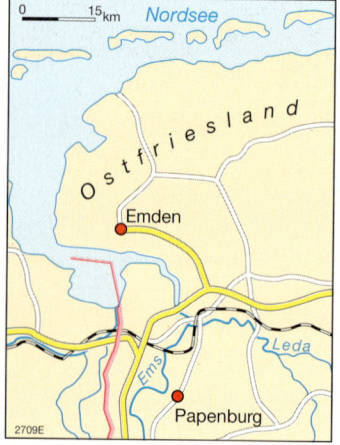

Mensch Meyer – Schiffe baut man auch im Binnenland

Als Hersteller von Spezialschiffen ist die Jos. L. Meyer GmbH & Co., Papenburg, weltweit bekannt. Sie ist ein Sonderfall in der deutschen Werftindustrie. Denn fernab von der Küste baut dieses Familienunternehmen seit nunmehr 200 Jahren Schiffe – und das zur Verblüffung aller Mitkonkurrenten mit großem Erfolg. Meyer hat sich einen Namen als Spezialist für Auto- und Passagierfähren sowie Viehtransportschiffe gemacht. Aufgrund ihres Know-how gelang es der Firma auch Aufträge für den Bau von Kreuzfahrtschiffen zu bekommen. Vor kurzem erst lief auf der Meyerwerft das bisher größte je in Deutschland gebaute Passagierschiff vom Stapel: der 260 m lange und 32,2 m breite Luxusliner Oriana, auf dem 1975 Passagiere Platz haben.

Die Schiffswerft Meyer hat 1950 Beschäftigte und sichert darüber hinaus noch 2000 Arbeitsplätze in den Zulieferbetrieben. Das Unternehmen ist damit der größte Arbeitgeber im Raum Papenburg. Trotz des ungünstigen Firmenstandortes im Binnenland und trotz der Konkurrenz der fernöstlichen Schiffbaunationen Südkorea und Taiwan, die die Schiffe wegen der niedrigeren Löhne billiger bauen, hat Meyer seine Marktposition ausbauen können. Die im Weltmaßstab zwar kleine Werft hat zum Beispiel im Bereich des Passagier- und Fährschiffmarktes einen Anteil von weltweit 20 %. Ein Fünftel des Jahresumsatzes von 500 Mill. DM bringt allein der Bau von Schiffen für Indonesien ein, wo die Fährverbindungen so wichtig sind wie in Deutschland das Netz der Autobahnen.

M1 Raum Papenburg

M2 Meyerwerft Papenburg: Ausdocken der „Oriana" am 30. Juli 1994

M3 Erwerbstätige nach Wirtschaftsbereichen 1995

Wirtschafts-bereiche	Stadt Papenburg insgesamt absolut	in %	davon weiblich	Deutschland insgesamt absolut	in %	davon weiblich
Land- und Forstwirtschaft	156	1,1	71	393 135	1,4	128 765
produz. Gewerbe	7 340	52,2	1 118	11 479 592	40,8	2 674 385
Handel u. Verkehr	1 892	13,4	928	5 327 713	19,0	2 544 696
sonst. Dienstleistungen	4 686	33,3	2 901	10 917 697	38,8	6 893 357
Summe	14 074	100,0	5 018	28 118 137	100,0	12 241 203

(Quelle: Nieders. Landesamt für Statistik, Hannover; Bundesanstalt für Arbeit, Nürnberg)

1 Vergleiche den Standort Papenburg mit den anderen Standorten der deutschen Schiffbauindustrie (*M1*, Atlas).

2 Beschreibe die Wirtschaftsstruktur des Raumes Papenburg (*M3* und *M4*).

3 Erläutere die Bedeutung der Meyerwerft als Arbeitgeber (*M4*).

4 Erläutere am Beispiel von Papenburg die Probleme eines monostrukturierten Wirtschaftsraumes.

Die Meyerwerft wird sich an ihrem „trockenen" Standort auf Dauer gesehen wohl nicht halten können. Die Ems, mit der Werft über einen Stichkanal verbunden, ist nur 7,30 m tief und soll nicht noch tiefer ausgebaggert werden. Da aber immer größere Schiffe gebaut werden, die einen Tiefgang von über 8 m haben, befürchtet man, dass Meyer Teile des Betriebes an die Küste verlagern muss. In Papenburg gingen dadurch 900 Arbeitsplätze verloren.

Die Menschen lebten zum großen Teil vom Schiffbau, der die Wirtschaftsstruktur bestimmte. Bei einer solchen **Monostruktur** wirkten sich Krisen innerhalb der wichtigsten Wirtschaftsbranche, hier der Werftindustrie, viel schlimmer aus als in Gebieten, wo es viele unterschiedliche Betriebe gibt. Deshalb wurden im Raum Papenburg mehrere neue Betriebe angesiedelt, die nicht mit der Werftindustrie verbunden sind.

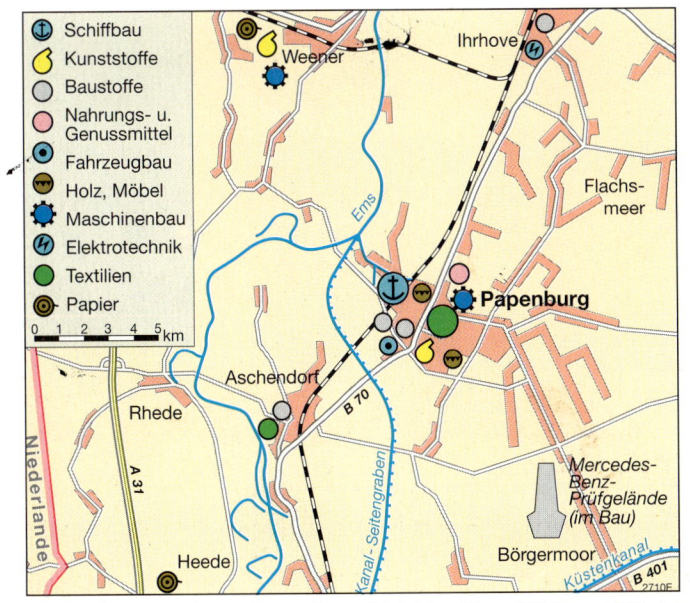

M4 Industrie im Raum Papenburg (Betriebe über 100 Beschäftigte)

M5 Industriebetriebe in Papenburg

Industriezweig	Beschäftigte insgesamt	Anteil der Frauen in %
Schiffbau	1 950	3
Textilien	823	45
Herstellung von Kunststoffwaren	580	10
Bauwirtschaft	450	4
Nahrungs- und Genussmittel	300-400	90
Straßenfahrzeugbau, Zulieferer für Autoindustrie	395	15
Herstellung von Profilhölzern	ca. 230	4
Sägewerk, Holzbearbeitung	220	10
Bauwirtschaft	200-300	5
Maschinenfabrik	160	6

Auf dem Weg zur Dienstleistungsmetropole?
Berlin

1 Der Hauptstadtbeschluss wird die wirtschaftliche Entwicklung Berlins nachhaltig beeinflussen. Erkläre.

2 Die Stadtentwicklung in Berlin versucht Dienstleistungen mit anderen Nutzungen, insbesondere Wohnnutzung, zu verknüpfen.
a) Werte dazu *M1* und *M3* aus.
b) Welches könnten die Gründe für die Verknüpfung sein?

3 Welche Gründe sprechen eher dafür, eher dagegen, dass Berlin auf dem Wege ist eine bedeutende Dienstleistungsmetropole zu werden (auch *Text Seite 40/41*)?

Der Potsdamer Platz ist zur Zeit (1997) die größte Baustelle Europas. Auf rund 130 000 m² planen die Konzerne debis (Dienstleistungszentrale des Daimler-Benz-Konzerns), Sony, ABB (Asea Brown Boveri) und Hertie/Karstadt neben ihren deutschen Zentralen (Sony: europäische Zentrale) Büros, Kaufhäuser, Geschäfte, Wohnungen (rund 3000 Appartements) und Freizeiteinrichtungen. Die geplanten Investitionen belaufen sich auf fünf Mrd.DM.

Berlin – Weichenstellung für eine neue Zukunft

Mit dem Beschluss, den Regierungssitz von Bonn nach Berlin zu verlegen, wird die größte deutsche Stadt auch wieder das Zentrum der politischen Entscheidungen. Alle Vertretungen der Bundesländer, viele Botschaften, nationale und internationale Verbände sowie Einrichtungen von Massenmedien werden sich hier ansiedeln. Das allein macht Berlin aber noch nicht zu der alles überragenden europäischen **Metropole**, die es vor dem Zweiten Weltkrieg war: mit rund vier Millionen Einwohnern (1930) eine der größten europäischen Städte, europäisches Handels- und Börsenzentrum, internationales Kulturzentrum und eine der größten 'Zeitungsstädte' der Welt.

Doch ein Anfang auf dem Weg zu neuem Aufschwung ist gemacht: Über 200 Milliarden DM an fest geplanten Investitionen in den Ausbau neuer Verkehrswege, Wohnungen und Arbeitsstätten werden in den nächsten 10 Jahren zu etwa 200 000 neuen Arbeitsplätzen führen. Seit 1990 haben sich über 55 000 neue Betriebe in der Stadt angesiedelt, überwiegend Dienstleistungsbetriebe. Sie fördern den Aufschwung mit ihren attraktiven Arbeitsplätzen von der Medienbranche bis zur Industrieforschung.

Während Berlin im wirtschaftlichen Bereich von einer überragenden Bedeutung noch weit entfernt ist, hat die Stadt in kultureller Hinsicht bereits die Stellung einer europäischen Metropole eingenommen: Weltbekannte Museen wie das Ägyptische oder das Pergamon-Museum, viel besuchte Opern und Theater sowie berühmte Bauten wie das Brandenburger Tor oder die Neue Wache machen Berlin nicht nur für Deutschland und Europa, sondern weltweit zu einer bedeutenden Kultur-Metropole.

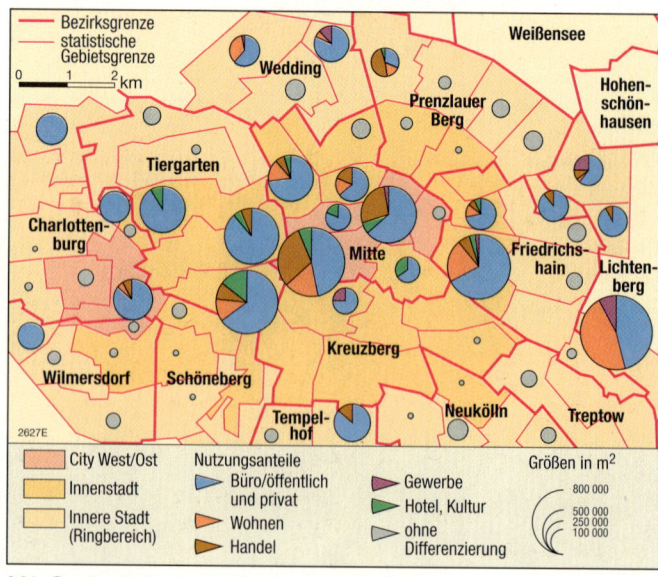

M1 Geplante Nutzung der Innenstadt Berlins

M2 Mit den Galeries Lafayette aus Paris soll die Attraktivität Berlins als Einkaufsstadt erhöht werden

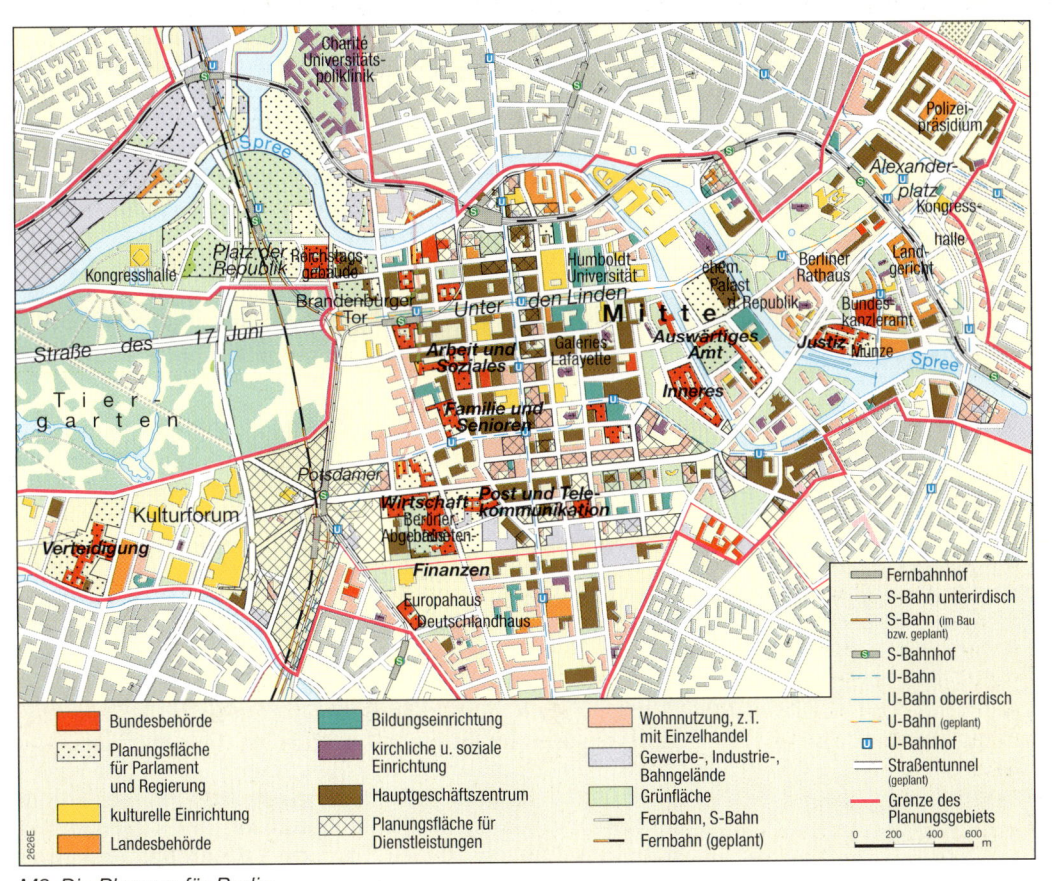

■ Bundesbehörde	■ Bildungseinrichtung	■ Wohnnutzung, z.T. mit Einzelhandel
▦ Planungsfläche für Parlament und Regierung	■ kirchliche u. soziale Einrichtung	■ Gewerbe-, Industrie-, Bahngelände
■ kulturelle Einrichtung	■ Hauptgeschäftszentrum	■ Grünfläche
■ Landesbehörde	▨ Planungsfläche für Dienstleistungen	— Fernbahn, S-Bahn
		— Fernbahn (geplant)

■ Fernbahnhof	
— S-Bahn unterirdisch	
— S-Bahn (im Bau bzw. geplant)	
Ⓢ S-Bahnhof	
-- U-Bahn	
— U-Bahn oberirdisch	
-- U-Bahn (geplant)	
Ⓤ U-Bahnhof	
— Straßentunnel (geplant)	
— Grenze des Planungsgebiets	

M3 Die Planung für Berlin

Berlin – gegen starke Konkurrenz

Die beschlossene Verlagerung des Regierungssitzes hat in Berlin bereits einen deutlichen Entwicklungsschub ausgelöst. Bei ihrer weiteren wirtschaftlichen Entwicklung muss sich die Stadt jedoch gegenüber starken nationalen Konkurrenten durchsetzen.

In Deutschland fehlt heute eine überragende nationale Metropole wie zum Beispiel Paris in Frankreich, London in Großbritannien oder Budapest in Ungarn. Bis 1945 hatte Berlin diese Rolle in Deutschland inne. Daneben hatte jedoch die Aufteilung des Staates in einzelne, relativ selbstständige Länder (föderative Struktur der Bundesrepublik Deutschland) die Entstehung regionaler Zentren, vor allem der Landeshauptstädte, gefördert. Sie hatten eine weit über die Landesgrenzen hinausgehende wirtschaftliche oder kulturelle Bedeutung, waren relativ gleichmäßig über das gesamte Staatsgebiet verteilt und konnten auf verschiedenen Verkehrswegen leicht erreicht werden. Einige von ihnen erhielten nach dem Zweiten Weltkrieg einen zusätzlichen Entwicklungsschub, denn mit der Teilung Deutschlands und Berlins gingen zahlreiche Funktionen der Hauptstadt auf sie über. So wurde Bonn Hauptstadt. Frankfurt erhielt den Sitz der Deutschen Bundesbank und ihr folgten alle großen Kreditinstitute. Mit der europäischen Zentralbank ist die Stadt heute ein Finanzzentrum von europäischer und weltweiter Bedeutung. Große Industrieunternehmen verlegten ihre Zentralen, so die AEG nach Frankfurt und die Siemens AG nach München. Mit ihrer Hilfe hat sich die Stadt heute zu einem internationalen Zentrum der Hightech-Industrie entwickelt.
(nach: Das Vereinte Deutschland. Leipzig 1992, S. 17-19)

Besonders das Fehlen der Zentralen und Forschungseinrichtungen großer Industriefirmen wirkt sich nachteilig auf den Aufstieg Berlins zu einer Metropole europäischen Ranges aus. Aber auch hier sind erste Erfolge eingetreten: Seit Ende 1995 sind wieder ein gutes Dutzend Konzernzentralen in der Stadt ansässig, darunter Sony mit seiner Europa-Zentrale und Daimler-Benz mit der Zentrale seines Dienstleistungsunternehmens debis.

Die politische und wirtschaftliche Öffnung Osteuropas könnte langfristig für die Stadt Berlin einen weiteren Entwicklungsschub bringen hin zu einem Dienstleistungszentrum von europäischer Bedeutung für den wachsenden mittel- und osteuropäischen Markt. Bereits jetzt leben über 150 000 Osteuropäer in der Stadt, suchen osteuropäische Unternehmen, wie zum Beispiel russische Banken, verstärkt geeignete Berliner Immobilien. Die Hoffnung der Stadt von der erwarteten riesigen Nachfrage im Osten profitieren zu können, beruhten in erster Linie auf ihrem enormen wissenschaftlichen Potenzial, ihren traditionellen Beziehungen zu den Ländern Osteuropas und ihrer relativ zentralen Lage.

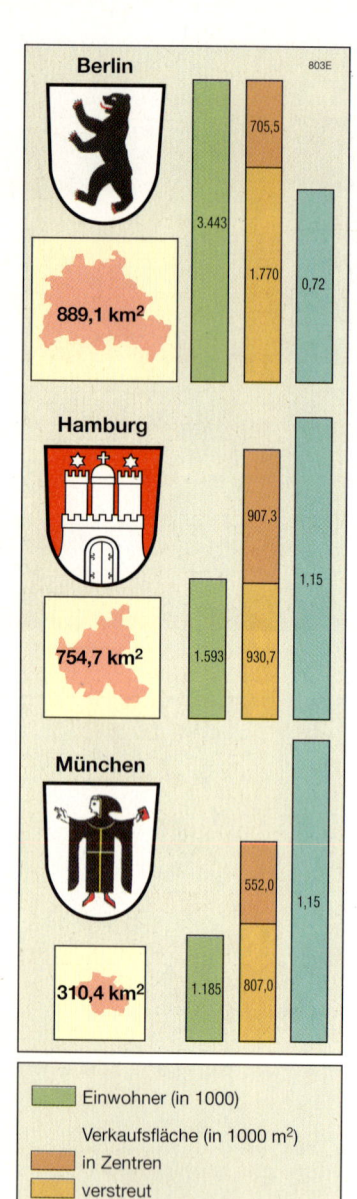

M1 *Einwohner und Verkaufsfläche des Einzelhandels in Berlin, Hamburg und München*

Legende:
- Einwohner (in 1000)
- Verkaufsfläche (in 1000 m²)
  - in Zentren
  - verstreut
- Verkaufsfläche/Einwohner (m²)

Berlin (889,1 km²): Einwohner 3.443; in Zentren 705,5; verstreut 1.770; Verkaufsfläche/Einwohner 0,72
Hamburg (754,7 km²): Einwohner 1.593; in Zentren 907,3; verstreut 930,7; Verkaufsfläche/Einwohner 1,15
München (310,4 km²): Einwohner 1.185; in Zentren 552,0; verstreut 807,0; Verkaufsfläche/Einwohner 1,15

M2 Hochschulen und Bundesbehörden Deutschlands

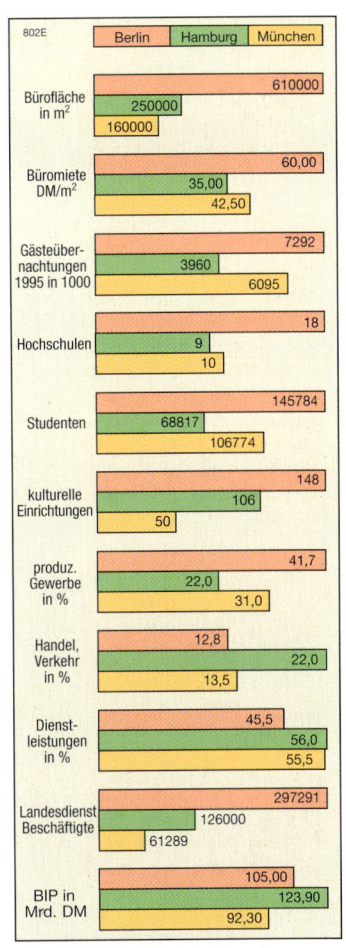

M3 Berlin im Vergleich mit anderen Millionenstädten Deutschlands

	Berlin	Hamburg	München
Bürofläche in m²	610000	250000	160000
Büromiete DM/m²	60,00	35,00	42,50
Gästeübernachtungen 1995 in 1000	7292	3960	6095
Hochschulen	18	9	10
Studenten	145784	68817	106774
kulturelle Einrichtungen	148	106	50
produz. Gewerbe in %	41,7	22,0	31,0
Handel, Verkehr in %	12,8	22,0	13,5
Dienstleistungen in %	45,5	56,0	55,5
Landesdienst Beschäftigte	297291	126000	61289
BIP in Mrd. DM	105,00	123,90	92,30

M4 debis – eine neue Zentrale des Daimler-Benz-Konzerns am Potsdamer Platz (Modell)

1 Fertige eine Skizze an mit der Lage von Berlin, Paris, Amsterdam, Kopenhagen, Warschau, Prag, Minsk, Riga, Kiew und Moskau. Trage die Entfernungen von Berlin zu diesen Städten ein.

2 Beschreibe die Verteilung der Hochschulen und Bundesbehörden (M2).

3 Erläutere, weshalb einige Landeshauptstädte als starke Konkurrenten von Berlin bezeichnet werden können (M1 und M3).

Berlin – für Brandenburg eine Gefahr?

Zentrale Orte verfügen über Einrichtungen, die auch für die Bewohner des Umlandes von Bedeutung sind, z.B. Bildungseinrichtungen, Kaufhäuser, Verwaltungseinrichtungen.
Oberzentren sind bedeutend für ein weites Umland (z.B. durch Universität, Spezialkliniken und hoch spezialisierte Geschäfte).
Mittelzentren sind von geringerer Bedeutung (typische Einrichtungen: Krankenhaus, Gymnasium).

Kurz vor und nach der Wiedervereinigung gab es in den fünf neuen Ländern keine klaren gesetzlichen Regelungen. So wurden rund um den Berliner Autobahnring zahlreiche Einkaufszentren geplant und genehmigt. Inzwischen bereiten sie den Regionalplanern Bauchschmerzen. Diese befürchten, dass die Verkaufsriesen die Einzelhandelsgeschäfte verdrängen und die Versorgung der Bevölkerung in kleinen Ortschaften gefährden. Die großen Verkaufszentren gelten als Arbeitsplatzvernichter. Ein Arbeitsplatz dort ersetzt 2,5 Arbeitsplätze im Facheinzelhandel der Innenstadt. Das hohe Verkehrsaufkommen durch die vielen Kunden läuft dem Plan zuwider aus Umweltschutzgründen Verkehr zu vermeiden. Vielfach wurden sie auf der 'grünen Wiese' errichtet und begünstigen mit ihren Lagerhallen und Verkehrsanbindungen die Zersiedlung der Landschaft. Und schließlich ist die Konzentration von vielen Unternehmen in dem so genannten Speckgürtel rund um Berlin das genaue Gegenteil der Absicht der Raumplaner, nämlich der 'dezentralen Konzentration'.
(nach: Eggers, J., in: Märkische Oderzeitung vom 15.3.94)

Dem Konzept der dezentralen Konzentration liegt eine Einteilung Brandenburgs in einen engeren Verflechtungsraum, den „Speckgürtel" mit einer engen Beziehung zu Berlin, und in einen äußeren Entwicklungsraum zu Grunde. Der erste ist für Unternehmen besonders attraktiv, weil

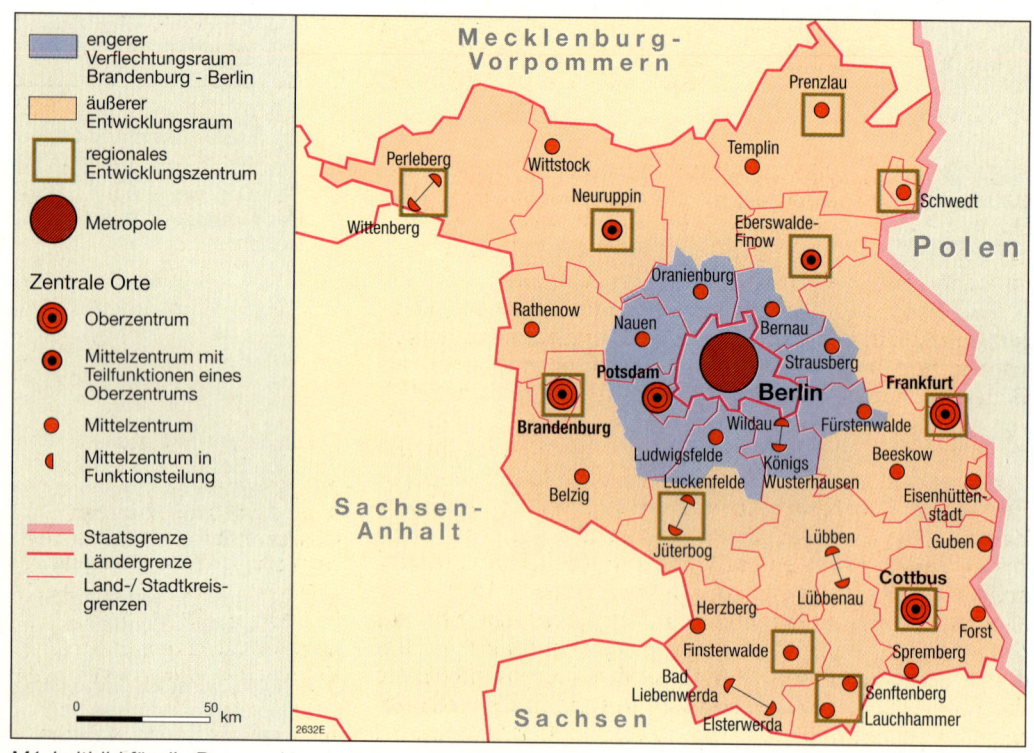

M1 Leitbild für die Raumordnung: Dezentrale Konzentration

M2 Karikatur

Der Aufschwung Ost zeigt erste Konturen in der näheren Umgebung von Berlin

Entgegen der allgemeinen Rezession in ganz Deutschland ist im so genannten 'Speckgürtel' um Berlin der Aufschwung Ost deutlich sichtbar. Weit über die Hälfte der bisherigen Investitionen in Brandenburg entfallen auf die Randgebiete zur deutschen Hauptstadt. Auch ohne sofortigen Umzug von Bundesregierung und Bundestag geht von der Millionenstadt Berlin eine große Sogwirkung auf Investoren aus dem In- und Ausland aus. Von den in den nächsten Jahren erwarteten 250 000 neuen Arbeitsplätzen werden allein 128 000 im 'Speckgürtel' entstehen. Inzwischen sind dort 455 Betriebe mit einer Gesamtinvestitionsmenge von 5,5 Mrd. DM und 28 000 Arbeitsplätzen zum großen Teil fertig gestellt.

(nach: Handelsblatt vom 17. 1. 94)

er die besseren **Standortfaktoren** aufzuweisen hat: eine gute Verkehrserschließung, vielfältige Anbindungen an die Hauptstadt, preiswerte Grundstücke, Forschungs- und Entwicklungseinrichtungen nahe gelegener Universitäten und kulturelle Dienstleistungen der Metropole.

Um einen möglichst großen Teil der ansiedlungswilligen Betriebe in den äußeren Entwicklungsraum zu lenken konzentriert man hier die Fördermittel und baut als Gegengewicht zu dem Zentrum Berlin und dem attraktiven „Speckgürtel" eine Reihe von kleineren Städten als regionale Entwicklungszentren aus. In ihnen konzentriert man Einrichtungen der Wirtschaft, der Verwaltung, der Bildung und anderer Dienstleistungen. Mit Hilfe dieser Zentren hofft man die Disparitäten, das heißt, die großen Unterschiede zwischen dem engeren Verflechtungs- und äußeren Entwicklungsraum, auszugleichen. Aber trotz aller gegenteiligen Bemühungen konzentrierten sich bis Ende 1994 etwa 60% der gesamten Investitionen in Ostdeutschland von rund 40 Mrd. DM auf die Randgebiete der Bundeshauptstadt. Damit ist diese Region bei nur geringen Subventionen die wirtschaftlich dynamischste in den neuen Bundesländern.

1 Erläutere den Begriff 'Speckgürtel'.

2 Inwieweit sind die großen Einkaufszentren im 'Speckgürtel' Berlins für die Entwicklung des Landes Brandenburg, aber auch für Berlin, problematisch?

3 Welche Ziele verfolgt das Konzept der 'Dezentralen Konzentration' *(M1)*?

4 Interpretiere die traurige Mine des Berliner Bären *(M2)*.

Wachstum ohne Schornsteine
Das andere Ruhrgebiet

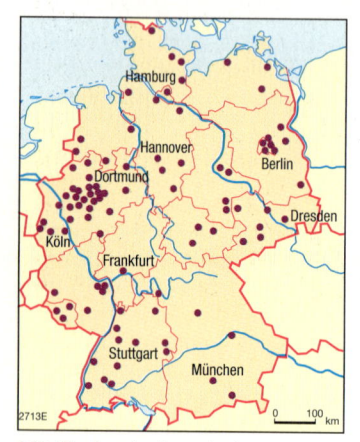

Dienstleistung und Produktion – voneinander abhängig

Die Idee kam von der Universität Dortmund: einen Mikrochip herzustellen, auf dem möglichst viele Bausteine integriert werden können und diese integrierten Schaltungen als technische Dienstleistung anderen Unternehmen anzubieten. Um diese Idee umzusetzen wurde 1984 im **Technologiepark** Dortmund das Werk ELMOS gegründet. 1995 entwickelten rund 200 hoch qualifizierte Mitarbeiter in Zusammenarbeit mit dem Fraunhofer Forschungsinstitut in Duisburg integrierte Schaltungen. Diese werden vielseitig eingesetzt, zum Beispiel für Beleuchtungsmesser bei Fotoapparaten, bei Klimaanlagen oder Ventilatoren.

Wie die Firma ELMOS arbeitet eine Vielzahl mittlerer und kleinerer Unternehmen in insgesamt 60 Technologie- und Gründerzentren im Ruhrgebiet, den Keimzellen der Technologieparks. Sie alle setzen brandneue Forschungsergebnisse in industriell verwertbare Produkte um und helfen anderen Firmen bei der Verwertung. Dabei können sie auf umfassende Dienstleistungen der Technologieparks wie zum Beispiel Beratung zurückgreifen. Sie machen das ehemalige **Montanrevier**, das einst von Anlagen des Bergbaus und der Eisen- und Stahlindustrie geprägt war, zu einem technologieorientierten Dienstleistungszentrum und einem attraktiven Standort für Firmen mit technisch hochwertigen Produkten.

Wie die Betriebe der Technologieparks zeugen auch viele ehemalige montanwirtschaftliche Unternehmen von dem Strukturwandel im Ruhrgebiet. So plant, baut und betreibt die Ruhrkohle AG, die einst nur Kohle förderte und verkaufte, heute weltweit Steinkohlekraftwerke, saniert aber auch belastete Böden oder entsorgt Industrieanlagen. Der Anteil der bergbaufernen Aktivitäten am Gesamtumsatz ist von 2 % (1970) auf rund 50 % (1994) gestiegen.

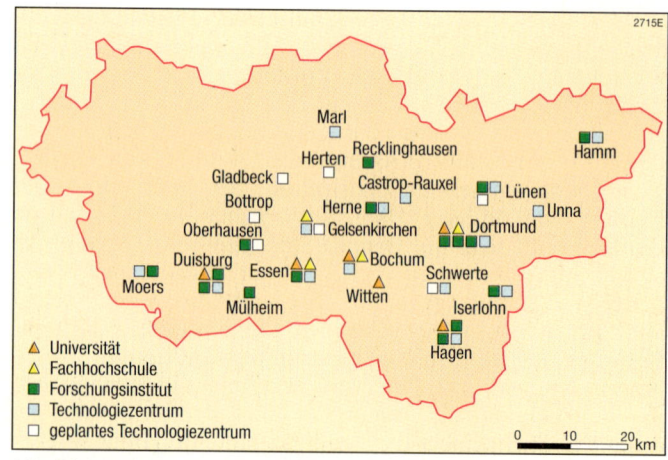

M1 Technologieparks in Deutschland (in Auswahl)

1 Um die wirtschaftliche Situation des Ruhrgebiets der vergangenen Jahrzehnte zu charakterisieren spricht man häufig von 'Strukturkrise'. Erläutere diesen Begriff mit Hilfe von *M4* und *M5*.

2 Erkläre die Bedeutung, die eine Ausweitung der technischen Dienstleistungen für eine Wirtschaftsregion wie das Ruhrgebiet hat (*M2* und *M3*).

3 Berechne den absoluten und prozentualen Zuwachs bei den Beschäftigten der einzelnen Bereiche der höherwertigen Dienstleistungen (*M8*).

4 Stelle die Entwicklung des sekundären und tertiären Sektors dar (*M6* und *M7*) und begründe sie.

M2 Bildungs- und Forschungsstätten im Ruhrgebiet

M3 Technologiepark Dortmund

M4 Produktion und Beschäftigung im Ruhrgebiet

	Produktion (in Mio. t)		Beschäftigte (in 1000)		
	Steinkohle-förderung	Rohstahl-erzeugung	Industrie insgesamt	Steinkohle-bergbau	Eisen schaffende Industrie
1960	115,4	23,2	1037,1	390,0	188,8
1970	91,1	28,5	862,2	191,4	169,4
1980	69,1	25,2	721,1	140,5	139,5
1990	54,6	20,2	577,7	98,7	70,2

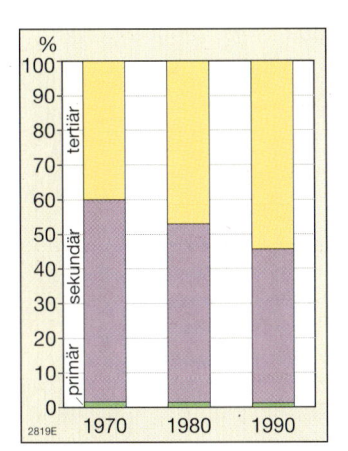

M5 Arbeitslosigkeit

	Arbeitslose (in %)	
	Ruhr-gebiet	Nordrhein-Westfalen
1960	o.Ang.	0,8
1970	0,7	0,6
1980	5,8	4,6
1990	10,8	8,4

M6 Beschäftigte nach Wirtschaftssektoren im Ruhrgebiet

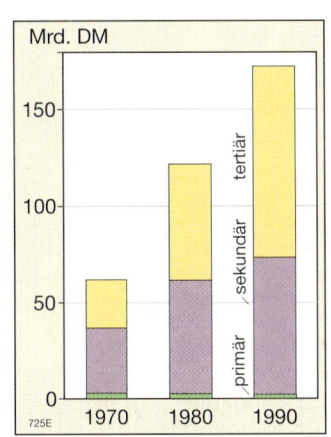

M7 Wertschöpfung nach Wirtschaftssektoren im Ruhrgebiet

M8 Beschäftigte in den höherwertigen Dienstleistungen im Ruhrgebiet

	1980	1992
insgesamt	70 658	85 109
darunter:		
Forschung und Entwicklung	36 481	39 108
Marketing	20 597	23 882
Unternehmens-beratung	5 818	9 175
elektronische Datenverarbeitung	7 762	12 944

45

Harte Standortfaktoren:
Qualifikation der Arbeitskräfte, Erschließung des Ansiedlungsgeländes, Lage zu Rohstoffquellen, Energieträgern und Absatzmärkten, Subventionen, verkehrsmäßige Erschließung u.a.

Weiche Standortfaktoren:
Wohn- und Umweltqualität, Kultur- und Freizeitangebot, Möglichkeiten zur Aus- und Weiterbildung, Image der Region, Zahl der Dienstleistungsbetriebe, die zum Beispiel das Management beraten, internationale Dienste vermitteln, den Transport und die Verteilung von Waren erleichtern u.a.

Auf die weichen Standortfaktoren kommt es an

Unterstützt wird der Strukturwandel im Ruhrgebiet durch eine Verbesserung der **weichen Standortfaktoren**. Sie spielen bei der Ansiedlung von Unternehmen eine große Rolle, da die zum Teil hoch qualifizierten Mitarbeiter eine attraktive Umgebung für die Gestaltung ihrer Freizeit erwarten. Dem stand lange Zeit das traditionell schlechte Image des Ruhrgebiets entgegen. Dies stammt vielfach noch aus den Zeiten, in denen rußgeschwärzte Kumpel, rauchende Schlote und umweltbelastende Industrieanlagen das Bild der Region prägten.

Inzwischen sind der Dienstleistungssektor und mit ihm die weichen Standortfaktoren im Ruhrgebiet jedoch erheblich ausgeweitet und verbessert worden. Das hat die Region attraktiver gemacht und auch ihr Image aufgewertet. So sind zum Beispiel seit der Eröffnung der Ruhr-Universität in Bochum im November 1965 fünf weitere Universitäten gegründet worden. Von 1988 bis 1994 haben fast fünf Millionen Menschen aus dem In- und Ausland das Musical „Starlight Express" in Bochum besucht, viele Hunderttausende die Ausstellungsreihe 'Europäische Metropolen' in der Villa Hügel in Essen.

Auch die Landschaft ist attraktiver gestaltet: In den letzten 25 Jahren hat der Kommunalverband Ruhrgebiet mehr als 10 000 ha Grün- und Freiflächen durch den Ankauf von Grundstücken erhalten. Dadurch sicherte man zusammenhängende Waldflächen und gefährdete Grünflächen in den Grenzbereichen der Großstädte des Ruhrgebiets.

Auch in Zukunft wird sich der Dienstleistungssektor weiter ausweiten. So will man den ständig steigenden Güterumschlag mit Hilfe von **Güterverkehrszentren** (GVZ) möglichst schnell und kostengünstig bewältigen. Die Einrichtungen eines GVZ konzentrieren sich in

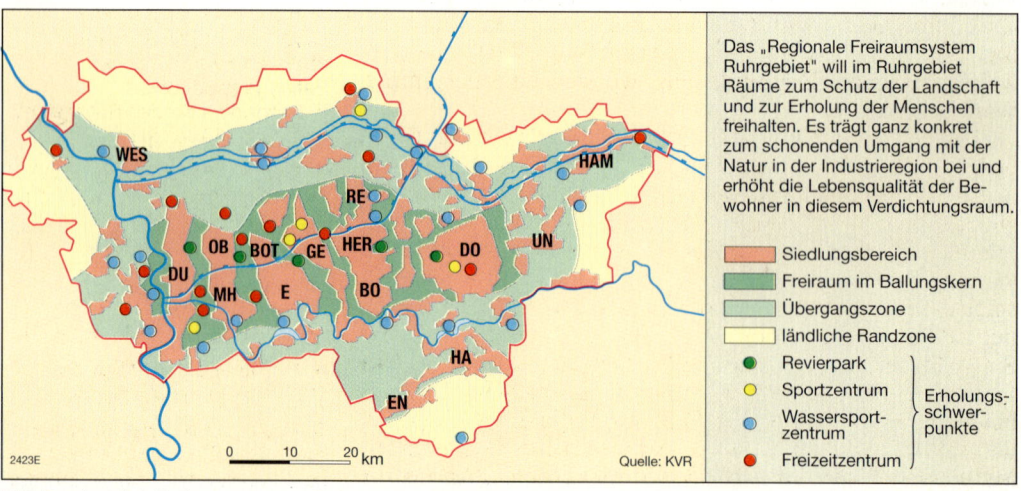

M1 Im Umweltschutz tätige Betriebe in Nordrhein-Westfalen (in %)

	Unternehmen	Beschäftigte
Ruhrgebiet	32,02	34,02
übriges NRW	67,98	65,98
gesamt	100,00	100,00
absolut	1 602	ca. 90 000

M2 Regionales Freiraumsystem Ruhrgebiet (vereinfacht)

Das „Regionale Freiraumsystem Ruhrgebiet" will im Ruhrgebiet Räume zum Schutz der Landschaft und zur Erholung der Menschen freihalten. Es trägt ganz konkret zum schonenden Umgang mit der Natur in der Industrieregion bei und erhöht die Lebensqualität der Bewohner in diesem Verdichtungsraum.

- Siedlungsbereich
- Freiraum im Ballungskern
- Übergangszone
- ländliche Randzone
- Revierpark
- Sportzentrum
- Wassersportzentrum
- Freizeitzentrum

Erholungsschwerpunkte

Quelle: KVR

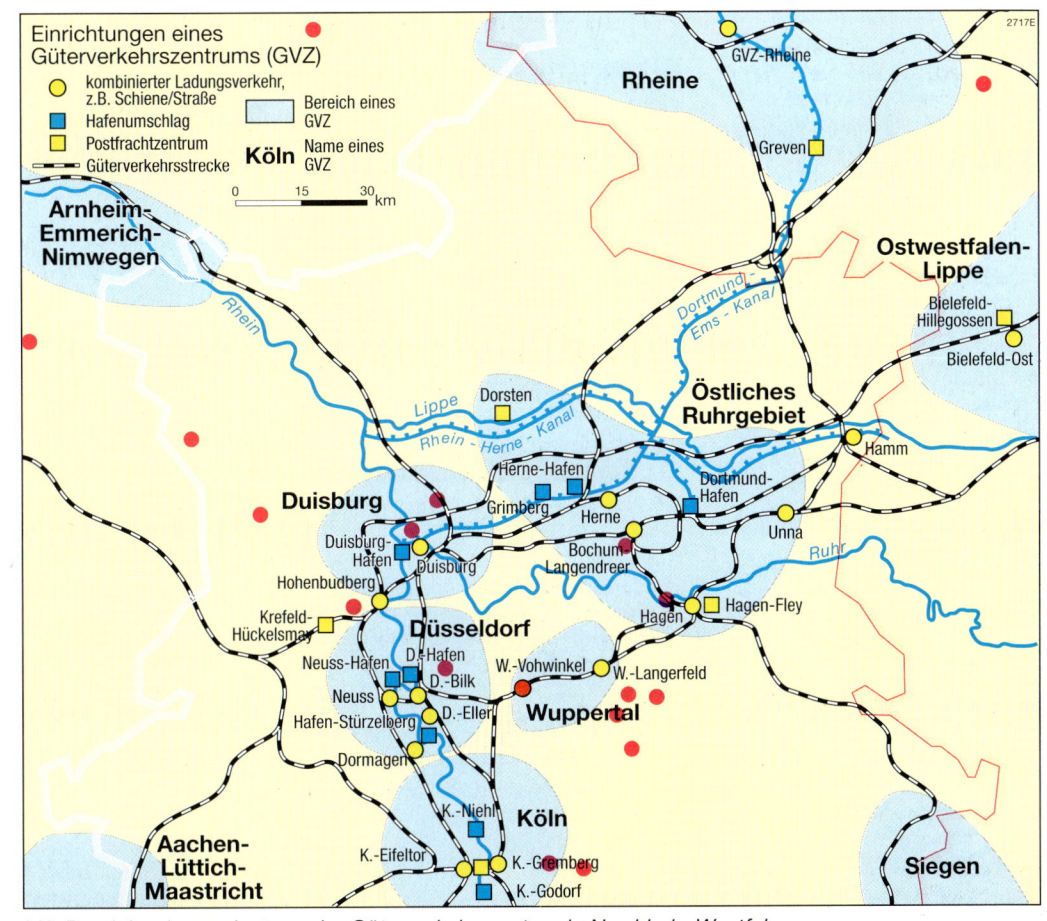

M3 Bereiche der geplanten zehn Güterverkehrszentren in Nordrhein-Westfalen

bestimmten Räumen und bestehen aus unterschiedlichen Dienstleistungs- und Verkehrsunternehmen, wie zum Beispiel Reparatur- bzw. Verteilerbetrieben und Speditionen. Modernste EDV-Anlagen dirigieren die Güterströme und weisen zu jedem Zeitpunkt aus, wo sich eine bestimmte Ware befindet.

Die GVZ werden an den Schnittstellen zwischen Nah- und Fernverkehr und zwischen einzelnen Verkehrsträgern wie Schiene oder Straße angesiedelt. Sie liegen verkehrsgünstig zu den großen Städten/Ballungsgebieten und erlauben ein rasches Umladen im Kombinierten Ladungsverkehr zwischen den einzelnen Verkehrsträgern. Ein Beispiel dafür sind die Dienstleistungs- und Verkehrsunternehmen in Unna, darunter die Firma INTERSPE/DPD. Sie befördert täglich über 3000 Sendungen und 30 000 Pakete mit mehr als 1000 Tonnen Gesamtgewicht. Daran beteiligt sind weit über 150 Fahrzeuge, die die wichtigsten deutschen und europäischen Ballungszentren anfahren. Mehr als 90% der Güter werden innerhalb von 24 Stunden zwischen Versender und Empfänger ausgetauscht.

1 Begründe, weshalb die weichen Standortfaktoren
a) für ein wirtschaftliches Ballungsgebiet und
b) besonders für das Ruhrgebiet von großer Bedeutung sind.

2 Durch welche Maßnahmen hat man im Ruhrgebiet versucht die weichen Standortfaktoren zu verbessern? Erläutere.

3 Zeige die Bedeutung der im Umweltbereich tätigen Unternehmen im Ruhrgebiet auf (M1).

4 Erläutere die Funktion der Güterverkehrszentren (M3).

5 Das östliche Ruhrgebiet hat das größte Güterverkehrsaufkommen in Nordrhein-Westfalen. Erkläre (M3, Atlas).

Projekt „Handfest"

Mit dem Strukturwandel im Ruhrgebiet und den vielen neuen Arbeitsplätzen im Dienstleistungssektor ist auch der Anteil der Frauen am Berufsleben gestiegen. Nicht so in der Emscherzone. Hier ist der Anteil der arbeitslosen Frauen höher als im Bundesdurchschnitt. Die Projektgruppe 'Handfest' im Initiativkreis Emscherregion hat sich zum Ziel gesetzt arbeitslosen Gesellinnen des Baunebengewerbes (z.B. Tischlerinnen, Malerinnen, Steinmetzinnen) eine zusätzliche Qualifikation im Bereich des ökologischen Bauens zu vermitteln. Dazu zählen zum Beispiel die Auswahl und der Einsatz umweltgerechter Baustoffe, das Recycling erneuerter Elemente, wie Türen und Fenster, oder die ökologische Abfallverwertung. Außerdem sollen sie eine entsprechend lange Berufspraxis erhalten (3 Jahre) um bei entsprechender Eignung die Möglichkeit zu bekommen den Meistertitel zu erwerben und einen eigenen Betrieb zu eröffnen.

Projekt „Frauen planen Wohnungen"

M1 Neues Wohnen in Bergkamen

Auf einem 3600 m² großen Grundstück mitten in der Innenstadt von Bergkamen haben ausschließlich Frauen einen Häuserblock geplant und bauen lassen. Die IBA Emscher Park hat dieses Projekt an Frauen vergeben, weil sie „menschengerecht planen und als besonders vom Wohnen Betroffene Expertinnen dafür sind". Besonderheiten des Häuserblocks: Mitwirkung der Bewohner bei der Gestaltung von energiesparenden Wohnungen, Gemeinschaftsräumen und Außenanlagen; Wohnen ohne Angst: Sammelparkplatz auf ebener Erde statt in dunklen Tiefgaragen, Außentreppe und Brücken statt düstere Treppenhäuser; hohe Lebensqualität durch leicht veränderbare Wohnungsaufteilung, durch Garten, Balkon oder Dachterrasse.

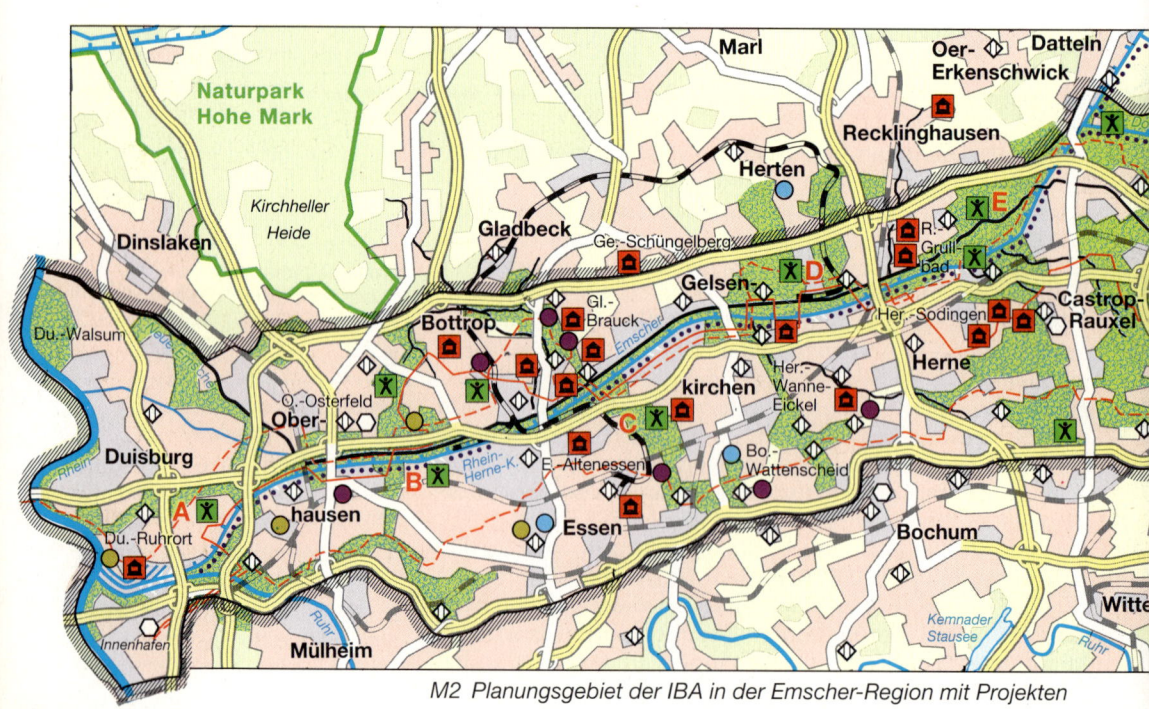

M2 Planungsgebiet der IBA in der Emscher-Region mit Projekten

Dienstleistungsunternehmen in der Emscher-Region – Die Internationale Bauausstellung Emscher Park (IBA)

Eine durchgehende Parklandschaft zwischen Duisburg und Dortmund; eine Ausstellung in Europas größtem Gasometer; ein Yachthafen am Rhein-Herne-Kanal; die Umwandlung des Abwasserkanals Emscher und seiner Zuflüsse zu naturnahen Flussläufen; ein Volksgolfplatz, eine Landesgartenschau, Gewerbe- und Technologieparks auf ehemaligem Zechengelände ... Verrückte Ideen? Mitnichten!

Dies und vieles mehr ist bzw. wird Wirklichkeit dank der IBA, gegründet 1989. Mit ihrer Hilfe sollen die alten Zechen- und Industrieanlagen der Emscher-Region umgebaut und neue Standorte für mittelständische Unternehmen aufbereitet werden. Die IBA will besonders die stark belastete und durch Wohnbebauung, Verkehr und Industrie zerstückelte Landschaft zu beiden Seiten des Abwasserkanals Emscher erneuern. Hier finden sich Abraumhalden, alte Zechen- und Industrieanlagen, Schrottplätze, Lagerhöfe und ein Gewirr von Verkehrslinien. Noch bildet die Emscher das größte offene Abwassersystem der Welt; noch ist der einst kurvenreiche Fluss mittels Betonschalen in gerade Bahnen gezwängt, ist er von ehemals 109 auf 70 km verkürzt worden. Noch wird die Emscher-Region vielfach als der 'Hinterhof' des Ruhrgebiets bezeichnet. Doch mit der Umgestaltung wird sich die Lebensqualität in dieser Region weiter verbessern.

1 Bei der Umstrukturierung der Emscherregion werden Frauen verstärkt berücksichtigt. Erläutere die Projekte.

2 Welche Ziele sollen mit Hilfe der IBA Emscher Park erreicht werden (M2)?

3 Plant einen Ausflug zu einem der Projekte der IBA Emscher Park und erkundet dabei die neue Nutzung des ehemaligen Industrie- und Zechengeländes. Besorgt euch Material beim Kommunalverband Ruhrgebiet, Abt. Öffentlichkeitsarbeit, Kronprinzenstraße 35, 45128 Essen.

4 Die IBA Emscher Park leistet einen Beitrag zum Strukturwandel des Ruhrgebiets. Begründe.

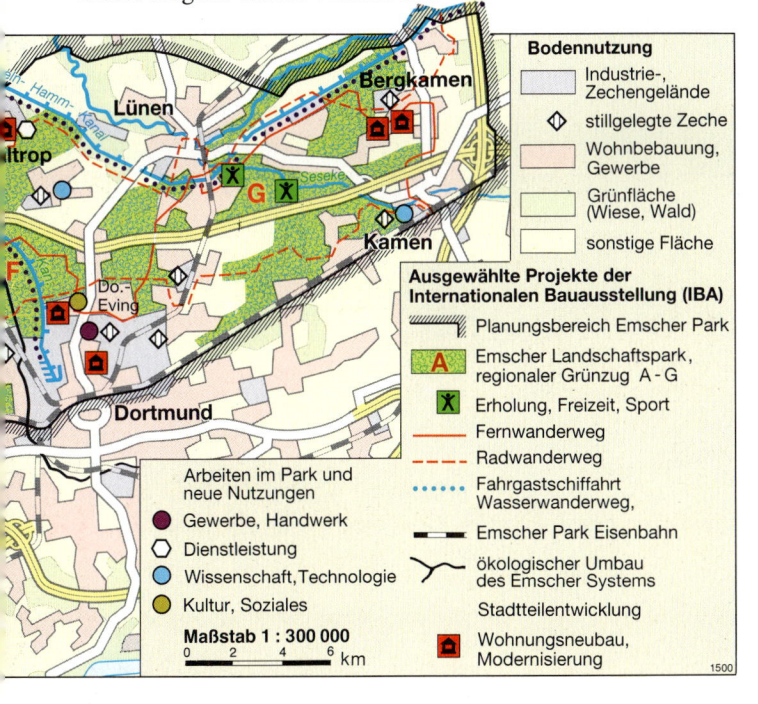

Gelsenkirchens neuer Wissenschaftspark – Labor für die Erforschung alternativer Energien

Im Wissenschaftspark Gelsenkirchen sollen alternative Energien, wie zum Beispiel die Sonnenkraft, erforscht und zur Anwendungsreife entwickelt werden. Das 63-Millionen-Projekt, an dem die IBA beteiligt ist, soll der Stadt den Anschluss an wirtschaftlich starke Regionen ermöglichen und ihr eine führende Position auf dem Gebiet verschaffen, dem sie einst ihren Aufstieg verdankte: der Energiegewinnung.
(nach: Die Welt, 23.3.1995)

Fremdenverkehr – Hoffnung für den Bayerischen Wald

Förderung für einen strukturschwachen peripheren Raum

Nach dem Zweiten Weltkrieg gestaltete sich die wirtschaftliche Entwicklung im Bayerischen Wald außerordentlich schwierig. Die Grenzen zur ehemaligen DDR, Tschechoslowakei und auch zu Österreich waren geschlossen. Der Bayerische Wald geriet dadurch in eine Randlage und die wirtschaftlichen Verbindungen zu den benachbarten Ländern brachen ab: Die Industriebetriebe des Bayerischen Waldes bezogen zum Beispiel Braunkohle aus Falkenau, Ton aus Franzensbad oder Garne, Stahl und Eisen aus Sachsen. Darüber hinaus wurde die Entwicklung dieses peripheren Raumes durch weitere Faktoren gehemmt. Zu nennen sind insbesondere 1. der Rückgang der Bevölkerungszahl durch Abwanderung (50 000 Menschen zogen zwischen 1950 und 1960 weg), 2. die unausgewogene Wirtschaftsstruktur (Ein Drittel der Erwerbstätigen war in der Landwirtschaft beschäftigt. Nur 4,4% arbeiteten in der Industrie; zum Vergleich: Bundesrepublik 11,1%) und 3. der Mangel an Arbeitsplätzen (Arbeitslosenquote 1956 29,9%; Bundesrepublik 5,5%).

Diese Strukturschwächen hoffte man durch eine Förderung aller Wirtschaftsbereiche, insbesondere jedoch des Fremdenverkehrs, überwinden zu können.

M1 Bayerischer Wald

M2 Aus einem Bericht über den Bayerischen Wald 1956

M3 Im Bayerischen Wald

Durch verschiedene Förderprogramme (z.B. Zonenrandförderung, Bayerisches Grenzhilfeprogramm), die vom Bund, dem Land Bayern, der Europäischen Union (EU), zum Teil auch von anderen Institutionen mitfinanziert wurden, konnten die notwendigen Voraussetzungen für die Entwicklung des Fremdenverkehrs im ostbayerischen Grenzraum geschaffen werden. Mit den Geldern wurden zum Beispiel Hotels, Gasthöfe, Pensionen, Feriendörfer und Freizeiteinrichtungen gebaut, Museen eröffnet, der Nationalpark Bayerischer Wald (1995: 173 968 Besucher) eingerichtet und die Verkehrsanbindung des Raumes verbessert. Man schuf eine **touristische Infrastruktur** und in den letzten 40 Jahren allein im Bereich des Fremdenverkehrs rund 35 000 Arbeitsplätze, davon 60% für Frauen.

Heute gehört der Bayerische Wald mit rund einer Million Urlaubern pro Jahr zu den beliebtesten Ferienregionen Deutschlands. Der Tourismus ist zu einer Stütze der heimischen Wirtschaft und zu einer wichtigen Einkommensquelle geworden (Einnahmen in Höhe von über 900 Mio. DM pro Jahr).

1 Welche Strukturschwächen wies der Bayerische Wald nach dem Zweiten Weltkrieg auf? Erläutere (*M1* und *M2*).

2 Beschreibe die Landschaft des Bayerischen Waldes und seine touristische Infrastruktur (*M3* und *M4*).

3 Begründe, weshalb der Fremdenverkehr als Hoffnungsträger und „Motor" der gesamten Wirtschaft bezeichnet wird (*M5*).

4 Vergleiche die heutige Wirtschaftsstruktur des Bayerischen Waldes mit der in anderen Mittelgebirgen (*Atlas*).

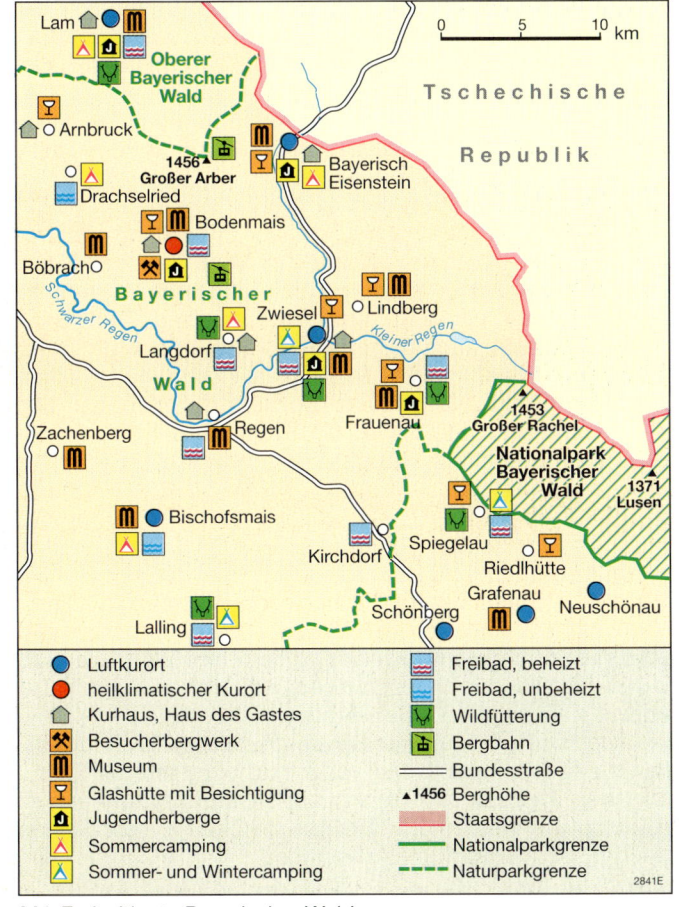

M4 Freizeitkarte Bayerischer Wald

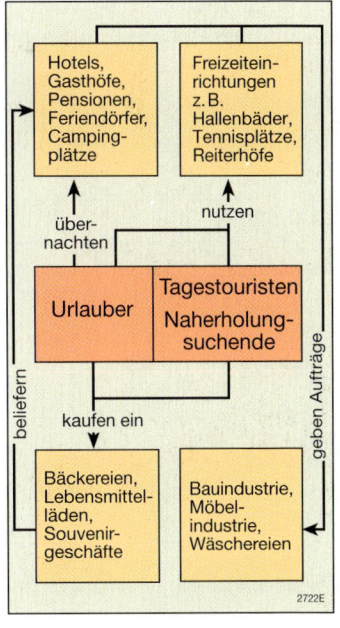

M5 Auswirkungen des Fremdenverkehrs (Auswahl)

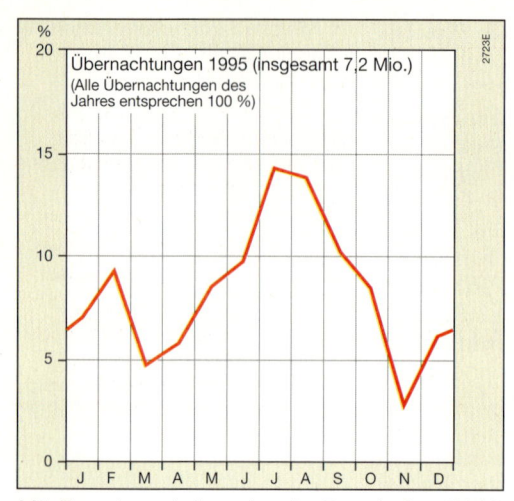

M1 Fremdenverkehrssaison im Bayerischen Wald

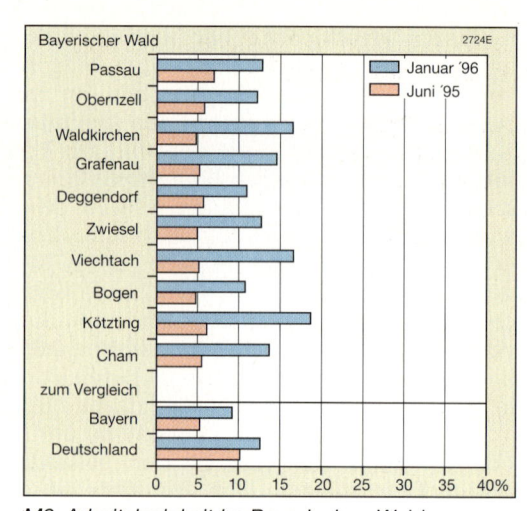

M2 Arbeitslosigkeit im Bayerischen Wald

1 Vergleiche die Urlauber- und Übernachtungszahlen des Bayerischen Waldes mit den anderen Mittelgebirgsregionen (M3). Fertige dazu ein Diagramm an.

2 Begründe, warum der Fremdenverkehr nur bedingt geeignet ist die Winterarbeitslosigkeit abzubauen (M1 und M2).

3 Die Wiedervereinigung Deutschlands und die Öffnung der Grenzen zu Tschechien brachten Vor- und Nachteile mit sich. Erkläre.

M3 Deutsche Mittelgebirge – ausgewählte Fremdenverkehrsregionen im Vergleich, 1994 (in 1000)

Mittelgebirge	Urlauber	Übernachtungen
Bayerischer Wald	1 050	7 459
Erzgebirge	502	1 617
Harz[1]	1 798	7 067
Hunsrück[2]	475	2 296
Rhön	421	1 391
Sauerland	1 439	5 953
Schwäbische Alb	1 400	3 421
Schwarzwald	4 627	19 908

[1] einschl. Harzvorland, Elm und Lappwald
[2] einschl. Nahe und Glan

(Quelle: Statistisches Jahrbuch für die Bundesrepublik Deutschland 1995)

Mittelgebirgsregion im Wettbewerbsstress

Herr Unger, wie schätzen Sie die Zukunftschancen der Fremdenverkehrsregion Bayerischer Wald nach der Wiedervereinigung Deutschlands und der Öffnung der Grenzen zur Tschechischen Republik ein?

Das ist natürlich eine völlig neue Situation. Deutsche Urlauber haben nun auch Gelegenheit in anderen Mittelgebirgen wie dem Erzgebirge oder dem Ostharz ihre Ferien zu verbringen. Das Angebot ist größer geworden, obwohl immer mehr Deutsche ihren Urlaub im Ausland verbringen. Deutlich spüren wir, dass der Wettbewerb schärfer geworden ist. Unsere Gästezahlen werden wir deshalb nur halten können, wenn wir auf Qualität setzen. Die Gästezimmer müssen noch besser ausgestattet und Einrichtungen, wie Freizeitzentren, Tennishallen oder Hallenbäder, qualitativ ausgebaut werden. Dadurch können wir den Touristen auch bei schlechtem Wetter etwas bieten. Wichtig scheint darüber hinaus die Spezialisierung auf einzelne Zielgruppen zu sein.

Was heißt das?

Nun, wir konzentrieren uns zum Beispiel verstärkt auf Familien mit kleinen Kindern, weil wir im Bayerischen Wald viele Ferienwohnungen haben. Gleichzeitig sprechen wir die über 50jährigen an, die Ruhe suchen und etwas für ihre Gesundheit tun wollen. Das Wandern wird ja bei uns groß geschrieben und das Erlebnis in der Natur erfreut sich steigender Beliebtheit.

Auch in Richtung Tschechien, also über die Grenze?

Ja, da gibt es bereits Kontakte. Wir arbeiten mit der Tschechischen Zentrale für Tourismus zusammen und haben gemeinsame Werbemaßnahmen entwickelt um die Region noch besser vermarkten zu können.

(Auszug aus einem Interview mit dem Geschäftsführer des Tourismusverbandes Ostbayern)

„Das Grüne Dach Europas": a bisserl bayerisch, a bisserl böhmisch

Wandern, Radeln, Reiten... Alles ist heute grenzüberschreitend möglich, auch seit Juli 1990 über die deutsch-tschechische Grenze hinweg. Die grenznahen deutschen Fremdenverkehrsorte werben mit ihren eigenen Sehenswürdigkeiten und mit denen im benachbarten Böhmen. Orchester, Musikgruppen und Solisten aus Tschechien treten im Bayerischen Wald auf. Das touristische Angebot, das die Gemeinden beiderseits der Grenze heute den Erholung Suchenden bieten, ist größer geworden. Auch in der Gastronomie sind tschechische Fachkräfte tätig, weil sie in Deutschland mehr verdienen. In Zwiesel zum Beispiel arbeiten 250 Frauen und Männer aus Tschechien; das entspricht etwa einem Drittel aller Beschäftigten im Dienstleistungssektor.

Vom Tourismus profitieren sowohl Bayern als auch Tschechien und Österreich. Fremdenverkehrsfachleute aus diesen Ländern haben deshalb die Arbeitsgruppe „Das Grüne Dach Europas" gegründet. Sie tauschen regelmäßig ihre Erfahrungen aus, stimmen ihr Fremdenverkehrsangebot miteinander ab und planen gemeinsam. Sie sind sich darüber einig, dass der Oberpfälzer, Bayerische und Böhmerwald durch den Fremdenverkehr nicht zerstört werden dürfen. Denn dieses noch weitgehend unberührte, größte zusammenhängende Waldgebiet Mitteleuropas ist ihr größtes „Kapital".

M4 Tschechische Touristen in Ostbayern (Niederbayern, Oberpfalz)

Jahr	Ankünfte	Übernachtungen
1990	10 661	24 146
1991	14 716	42 957
1992	17 341	44 135
1993	16 800	38 759
1994	14 075	34 896
1995	14 906	32 944

(Quelle: Tourismusverband Ostbayern)

1 „Die Öffnung der deutsch-tschechischen Grenze am 1.7.1990 war gleich bedeutend mit einer Bereicherung des touristischen Angebotes der deutschen Fremdenverkehrsgemeinden. Sie hat hüben wie drüben neue Einkommensquellen erschlossen." (Emil Kronschnabl, Leiter des Fremdenverkehrsamtes Zwiesel)
Nimm zu dieser Aussage Stellung.

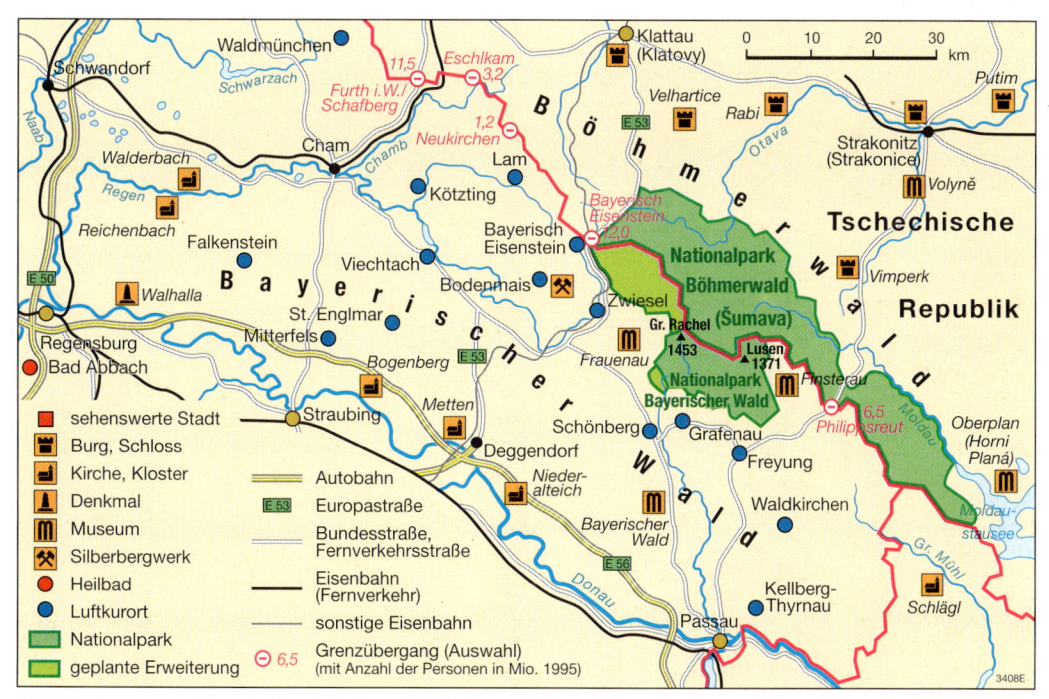

M5 Tourismus im Bayerischen Wald und Böhmerwald

M1 Collage

1 Städte und Gemeinden, Fremdenverkehrsämter oder Reiseveranstalter aus Deutschland und Frankreich arbeiten grenzübergreifend zusammen. Nenne Beispiele *(M1* und *M3)*.

2 Zeichne eine thematische Karte zu den Einnahmen und Ausgaben Deutschlands im Reiseverkehr *(M2)*. Berichte über den grenzüberschreitenden Tourismus.

M2 Deutschland: Einnahmen und Ausgaben im Reiseverkehr 1995

	Einnahmen	Ausgaben
	in Mio. DM	
Dänemark	919	1648
Polen	109	183
ehem. Tschechoslowakei	165	743
Österreich	2704	8528
Schweiz	1171	4481
Frankreich	2130	5410
Belgien/Luxemburg	865	1154
Niederlande	2561	3468

(Quelle: Deutsche Bundesbank)

Sich erholen, Urlaub machen – ein grenzenloses Vergnügen

Der grenzüberschreitende Tourismus mit unseren östlichen Nachbarstaaten Tschechien und Polen steckt noch in den Kinderschuhen. Anders sieht es dagegen an den Grenzen im Westen aus. Zwischen Deutschland und Frankreich bestehen zum Beispiel schon seit über 25 Jahren enge Beziehungen. „Mal kurz rüberfahren um Freunde zu besuchen" oder einen Ausflug ins Elsass machen: das ist ganz normal. Grenzübergangsstellen wurden abgebaut, Passkontrollen gibt es kaum noch. An den Ortsschildern bemerkt man erst, dass man schon im Ausland ist.

Hier bekommst du weitere Informationen:

Touristik-Gemeinschaft Baden Elsass Pfalz e.V.
Geschäftsstelle:
Regionalverband
Mittlerer Oberrhein
Baumeisterstraße 2
76137 Karlsruhe

PAMINA
Informations- und Beratungsstelle für grenzübergreifende Fragen
Ehemaliger Zollpavillon
76768 Berg – Neulauterburg

M3 Radfahrer überqueren die deutsch-französische Grenze

Vielfalt und Wandel – Wirtschaftsräume in Deutschland

Zwischen den einzelnen Regionen Deutschlands gibt es große Disparitäten. Sie zeigen sich zum Beispiel in unterschiedlichen Beiträgen zum Bruttoinlandsprodukt (BIP) und der Migration in die wirtschaftlich starken Gebiete. Die Disparitäten ergeben sich aus der unterschiedlichen Wirtschaftskraft zwischen den Betrieben in den drei Wirtschaftssektoren.

In den alten Bundesländern haben die landwirtschaftlichen Betriebe während der letzten Jahrzehnte ihre Produktivität immer weiter erhöht. Gefördert wurde dies durch zunehmende Mechanisierung, Spezialisierung und Intensivierung. Viele Landwirte mussten während dieses Strukturwandels ihren Hof aufgeben. Heute sind die ständigen Produktivitätssteigerungen zum Problem geworden: Man muss Maßnahmen ergreifen um zum Beispiel der Überproduktion oder auch der steigenden Umweltbelastung Herr zu werden.

In den neuen Bundesländern kam es durch die plötzliche Einführung der Marktwirtschaft zu tief greifenden Veränderungen. Ein wichtiges Ergebnis des dortigen Strukturwandels sind die zahlreichen Genossenschaften. Wie im Westen, so besteht auch im Osten heute ein großer Teil des bäuerlichen Einkommens aus Subventionen.

Auch im sekundären Sektor gibt es große Unterschiede zwischen dem Osten und Westen Deutschlands: Die Industrie in den neuen Bundesländern muss nun produktiv und umweltschonender als früher produzieren. Im Rahmen der Umstellung auf die Marktwirtschaft und durch das Wegbrechen der alten Märkte in Osteuropa kam es zu großen Arbeitsplatzverlusten. Mit zahlreichen Förderprogrammen versucht man in den strukturschwachen Gebieten die Standortfaktoren zu verbessern und dadurch neue Arbeitsplätze zu schaffen. In Bitterfeld zum Beispiel wurde ein großes Chemiekombinat in Einzelfirmen aufgegliedert und diese in einen Industriepark integriert, in dem durch zahlreiche industrielle Verflechtungen gute Möglichkeiten zur schlanken Produktion bestehen.

Doch auch in nicht strukturschwachen Gebieten, wie zum Beispiel im Raum Stuttgart, sind die Konzerne gezwungen, sich zu wandeln. Großfirmen verfolgen dabei die going-global-Strategie, indem sie im Ausland neue Betriebe gründen und dort die günstigen Produktionsbedingungen nutzen, vor allem in Niedriglohnländern und verschiedenen Branchen. Letzteres ist dann besonders wichtig, wenn die Industrie eines Raumes eine Monostruktur aufweist und damit viele Arbeitsplätze von nur einer Branche abhängen.

Auch vom tertiären Sektor geprägte Räume können sehr unterschiedlich sein. Berlin zum Beispiel ist auf dem besten Wege eine Dienstleistungs-Metropole zu werden. Auch im Ruhrgebiet gewinnen im Rahmen des Strukturwandels der Industrie der tertiäre Sektor und damit auch die weichen Standortfaktoren immer mehr an Gewicht. Die Bedeutung des tertiären Sektors für einen peripheren Raum wie den Bayerischen Wald erkennt man nicht zuletzt an seiner ausgeprägten touristischen Infrastruktur.

Wichtige Begriffe

Wirtschaftssektoren
Primärer Sektor
Sekundärer Sektor
Tertiärer Sektor
Räumliche Disparität
Produktivität
Mechanisierung
Intensivierung
Spezialisierung
Indexzahlen
Subvention
Überproduktion
Flächenstilllegung
Planwirtschaft
Genossenschaft
Intensivhaltung
Strukturschwacher Raum
Bruttoinlandsprodukt (BIP)
Migrant
Kombinat
Schlanke Produktion
Industrielle Verflechtung
Just-in-time
Going-global
Niedriglohnländer
Monostruktur
Fühlungsvorteile
Metropole
Standortfaktoren
Technologiepark
Montanrevier
Güterverkehrszentrum
Touristische Infrastruktur

Rotterdam – Europoort

Benidorm, Spanien

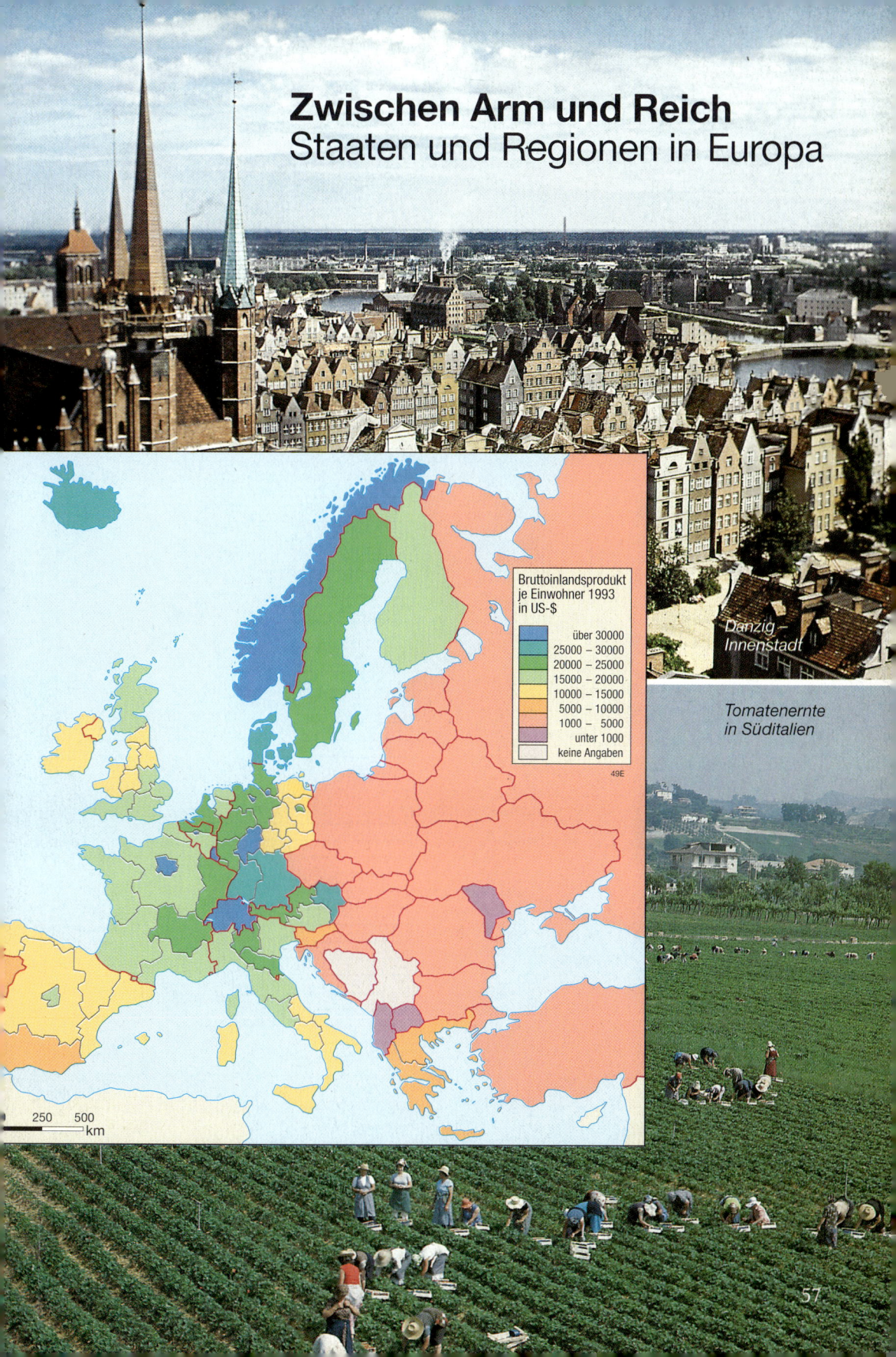

Zwischen Arm und Reich
Staaten und Regionen in Europa

Danzig – Innenstadt

Tomatenernte in Süditalien

Bruttoinlandsprodukt je Einwohner 1993 in US-$
- über 30000
- 25000 – 30000
- 20000 – 25000
- 15000 – 20000
- 10000 – 15000
- 5000 – 10000
- 1000 – 5000
- unter 1000
- keine Angaben

49E

Zwischen Arm und Reich
Staaten und Regionen in Europa

Ähnlich wie in Deutschland so gibt es auch innerhalb Europas große räumliche Disparitäten: Zum einen haben die europäischen Staaten eine sehr unterschiedliche Wirtschaftskraft. Dabei bestehen vor allem große Unterschiede zwischen den ehemals kommunistischen Staaten des Ostblocks (z.B. Russland, Weißrussland, Ukraine, Bulgarien, Rumänien) und den Staaten der Europäischen Union.

Es gibt aber auch große Unterschiede zwischen den einzelnen Staaten der EU, zum Beispiel ist das Pro-Kopf-Einkommen in Dänemark doppelt so hoch wie das in Irland. Auch innerhalb der Staaten gibt es wiederum – ähnlich wie in Deutschland – große Disparitäten: strukturschwache, periphere Räume und wirtschaftliche Aktivräume, „rückständige" agrarische Räume mit nur wenigen Arbeitsplätzen außerhalb der Landwirtschaft und vom tertiären Sektor geprägte Metropolen.

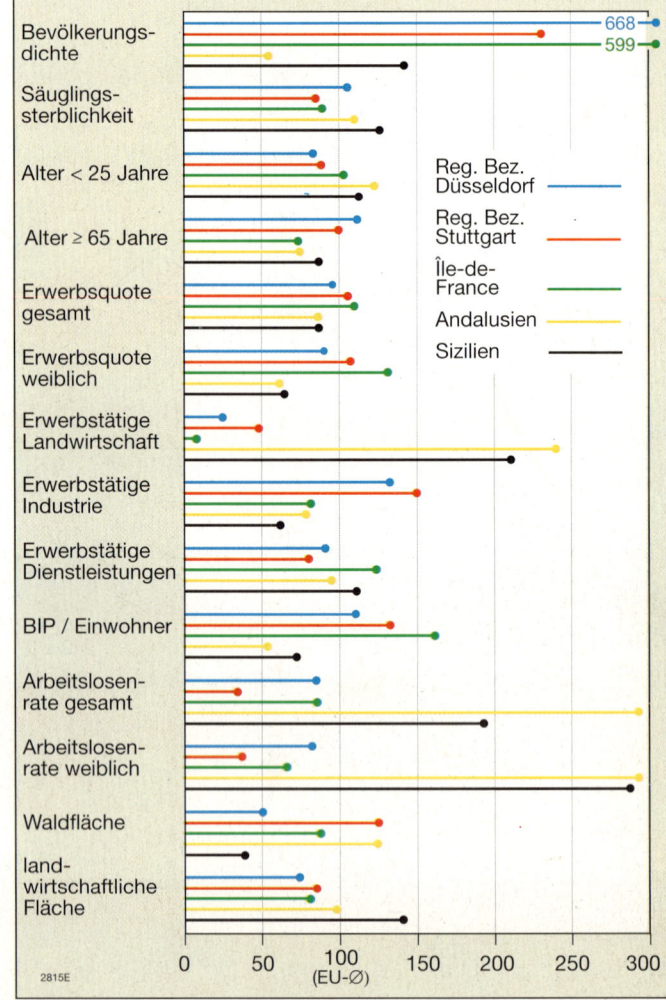

M1 Ausgewählte Regionen der EU

M2 Regionen der EU im Vergleich

1 Beschreibe die Verteilung der Wirtschaftskraft in Europa (Seiten 56/57).

2 Vergleiche die fünf europäischen Regionen. Wo liegen ihre „Stärken", wo liegen ihre „Schwächen" (M2)?

Erdölindustrie auf Sullom Voe, Shetland Inseln ▷

Industrielle Schwerpunkte verlagern sich
Großbritannien

Industrielle Schwerpunkte verlagern sich
Großbritannien

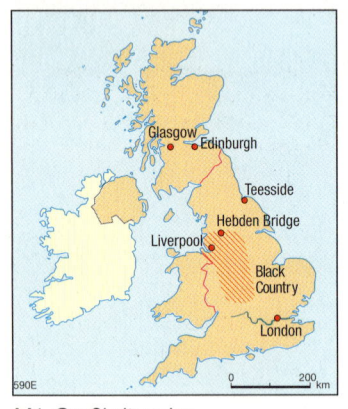

M1 Großbritannien

M2 Arbeiterwohnsiedlung in Hebden Bridge/Yorkshire

Großbritanniens ältester Industrieraum

Die westlichen Midlands waren der industrielle Kernraum Großbritanniens. Hier wurden die Erfindungen gemacht, die das industrielle Zeitalter einläuteten und die Welt veränderten: der mechanische Webstuhl, die Dampfmaschine und der Kokshochofen. Die enge Nachbarschaft von Kohle-, Eisenerz- und Kalkvorkommen begünstigten die Entwicklung der Eisen- und Stahlindustrie sowie der Metall verarbeitenden Folgeindustrien. Als in der Textilindustrie die Kapazitäten durch die heimischen Rohstoffe nicht mehr ausgelastet waren, importierte man Baumwolle aus den Kolonien und exportierte die Fertigwaren.

Großbritanniens Industrie: Krise und Aufschwung

1990 jubelte die bedeutende „Financial Times": „We are back again, wir haben die jahrzehntelange Wirtschaftsschwäche, die ‚englische Krankheit', überwunden. Der englische Löwe brüllt wieder in Europa!" Was war geschehen?

England, das Mutterland der Industrie und die früher größte Industrienation der Erde, war in eine schwere Wirtschaftskrise gefallen. Seine traditionellen **Schlüsselindustrien**, Kohle, Stahl, Textilindustrie, die Werften und der Fahrzeugbau, waren auf dem Weltmarkt nicht mehr konkurrenzfähig. Kohle konnte bis zu 150 DM/t billiger in Übersee eingekauft werden, Textilien wurden preisgünstiger in Südostasien produziert, Stahl gab es auf dem Weltmarkt zu Billigpreisen. Die Krise verschärfte sich, weil viele Betriebe nicht rechtzeitig modernisiert wurden. Ähnlich wie das Ruhrgebiet fiel Englands ehemaliger Kernraum, das „Black Country", in eine schwere Strukturkrise, in der viele Menschen ihre Arbeit verloren und ganze Stadtviertel verelendeten. Auch die spätere Verlagerung der Eisenhütten an die Küste, Subventionen und Garantielöhne konnten den Niedergang nicht verhindern. Daher werden Kohle-, Stahl- und Textilindustrie, Großbritanniens einstiger Stolz und Exportfavorit, heute nur noch als „sunset-industry" bezeichnet.

Durch die Schließung unrentabler Betriebe, den Einsatz modernster Technologie, einem rigorosen Abbau von Arbeitsplätzen und durch **schlanke Produktion** (lean production), die man von Japan übernahm, gelang es die **Produktivität** entscheidend zu steigern. Sogar für die Kohle sieht man aufgrund günstiger Abbaubedingungen bei moderner Fördertechnik eine Überlebenschance. Von den über 400 Zechen blieben allerdings nur 20 übrig.

Mit dem Geld aus dem Ölgeschäft werden heute vor allem der Ausbau der chemischen Industrie und die Ansiedlung von Zukunftstechnologien gefördert. Diese „sunrise-industry" meidet jedoch trotz verlockender EU-Zuschüsse die alten oder peripheren Standorte: Die Kommunikationstechnologie, Computerfirmen, die Raumfahrt und der Flugzeugbau konzentrieren sich in den neuen Wachstumsregionen des „Golden Corridor", einer Zone, die von London bis Bristol reicht. Inzwischen leben 23 % aller Beschäftigten in dieser Region und 42 % verfügen über einen Hochschulabschluss. Die besonders qualifizierten Mitarbeiter kommen aus aller Welt, auch Wissenschaftler von deutschen Hochschulen arbeiten hier.

„Für die großen internationalen und europäischen Konzerne ist England wieder zu einem interessanten Investitionsstandort geworden", sagt man in den Chefetagen. "Die Lohnkosten sind niedrig, sie erreichen teilweise nur 77 % des westdeutschen Niveaus. Darüber hinaus erleichtern Tochtergesellschaften auf den britischen Inseln den schnellen Zugang zu dem wieder interessanten britischen Markt. Für die asiatischen und amerikanischen Firmen dagegen öffnen sie die Tür zu dem riesigen Binnenmarkt der EU."

Die Konzentration auf den Süden wird jedoch dazu beitragen, dass sich das industrielle und soziale Süd-Nord-Gefälle auf den britischen Inseln weiter verschärfen wird.

1 Beschreibe die Verteilung von Bevölkerung und Industrie auf den britischen Inseln (*Atlas*).

2 Nenne Gründe für den Niedergang und den Aufschwung der britischen Industrie.

3 Der „Golden Corridor" entwickelte sich zu einem bevorzugten Standort der „sunrise-industry". Fasse die Gründe zusammen und überlege, welche Folgen diese Regionalisierung hat.

4 Zeichne in die Kopie einer Weltkarte die Zulieferländer und die Kfz-Teile, die Ford in England erhält (*M5*).

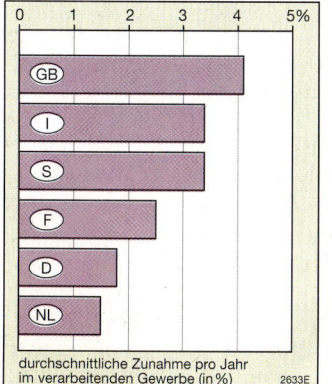

M3 Produktivität in der Industrie 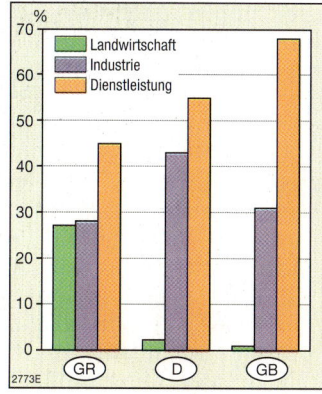 *M4 Erwerbsstruktur*

M5 Zulieferer für Ford (England)

Land	Teile (Auswahl)
GB	Kupplung, Batterie Lampen, Zylinderkopf
B	Reifen, Beschläge
DK	Keilriemen
D	Kolben, Verteiler Tank, Zündung
F	Bremsen, Lichtmaschine
E	Kühler, Kabelbaum
I	Scheiben
Japan	Anlasser
USA	Ventile

Quelle: iwd vom 9.6.1994, S. 5

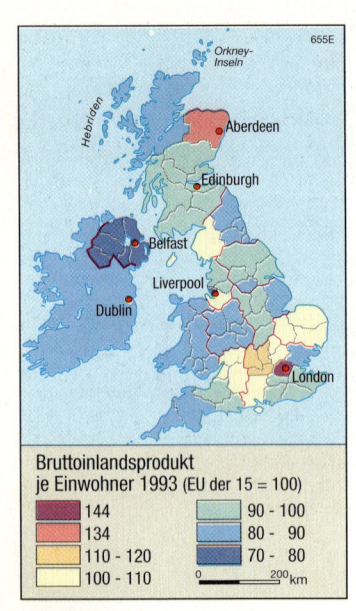

M1 Abweichung des Bruttoinlandproduktes je Einwohner vom Durchschnitt der Gemeinschaft

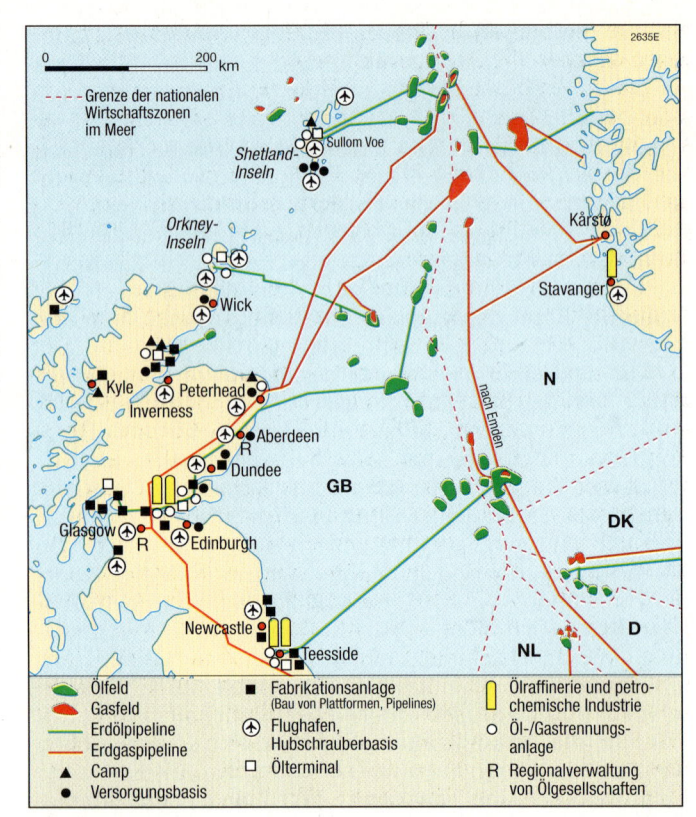

M2 Öl- und Gasgewinnung in der Nordsee und ihre Auswirkungen auf die Küste

Großbritanniens Norden im Umbruch

1960 stellte der Abgeordnete Peter Cullum in einer Rede vor dem britischen Unterhaus in London folgende Behauptung auf: „Großbritannien wird nicht in den Kreis der wohlhabenden und führenden Industrienationen Europas oder gar der Welt zurückkehren, solange es seine 'Armenhäuser' Nordirland, Schottland und die nördlichen Inselgruppen alimentieren (=unterhalten) muss. Welchen Nutzen kann England aus öden Bergländern oder sturmgepeitschten Inseln in der Nordsee ziehen? Schottland sollte dankbar für jeden Penny sein, den London nördlich von Edinburgh investiert."

Als 1969 große Erdöl- und Erdgasfelder in dem britischen Sektor der Nordsee entdeckt wurden, änderte sich diese Einstellung umgehend. Innerhalb weniger Jahre wurde aus mancher „backward area" eine „boom area", in der Goldgräberstimmung herrschte.

Bevor das erste Nordseeöl fließen konnte, musste jedoch eine völlig neue Fördertechnik entwickelt werden. Noch nie hatte man Erdöl aus Meeren gefördert, die so tief wie die Nordsee waren. Noch nie hatte man Ölplattformen zur **Offshore**-Förderung in ein Seegebiet gebaut, in dem

1 Beschreibe mit Hilfe des *Atlas* und *M1* die regionalen Unterschiede in Großbritannien von Bevölkerungsverteilung, Industriedichte und Wirtschaftskraft.

2 Erläutere die Veränderungen, die im Norden Großbritanniens durch die Ölfunde erfolgten (*M2*, *M3* und *Atlas*).

Stürme und haushohe Wellen die Regel, Schönwetterperioden dagegen die Ausnahme waren.

Die Investitionen, die die Ölmultis Exxon, Shell, Esso und ihre britischen Tochtergesellschaften einsetzen mussten, waren gigantisch. Die Erschließung eines einzigen Öl- und Gasfeldes kostete bis zu 20 Mrd. DM. Diese teure und technisch aufwendige Förderung lohnte sich nur deshalb, weil die Erdöl exportierenden Länder zu jener Zeit den Ölpreis drastisch erhöhten.

Mit den Öl- und Gasfunden in der Nordsee begann der wirtschaftliche Umbau einer ganzen Region. Aberdeen, ein früher eher verschlafenes Städtchen, wurde zu der „Ölhauptstadt" der britischen Inseln. Sullom Voe, ein bis dahin völlig unbekannter Ort auf den Shetlands, entwickelte sich zu dem größten Öl-Terminal Europas. Teesside, ein heruntergekommenes Schwerindustriegebiet an der Küste Yorks, ist heute einer der führenden Standorte der Petrochemie in Großbritannien und Europa.

Auch in den Folgeindustrien entstanden in dem strukturschwachen Raum Tausende neuer Arbeitsplätze. Die Ausrüstungen und Dienstleistungen, die für die Offshore-Bohrungen gebraucht wurden, bildeten einen Markt, der viele Firmen veranlasste in dem früher unattraktiven Norden Niederlassungen zu gründen. Sogar die Computer- und Elektronikindustrie hat Schottland als lohnenden Firmenstandort entdeckt. „Das Gold der Nordsee hat in unsere verlassene Region das Leben zurückgebracht", sagt Frau MacBride aus Aberdeen. „Wir hoffen, dass mit den Einnahmen aus dem Ölgeschäft die hier immer noch bestehenden Disparitäten abgebaut werden können. Leider müssen wir jedoch viel Öl und Steuern an das energie- und rohstoffhungrige England liefern. Für den Export in andere europäische Länder bleiben ganze 7% übrig."

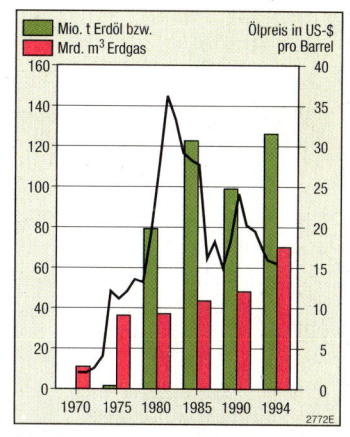

M3 Entwicklung der Erdöl- und Erdgasförderung sowie der Rohölpreise

3 a) Stelle Vor- und Nachteile des Ölbooms zusammen (*M3*, *M4* und *Atlas*).
b) Suche zu *M4* Raumbeispiele (*M2* und *Atlas*).

4 Begründe, warum viele Schotten eine Trennung ihres Landes von England anstreben.

5 Welche europäischen Länder sind durch die Erdöl- und Gaspipelines der Nordsee miteinander verbunden (*Atlas*)?

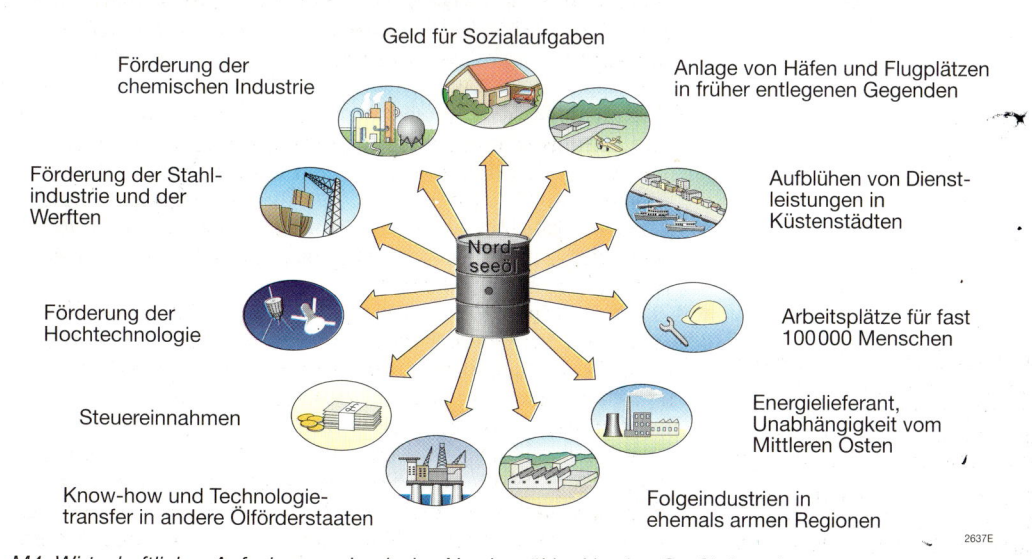

M4 Wirtschaftlicher Aufschwung durch das Nordseeöl im Norden Großbritanniens

Der Tunnel

Baubeginn: 1987
Eröffnung: Mai 1994
Länge: 50,5 km
Tiefe: 40 m unter dem Meeresboden,
100 m unter dem Meeresspiegel
Kosten: ca. 30 Mrd. DM
Finanzierung: Aktiengesellschaft und 200 Banken
Reisezeit: 19 min.
Betrieb: **Pendelverkehr und Hochgeschwindigkeitszüge (Eurostar)**

M1 Der zweitlängste Tunnel der Welt

Eine Insel wird angebunden

„Europa ist wieder vereinigt", sagte am 1.12.1990 der britische Verkehrsminister Malcom Rifkind, als der Durchbruch des Tunnels unter dem Ärmelkanal geschafft war und sich Engländer und Franzosen begrüßten.

„Der Tunnel ist die Zukunftsinvestition für Europa und er wird einen neuen Wachstumsschub in den strukturschwachen Gebieten Kent und Nord-Pas-de-Calais auslösen. Wir hoffen, dass mit den Eurostar-Zügen mehr Touristen unsere Länder besuchen werden. Wir werden in Tunnelnähe 'business parks' gründen, die vor allem für europaweit operierende Hightech-Firmen interessant sein dürften. Der schnelle Frachttransport wird dazu führen, dass Europas stärkste Industrieregionen und die größten Ballungsräume noch enger zusammenarbeiten können. Durch schnellere Verbindungen werden aber auch die peripheren Gebiete Großbritanniens für neue Industrieansiedlungen interessanter werden."

Nicht alle Briten teilen diese Begeisterung. Mr. Doyle aus Dover meint:

„Mit dem Tunnel haben wir unsere seit Jahrhunderten geschätzte Isolation und Sicherheit endgültig verloren. Ist es nötig 30 Mrd. DM für drei überflüssige Tunnelröhren auszugeben, damit man von Brüssel oder Paris London in drei statt in fünf Stunden erreichen kann? Ist der ganze Aufwand nötig, damit ein paar Engländer in französischen Supermärkten billiger Wein einkaufen können? Damit sich der Tunnel rentiert, müssten die Züge mindestens zu 50% ausgelastet sein. Bislang wurde diese Zahl aber noch nie erreicht. Warum sollen Touristen nach Kent kommen, wenn man nun die in Jahrhunderten gewachsene typische Landschaft mit neuen Schnellbahntrassen und Autobahnen zerstört? An Dover und seinem Fährhafen wird die Entwicklung vorbeigehen. Ich sehe hier einen neuen Problemraum für Großbritannien und Europa entstehen."

1 Nenne die Verkehrsverbindungen zwischen den britischen Inseln und dem Festland (*Atlas*).

2 Welche Positionen vertreten Mr. Rifkind und Mr. Doyle? Nimm zu ihren Argumenten Stellung.

3 Welche europäischen Wirtschaftsräume könnten von dem Tunnelbau profitieren (*Atlas*)?

4 Durch den Tunnelbau können neue Disparitäten in Großbritannien entstehen, befürchten einige Regionalplaner. Erkläre.

Zentralismus und Dezentralisierung
Frankreich

Zentralismus und Dezentralisierung
Frankreich

M1 Frankreich – Autobahn- und Schnellbahnnetz (TGV)

1 „Paris ist der Kopf des Landes, die Provinz sein Körper." Erkläre.

2 Zu welchen Ergebnissen hat der Zentralismus in Frankreich geführt (M2 - M6)?

Das Zentrum lebt auf Kosten der Provinz

Paris ist nicht nur das geographische, historische, administrative und politische Zentrum Frankreichs, es ist auch sein intellektuelles Zentrum. Auf Paris hin sind alle Wünsche ausgerichtet. Sobald in der Provinz jemand in seinem Beruf eine Führungsposition erlangt, wünscht er nichts sehnlicher als in die Hauptstadt abzuwandern. Das erklärt, weshalb sich dort all diejenigen treffen, die in ihrem Beruf Erfolg haben. Paris ist der Kopf des Landes und die Provinz sein Körper. Paris hat die Ideen und bestimmt den Trend.
(nach: Paul Gaultier, L'âme française, 1936)

Bereits viele Jahrhunderte war Paris Residenzstadt der französischen Könige. Ihre Macht, und damit die staatliche Zentralgewalt, wurde durch die französische Revolution noch verstärkt. 1790 teilte man die bestehenden Provinzen in flächenmäßig wesentlich kleinere Départements auf. Alle lokalen und regionalen Entscheidungen mussten entweder in Paris gefällt werden oder bedurften der Zustimmung der Pariser Zentralbehörden. Weil sie politisch und wirtschaftlich zu klein waren, konnten die Départements kein Gegengewicht gegenüber der Metropole bilden.

Als Folge des **Zentralismus** haben sich im Laufe der Jahrhunderte in Paris die besten Kräfte des Landes konzentriert. Hier ist heute der Sitz der Regierung. Die Ile-de-France mit der Stadt Paris und dem angrenzenden Verdichtungsraum, der **Agglomeration** *(M3 Seite 68)*, ist die absolut dominierende Wirtschaftsregion Frankreichs. Hier haben sich hoch spezialisierte Industrien mit Spitzentechnologien angesiedelt. Die Vielfalt der Branchen ist

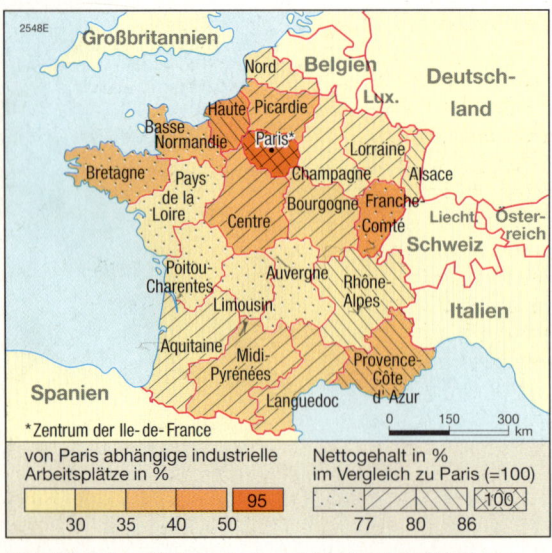

M2 Jährliches Nettogehalt und Abhängigkeit industrieller Arbeitsplätze von Firmensitzen in Paris, 1990

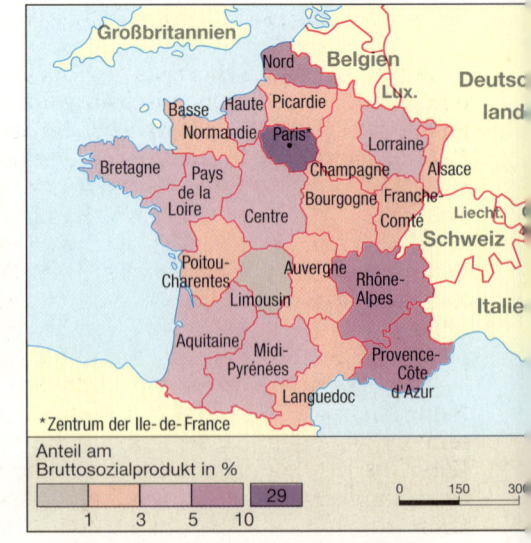

M3 Die Regionen und ihr Anteil am Bruttosozialprodukt Frankreichs (in %), 1994

M4 Dienstleistungszentrum La Défense (seit 1958 auf 750 ha errichtetes, neues Geschäfts-, Verwaltungs- und Wohnviertel mit 650 Firmen, 100 000 Büroangestellten, 30 000 Bewohnern und 25 000 unterirdischen Parkplätzen)

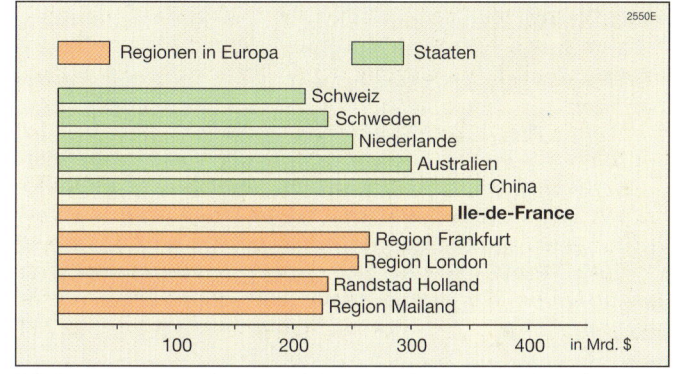

M5 Bruttosozialprodukt ausgewählter Regionen und Staaten, 1990

Regionen in Europa / Staaten:
- Schweiz
- Schweden
- Niederlande
- Australien
- China
- Ile-de-France
- Region Frankfurt
- Region London
- Randstad Holland
- Region Mailand

(in Mrd. $)

M6 Stellenwert der Ile-de-France innerhalb Frankreichs, 1994

- 90% der Hauptsitze von Banken
- 75% der Journalisten
- 60% des Forschungspotentials
- 50% der Hauptsitze von Unternehmen
- 40% der ausländischen Arbeitnehmer
- 36% der französischen Studenten
- 29% des BSP
- 27% der im tertiären Sektor Beschäftigten
- 26% der industriellen Wertschöpfung
- 25% der beschäftigten Frauen
- 23% der Beamten
- 21% der Beschäftigten der Industrie
- 18,5% der Bevölkerung
- 2,2% des Staatsgebietes

erstaunlich: Von der Bauwirtschaft bis zur Metall verarbeitenden und elektronischen Industrie finden sich hier nahezu alle wichtigen Industriezweige. Sie profitieren von den **Fühlungsvorteilen** in der Agglomeration, das heißt, von der Nähe zu Betrieben benachbarter Produktion, zu Dienstleistungsunternehmen und Regierungsstellen.

Überragend ist die französische Hauptstadt auch als nationales und internationales Dienstleistungszentrum. Zwei von drei Arbeitnehmern sind im tertiären Sektor beschäftigt. Er macht die Stadt zu einem bedeutenden europäischen Handels-, Geschäfts- und Tourismuszentrum.

Seine weltweite Attraktion verdankt Paris dabei seinen Bauwerken wie dem Eiffelturm und dem Arc de Triomphe, seinen Prachtstraßen wie den Champs-Elysées, seinen Kabaretts wie dem Moulin Rouge, seinen Stadtvierteln wie dem Montmartre, seinen Kaufhäusern wie den Galeries Lafayette, seinen Modehäusern wie Yves Saint Laurent und seinen Museen wie Le Louvre und dem Musée Pompidou.

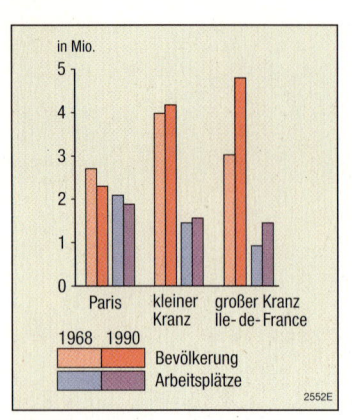

Raumordnung – Ausgleich räumlicher Unterschiede?

Die extreme Konzentration von Wirtschaft und Bevölkerung in der Hauptstadt hat zu einer starken Disparität zwischen Paris und der Provinz geführt. Um diese auszugleichen, ergriff die französische Regierung Maßnahmen mit dem Ziel, das planlose Wachstum der Agglomeration Paris zu stoppen und gleichzeitig die Attraktivität der Provinz zu erhöhen.

Gegen das ungeordnete Wachstum wurde 1965 ein erster umfassender Plan für den Großraum Paris erstellt. Sein Kernstück waren fünf neue **Entlastungszentren** (villes nouvelles), maximal 40 km von Paris entfernt. Sie sollten vornehmlich zwei Aufgaben erfüllen: den ständig steigenden Bevölkerungsstrom in den Großraum Paris auffangen und die Agglomeration mit ihren infrastrukturellen Einrichtungen entlasten. Dazu wurden zahlreiche Wohnungen, Gemeinschafts- und Verkehrseinrichtungen geschaffen. 1500 ha Gewerbeflächen für industrielle und Dienstleistungsunternehmen wurden erschlossen, 2,5 Mio. m² Büroflächen erstellt.

Aber das reicht nicht aus: „Die villes nouvelles weisen noch auf vielen Gebieten Mängel auf. Es werden nicht genügend Eigentumswohnungen gebaut, viele gemeinschaftliche Einrichtungen fehlen noch, die innerstädtischen öffentlichen Verkehrsmittel bedürfen ernsthafter Verbesserungen. Noch nicht alle Stadtzentren sind mit den notwendigen Einrichtungen in den Bereichen Verwaltung, Kultur und Versorgung ausgestattet. Es ist zu hoffen, dass die villes nouvelles allmählich der Mittelmäßigkeit entwachsen."

(nach: J. Steinberg, in: A. Pletsch, Paris im Wandel, Braunschw. 1989, S. 118)

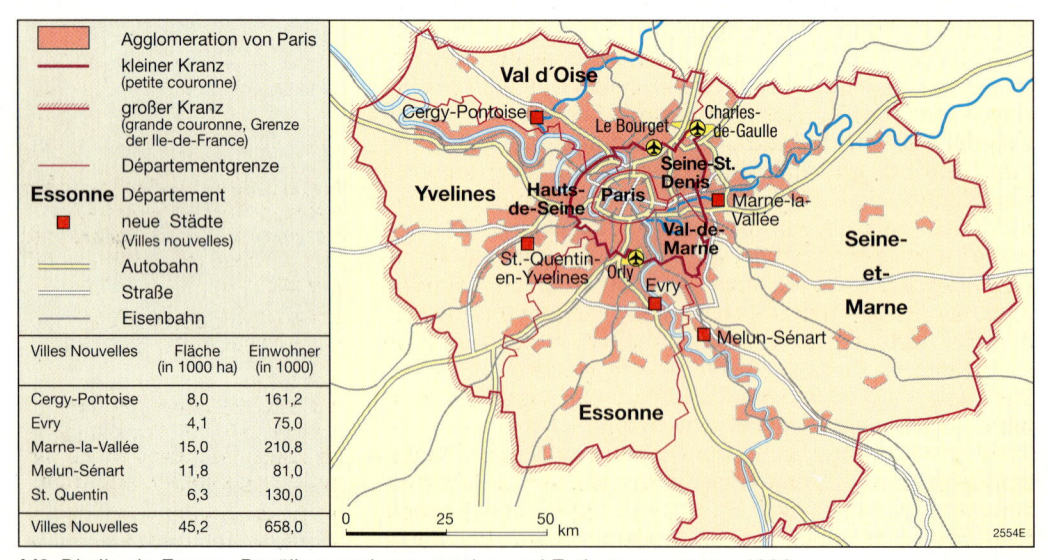

M1 Bevölkerung und Arbeitsplätze von Paris und der Ile-de-France 1968 und 1990

M2 Villes nouvelles: Erwerbstätigkeit 1990

Villes Nouvelles	Arbeitsplätze in 1000	Erwerbspersonen in 1000	Arbeitslose in %
Cergy-Pontoise	75,0	71,4	8,2
Evry	42,5	38,6	7,5
Marne-la-Vallée	73,6	106,9	7,4
Melun-Sénart	19,5	39,9	7,2
St. Quentin	55,0	65,7	6,2
Villes Nouvelles	265,6	322,5	7,3

Quelle: Praxis Geographie 4/1993

Villes Nouvelles	Fläche (in 1000 ha)	Einwohner (in 1000)
Cergy-Pontoise	8,0	161,2
Evry	4,1	75,0
Marne-la-Vallée	15,0	210,8
Melun-Sénart	11,8	81,0
St. Quentin	6,3	130,0
Villes Nouvelles	45,2	658,0

M3 Die Ile-de-France: Bevölkerungskonzentration und Entlastungszentren 1990

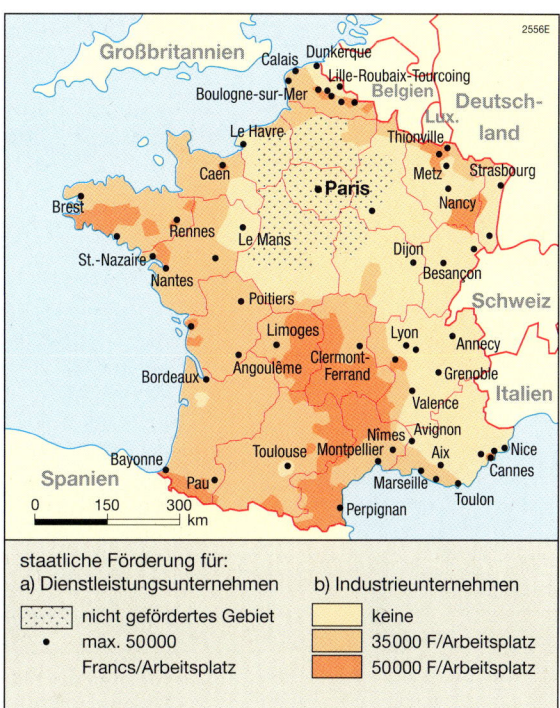

M4 Raumordnung in Frankreich (Stand 1993)   *M5 Staatliche Förderung von Unternehmen*

Legende M4:
- Ile-de-France
- auszubauende Provinzmetropole
- Technologiezentrum
- Gebiet mit Strukturwandel
- Zentrum industrieller und tertiärer Dezentralisation
- altindustrialisierte Krisenzone
- zu unterstützende ländliche und Gebirgszone
- Autobahn, Schnellstraße
- Neubaustrecke (TGV)
- Neubaustrecke geplant

Legende M5:
staatliche Förderung für:
a) Dienstleistungsunternehmen
- nicht gefördertes Gebiet
- max. 50000 Francs/Arbeitsplatz

b) Industrieunternehmen
- keine
- 35000 F/Arbeitsplatz
- 50000 F/Arbeitsplatz

Die industrielle **Dezentralisierung** ist eine weitere Maßnahme, um das Übergewicht von Paris abzubauen: Unternehmen, die ihre Produktion aus dem Ballungsraum in die Provinz verlagern und dort Arbeitsplätze schaffen, erhalten hohe Subventionen; solche, die sich im Ballungsraum ansiedeln, müssen lange Zeit hohe Ausgleichszahlungen leisten. Zusätzlich fördert man neue Arbeitsplätze in den wirtschaftlich rückständigen Gebieten der Provinz.

Viele Betriebe profitierten von den staatlichen Subventionen und verlegten ihre Produktionsanlagen, jedoch eher wegen mangelnder Ausdehnungsmöglichkeiten, unzureichender Bau- und Infrastruktur als infolge einer (raumordnungs)politischen Maßnahme. Dies führte zwar zu einer räumlichen Entflechtung von Industriebetrieben, aber nicht zu einer Dezentralisierung, denn über 75% der Betriebe blieben der Fühlungsvorteile wegen mit ihrem Firmensitz, ihren Forschungs- und Dienstleistungseinrichtungen in Paris. Nach wie vor werden von hier aus die Produktion gesteuert und wichtige unternehmerische Entscheidungen getroffen. Somit hat sich die Bedeutung von Paris als Steuerungszentrale der französischen Industrie nicht verringert, sondern eher verstärkt.

In der Provinz haben eine Reihe von Raumordnungsmaßnahmen zu zusätzlichen Arbeitsplätzen und Versorgungseinrichtungen geführt. Diese konnten zwar einzelne Regionen aufwerten, die Bedeutung von Paris aber nicht mindern.

1 Beschreibe die Ziele der 'villes nouvelles' und der industriellen Dezentralisierung im Rahmen der französischen Raumordnung *(M2 und M3)*.

2 Erläutere die Ergebnisse dieser Maßnahmen (auch *M3* und *M4*).

3 Nenne Regionen und Maßnahmen, die im Rahmen der französischen Raumordnung von Bedeutung sind (*M4*, *M5*, *Atlas*).

4 Begründe die räumliche Verteilung der staatlichen Förderung *(M5)*.

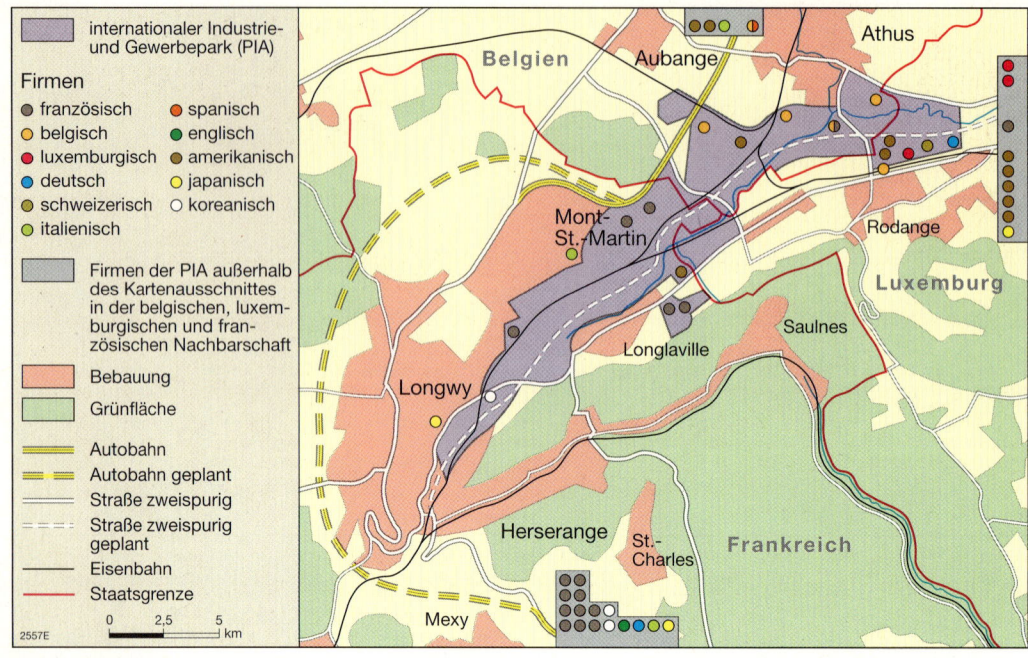

M1 Der internationale Industrie- und Gewerbepark von Longwy, 1994

1 Die Subventionen haben ein doppeltes Ziel: Strukturwandel und Dezentralisierung. Begründe.

Longwy – ein europäisches Entwicklungsmodell

Das Montanrevier im Tal des Chiers existiert nicht mehr. Allein in Longwy sind von ehemals 23 000 Arbeitsplätzen in der Stahlindustrie (1960) nur noch knapp 800 (1995) übrig geblieben. Franzosen, Belgier und Luxemburger haben sich zusammengetan um in dem Gebiet neue Branchen anzusiedeln. 1985 haben sie die Europäische Entwicklungsgesellschaft (Pôle Européen de Développement) für ein Gebiet im Umkreis von 20 km um das Dreiländereck gegründet. Hier befindet sich ein internationaler Industrie- und Gewerbepark (Parc International d'Activités PIA).

Die enge Zusammenarbeit der drei Länder konzentriert sich auf die neue Nutzung alter Industrieflächen, die Erneuerung der monotonen Industriestädte, den Ausbau des Straßennetzes und die Errichtung neuer Gewerbestandorte. Der Containerterminal in Athus wird zum Logistikzentrum, das Collège Européen de Technologie in Longwy zum Ausbildungs- und Forschungszentrum der Region ausgebaut.

Seit 1993 produziert zum Beispiel das amerikanische Unternehmen Allied Signal Fibers im Industrie- und Gewerbepark Fasern für Reifen und Sicherheitsgurte. „Nirgendwo in Europa sind die Voraussetzungen für uns so günstig wie hier", sagt M. Platts, Manager des Unternehmens. „Insgesamt 35% unserer Investitionen erhielten wir von der Europäischen Gemeinschaft, dem französischen Staat und den regionalen Verbänden."

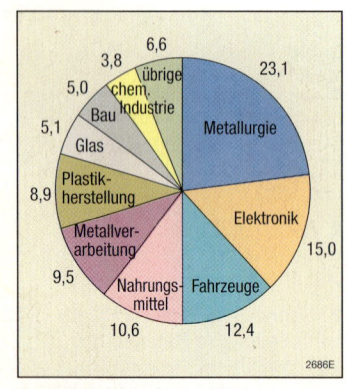

M2 Anteil der Beschäftigten in modernen Industriezweigen, ehemaliges Montanrevier Longwy-Athus-Rodange, 1994

Reicher Norden, armer Süden
Italien

Bevölkerungsdichte und Wanderungssaldo

Einwohner je km²:
- unter 50
- 50 - 100
- 100 - 150
- 150 - 200
- 200 - 300
- über 300

Wanderungssaldo in %

Werte:
- Aostatal: +1,0
- Piemont: -1,0
- Lombardei: -1,0
- Trentino: -0,3
- Friaul-Julisch-Venetien: +0,9
- Venetien: +0,8
- Ligurien: -1,0
- Emilia-Romagna: +1,8
- Toskana: +3,4
- Marken: +1,7
- Umbrien: +0
- Latium: +1,5
- Abruzzen: +0,7
- Molise: -0,6
- Kampanien: -2,7
- Apulien: -1,4
- Basilikata: -1,7
- Kalabrien: -2,6
- Sizilien: -0,5
- Sardinien: -0,1

Erwerbstätige in der Landwirtschaft

in % aller Beschäftigten:
- unter 10
- 10 - 15
- 15 - 20
- über 20

Legende:
- Staatsgrenze
- Grenze der Regionen
- Hauptstadt
- Grenze des Mezzogiorno

Arbeitslosigkeit

Jugendarbeitslosigkeit (unter 25 Jahren in %):
- unter 10
- 10 - 20
- 20 - 30
- 30 - 40
- 40 - 50
- über 50

Arbeitslosigkeit:
- unter 5
- 5 - 10
- 10 - 15
- 15 - 20
- über 20

Bruttoinlandsprodukt pro Kopf und Regionalförderung durch die EU

über dem Landesdurchschnitt in %:
- bis 10
- 10 - 25
- über 25

unter dem Landesdurchschnitt in %:
- bis 10
- 10 - 25
- über 25

EU-Finanzhilfe in % der italienischen Gesamtsumme:

- Aostatal: 0,6
- Piemont: 0,1
- Lombardei: 0,7
- Trentino: —
- Venetien: 0,5
- Friaul-Julisch-Venetien: —
- Ligurien: —
- Emilia-Romagna: —
- Toskana: 1,5
- Marken: 0,9
- Umbrien: 0,3
- Latium: 3,3
- Abruzzen: 3,2
- Molise: 0,6
- Kampanien: 50,8
- Apulien: 1,8
- Basilikata: 9,5
- Kalabrien: 3,5
- Sizilien: 16,1
- Sardinien: 2,2

Reicher Norden, armer Süden
Italien

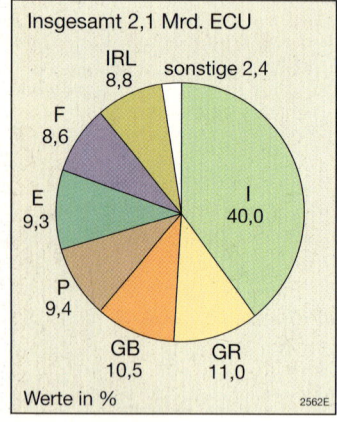

Der Stiefel hat ein Loch

Der Mezzogiorno, der Süden Italiens, gehört zu den unterentwickeltsten Regionen Europas. Er umfasst 41% der Fläche Italiens und beherbergt 36% der italienischen Bevölkerung, er trägt aber nur zu 24% zum italienischen Bruttoinlandsprodukt bei.

Seit Ende des 19. Jahrhunderts haben über 8 Millionen Menschen diesen Raum auf der Suche nach Arbeit verlassen, noch zu Beginn der 80er Jahre waren es fast 30 000 Migranten pro Jahr. Der größte Teil dieser Menschen zog in den wirtschaftlich starken Norden, viele verließen jedoch Italien und gingen als Gastarbeiter nach Deutschland oder nach Amerika. Meist waren es gut ausgebildete, innovationsbereite, junge Leute, die dem Mezzogiorno den Rücken kehrten. Dadurch wurde diese Region immer mehr geschwächt.

Seit etwa 50 Jahren unternehmen der italienische Staat und in den letzten Jahren auch die EU Versuche durch Förderprogramme den „Stiefel zu flicken". Zunächst bemühte man sich um die Modernisierung der Landwirtschaft und um die Schaffung von Arbeitsplätzen in der Industrie. Dabei setzte man viele Jahre auf die Förderung von Großprojekten. So entstand zum Beispiel mit massiver Unterstützung der EU ein großes Stahlwerk in Tarent. Zeitweise waren dort rund 40 000 Menschen beschäftigt. Durch die Stahlkrise wurde es jedoch genauso betroffen wie die anderen europäischen Stahlwerke auch. Heute wird es vom Staat (trotz Verbotes der EU) subventioniert.

Nach diesem und weiteren Rückschlägen setzt man nun die Hoffnungen auf völlig andere Entwicklungskonzepte. Eines davon ist die Förderung des Tourismus.

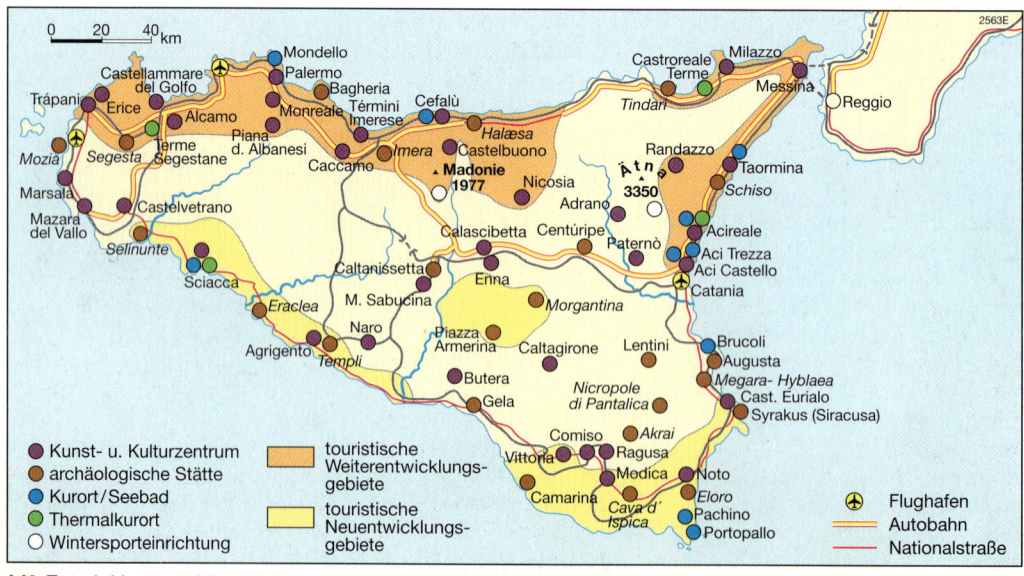

M1 EU-Fördermittel für den Tourismus 1989 - 1993

M2 Entwicklungsgebiete und touristische Angebote auf Sizilien

M3 Touristenzentrum Taormina (Sizilien)

Die große Hoffnung: der Tourismus

Der Tourismus ist der einzige Wirtschaftszweig des Mezzogiorno, der seit Jahren Zuwachsraten zu verzeichnen hat. Jeder fünfte Italiener und auch noch jeder achte ausländische Italienurlauber fährt trotz der weiten Anreise in das Gebiet südlich von Rom. Der Mezzogiorno ist auch durchaus attraktiv: Neben dem typisch mediterranen Klima und einer malerischen Landschaft bietet vor allem Sizilien zahlreiche kulturelle Sehenswürdigkeiten. Dies ist für den weiteren Ausbau des Tourismus von Bedeutung, weil immer mehr Badetouristen auch kleine Bildungstouren ins Landesinnere unternehmen wollen.

Für die Entwicklung der armen ländlichen Gebiete ist gerade das sehr interessant: Dadurch können dort zahlreiche kleine Erwerbsquellen entstehen, sei es durch den Ausbau von landwirtschaftlichen Gebäuden zu Fremdenzimmern oder durch die Einrichtung einer Gaststätte. Hier setzt auch die Förderung der EU an. Sie investiert seit Jahren erhebliche Geldsummen gerade in den Ausbau des italienischen Fremdenverkehrs. Dabei fördert man zum Beispiel die Tourismuswerbung oder finanziert den Umbau von Bauernhöfen und den Ausbau der Infrastruktur, das heißt, den Neubau von Straßen und Kläranlagen oder den Ausbau des Strom- und Telefonnetzes.

1 a) Vergleiche den Entwicklungsstand der Regionen innerhalb Italiens (*Seite 71*).
b) Beschreibe die Folgen für die Bevölkerungsverteilung.

2 Berichte über die Fördermaßnahmen des italienischen Staates und der EU (*M1* und *Seite 71*).

3 Alle staatlichen Betriebe müssen in Italien 80% ihrer Investitionen im Mezzogiorno durchführen. Erkläre.

4 Beurteile die touristische Attraktivität Siziliens. Gehe dabei auch auf den Naturraum ein (*M2* und *M3, Atlas*).

5 Erläutere den Ausbau der touristischen Infrastruktur (*M2*).

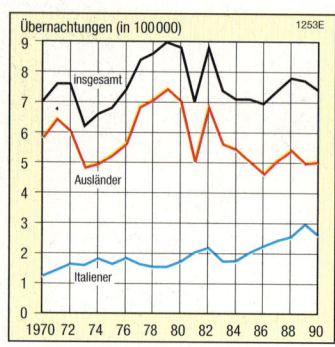

M1 Übernachtungen in Taormina

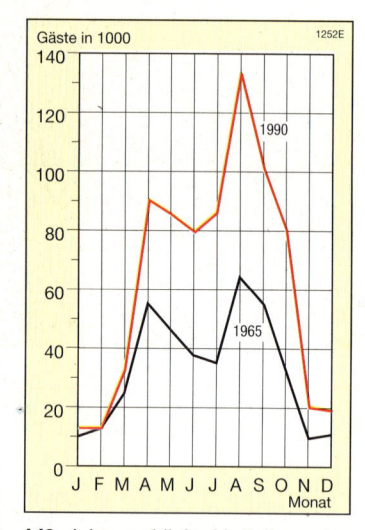

M2 Jahreszeitliche Verteilung der Übernachtungen in Taormina

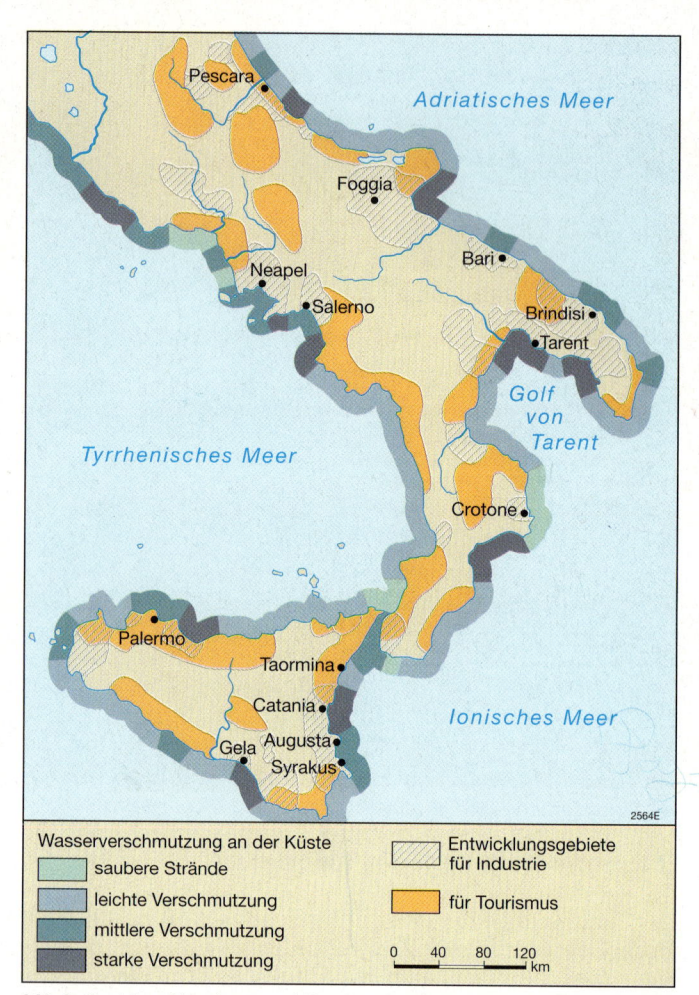

M3 Industrie – Tourismus – Wasserverschmutzung

Die Entwicklung des Tourismus verläuft jedoch nicht ohne Probleme. Vor allem die starke Konzentration des Fremdenverkehrs auf nur wenige Monate hat weitreichende Auswirkungen. In der Hochsaison werden so viele Arbeitskräfte benötigt, dass sogar Migranten aus Nordafrika eingestellt werden, in der Nebensaison steigt dagegen die Arbeitslosigkeit wieder enorm an. Weite Teile der touristischen Infrastruktur sind dann kaum noch genutzt. Man versucht daher die Saison auszugleichen. Dazu will man auch in Italien die Sommerferien von Region zu Region staffeln. Außerdem wirbt man mehr für die kulturellen Touristenattraktionen um damit Bildungstouristen außerhalb der „Badezeiten" anzulocken.

Ein zweites Problem stellt die vergleichsweise hohe Umweltbelastung dar. Immer häufiger sind auch in Süditalien Wasser und Strände verschmutzt. – Dies ist nicht zuletzt eine Folge der intensiven Bemühungen zu weiterer Industrialisierung.

1 Erläutere die Probleme der süditalienischen Fremdenverkehrswirtschaft und Maßnahmen zu ihrer Lösung (*M2* und *M3*).

2 Die EU fördert den Erhalt und die Restaurierung der antiken Stätten in Sizilien. Inwieweit trägt dies zur Entwicklung der Region bei?

An der „Costa del Plastico", Südspanien

Exportorientierte Landwirtschaft
Spanien

In der Meseta Neukastiliens, Spanien

Exportorientierte Landwirtschaft Spanien

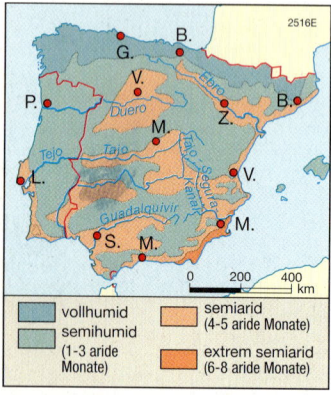

Frisches aus dem sonnigen Süden

Paprika, Tomaten, Gurken, Brokkoli, Eisbergsalat, Bohnen, Zitrusfrüchte, Trauben, Avocados, Erdbeeren, Melonen - das sind nur einige Produkte, die aus Spanien frisch auf unserem Tisch landen. Allein auf dem Großmarkt in Düsseldorf werden im Winter wöchentlich etwa 10 000 Kisten Orangen (pro Kiste 15 kg) und 20 000 Kisten Clementinen verkauft. Jede Woche treffen hier zwei bis drei LKW mit Gemüse ein (pro LKW 20 bis 25 t) und von Mai bis Juli je Woche fünf LKW mit Pfirsichen und Nektarinen. Die Anbaugebiete liegen an der Mittelmeerküste, wo die Bauern die Gunst des Klimas nutzen um im Winter als erste Anbieter auf dem Markt die besten Preise zu erzielen.

In den **Huertas** (lat. hortus = Garten), den intensiv genutzten und bewässerten Ebenen an der Küste, sind die Wintertemperaturen mit durchschnittlich 10° bis 13°C ausgesprochen mild und die Gebirgsketten schützen vor Kaltlufteinbrüchen. Ausgeklügelte Anbautechniken, wie die Sandkultur, verschaffen den Bauern an der Costa del Sol einen Erntevorsprung von bis zu 30 Tagen vor den anderen südeuropäischen Konkurrenten. Die Anbauweise ist eine **Intensivkultur**, die hohe Erträge bringt, aber auch einen hohen Arbeitseinsatz verlangt.

Voraussetzung für den Anbau ist die Verfügbarkeit von Bewässerungswasser. Auch ebene Flächen sind in den schmalen Küstenstreifen nur begrenzt vorhanden. Neu angelegte Terrassen ziehen sich daher häufig die Hänge hinauf. Die Intensivkulturen verdrängen die traditionellen Trockenkulturen, wie Oliven und Mandeln, zugunsten von Winter- und Frühgemüse für die Vitamin hungrigen Westeuropäer. So hat sich die Provinz Almería zum größten europäischen Lieferanten von Wintergemüse entwickelt.

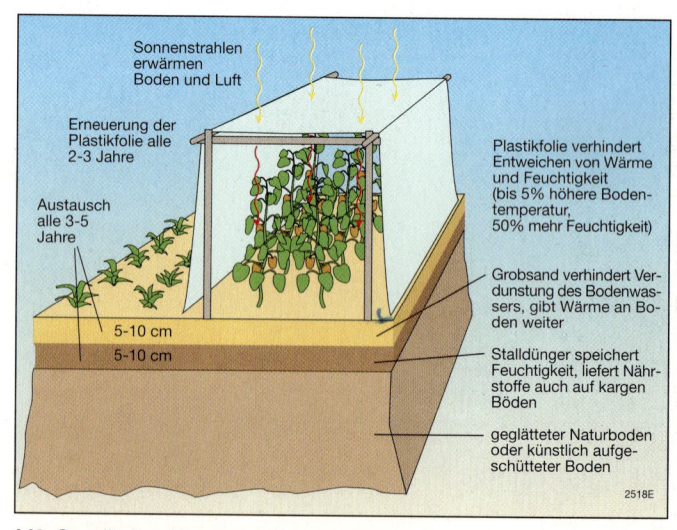

M1 Aridität und Humidität in Spanien

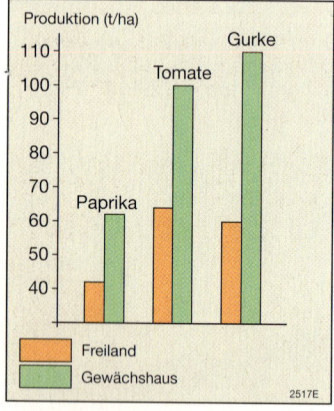

M2 Ertragsunterschiede bei Sandkultur im Freiland und Gewächshaus

M3 Sandkultur (Enarenado) unter Plastikbedeckung und im Freiland (schematisch)

1 Die Küste bei Almería wird scherzhaft „Costa del Plastico" genannt. Begründe (*Seite 75* und *M3*).

2 Beschreibe die Anbaubedingungen in den Huertas (*M1* und *Atlas*).

3 Erläutere die Vorteile der Sandkultur (*M2* und *M3*).

Zwischen Ochsenkarren und Computer

Viele Huertanos besitzen nur etwa einen Hektar Land, haben aber dank der Intensivkulturen Vollerwerbsbetriebe. Diese Kleinbauern geraten zunehmend unter Druck, weil Großbetriebe durch hohen Kapitaleinsatz für Glashäuser, computergesteuerte Tropfbewässerung, Spezialdünger, Mechanisierung sowie eigene Vermarktungsorganisationen noch kostengünstiger produzieren können. Zum neuen „Agrobusiness" in Andalusien gehört auch die Verwendung von Torf aus Norddeutschland: In einem aus Torf aufbereiteten Boden wachsen die Jungpflanzen heran, deren Ernteprodukte bei uns wieder verzehrt werden.

Außerhalb der durch Bewässerung begünstigten Räume ist die landwirtschaftliche Produktion in Andalusien wie in ganz Spanien nur begrenzt wettbewerbsfähig. Wegen der weithin ungünstigen natürlichen Bedingungen sowie oft veralteter Anbautechniken ist die Produktivität gering. Auf der Meseta, der großen Hochfläche im Landesinneren, gilt dies vor allem für den Trockenfeldbau (mit eingeschobenen Brachejahren) und die extensive Weidewirtschaft. Stimmen in der EU fordern angesichts der Überschussproduktion einen Großteil der Ackerflächen stillzulegen.

Ein weiteres Kennzeichen der spanischen Landwirtschaft ist die ungleichmäßige Verteilung des Besitzes. In Zentral- und Südspanien herrscht Großgrundbesitz vor. In Andalusien gehören etwa 5 000 Gutsherren 50% des Trockenlandes und 40% des Bewässerungslandes. Nur ein Fünftel der Landbewohner bearbeitet eigenen Boden. Für den Rest, die Tagelöhner, fällt nur zur Erntezeit Arbeit an. Viele Andalusier suchen daher Arbeit in den Städten.

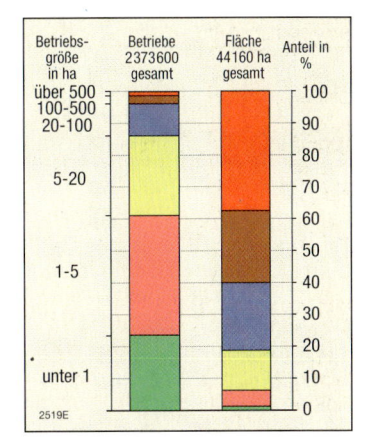

M4 Landwirtschaftliche Betriebe nach Größenklassen

4 In Spanien können nur etwa 40% des Landes landwirtschaftlich genutzt werden. Begründe (*M1* und *Atlas*).

5 Andalusien ist ein landwirtschaftlicher Gunstraum, gehört aber dennoch zu den „Armenhäusern" Europas. Erläutere und begründe (*M4*, *M5* und *Seite 75*).

6 „Zwischen Ochsenkarren und Computer". Erläutere, inwieweit diese Gegensätze auf Andalusien und ganz Spanien zutreffen (*M4*, *M5*, *Atlas*).

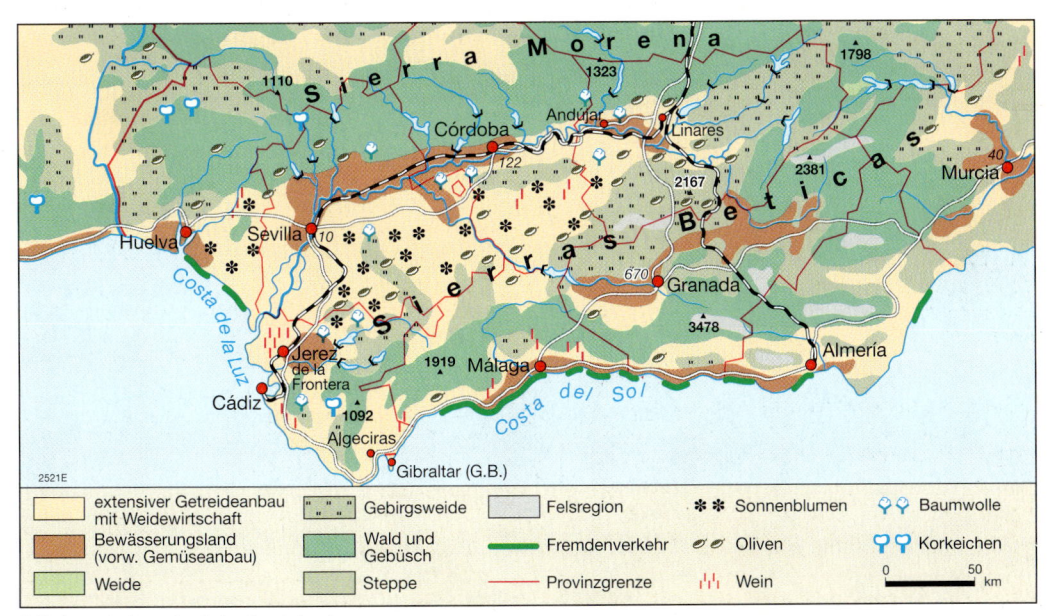

M5 Landwirtschaft in Andalusien

1 Beschreibe die Entwicklung der spanischen Erwerbsstruktur (*M2*).

2 Zeige auf, wie sich die spanische Exportentwicklung bei Paprika auf andere Lieferländer ausgewirkt hat (*M1* und *M3*).

3 Beschreibe und begründe die Disparitäten in Spanien und vergleiche mit anderen EU-Ländern deines Erdkundebuches (*Atlas*).

4 Nenne spanische Küstenräume, in denen es zu Flächennutzungskonflikten kommen kann (*Atlas* und *Seite 77 M5*).

Disparitäten ohne Ende?

Spanien ist nach Brasilien und den USA der größte Produzent von Zitrusfrüchten und bezüglich Oliven, Wein und Weintrauben eines der führenden Erzeugerländer Europas. Der Agrarsektor hat jedoch innerhalb der spanischen Wirtschaft seine früher dominierende Stellung verloren. Die Industrialisierung seit den 60er Jahren und der Beitritt zur EU setzen landesweit eine rasche Entwicklung in Gang, doch profitieren vor allem die ohnehin entwickelten Gebiete von den neuen Wachstumsimpulsen. Weite Teile des Landes sind dagegen heute noch rückständig.

Auch im ländlichen Bereich verschärften sich die Disparitäten. In den landwirtschaftlichen Gunsträumen, also vor allem den Bewässerungsgebieten, nutzen viele Betriebe die Marktchancen innerhalb der EU. In den benachteiligten Gebieten produzieren jedoch viele Betriebe nach wie vor so teuer, dass die spanischen Verbraucher die billigeren Importwaren aus den EU-Ländern den heimischen Produkten vorziehen.

Selbst die Huertabauern erfahren nicht nur Vorteile. Viele verschulden sich um neue Kulturen anzulegen und Saatgut, Pflanzerde, Dünge- und Pflanzenschutzmittel zu kaufen. Die Ausweitung der Intensivkulturen schafft außerdem ökologische Probleme. Infolge des gesteigerten Wasserbedarfs sinkt der Grundwasserspiegel rapide, in der Provinz Almería liegt er örtlich schon bei 200 m unter der Oberfläche. Meerwasser dringt nach und macht das Grundwasser für Mensch und Kulturpflanzen unbrauchbar. An den Küsten entstehen häufig Nutzungskonflikte: Flächen werden sowohl von der sich ausweitenden Landwirtschaft als auch von den ausufernden Siedlungen und Touristenzentren beansprucht.

M2 Entwicklung der spanischen Erwerbsstruktur

	Landwirtschaft	Industrie	Dienstleistungen
1962	38,5	32,0	29,5
1981	17,6	37,7	44,7
1991	10,7	33,1	56,2

M3 EU-Marktanteile ausgewählter Lieferländer bei Paprika

Lieferland	Marktanteil 1980-84 in t	in %	Marktanteil 1986-88 in t	in %
Spanien	85 473	43,1	181 217	59,1
davon				
Kanarische Inseln	15 349	7,7	15 518	5,1
Niederlande	30 740	15,5	50 686	16,5
Italien	41 618	21,0	31 477	10,3
Frankreich	4 751	2,4	11 383	3,7
Ungarn	7 979	4,0	9 091	3,0
Türkei	3 027	1,5	7 443	2,4
sonstige Länder	24 791	12,5	15 253	5,0
gesamt	198 379	100,0	306 550	100,0

(aus: Froese, H.-J., Nationale und regionale Entwicklungstendenzen der Agrarproduktion Spaniens, Münster/Hamburg 1993, S. 150)

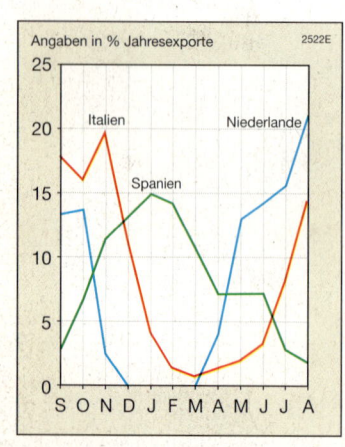

M1 Verteilung der Paprikaexporte während des Jahres

Landwirtschaftlicher Betrieb im Norden Finnlands

Aktiver Süden, passiver Norden
Finnland

Papierfabrik im Süden Finnlands, bei Kuopio

Aktiver Süden, passiver Norden
Finnland

M1 Finnland

Der Norden – ohne Perspektiven

Im Frühjahr 1991 musste Juhani Ysotalo seinen Hof aufgeben. 1946 hatte der Staat seinem Großvater in Ratasvuoma, einem Ortsteil der Gemeinde Ylitornio, Acker- und Grünland sowie Wald zur Bewirtschaftung zugeteilt. Der Wald machte etwa ein Drittel aus. Wegen der ungünstigen klimatischen Bedingungen wurde auf einem weiteren Drittel Futtergetreide angebaut, das restliche Drittel als Wiese genutzt. Aber dank hoher staatlicher Subventionen hatten die Ysotalos lange ein gutes Auskommen.

Ab den 70er Jahren wurden die hohen Agrarsubventionen drastisch gekürzt. Viele Landwirte gaben auf. Das endgültige Aus für Juhani war die neunte Missernte in Folge. Mal brach in den letzten Jahren der Winter zu früh ein, mal begann das Frühjahr zu spät oder war der Sommer zu nass. Von dem Einkommen aus der Landwirtschaft konnten Juhani und seine Familie nicht länger existieren.

Wie Juhani Ysotalo wanderten viele Menschen aus dem Norden und Osten Finnlands in den Süden. Diese **Migration** ist vor allem das Ergebnis mangelnder Arbeits- und geringer Verdienstmöglichkeiten in der alten Heimat.

Herr Ysotalo hat im Süden eine neue Arbeit gefunden: in der Papierfabrik in Valkeakoski, in der Nähe von Tampere. Dank der guten **Infrastruktur**, wie weit reichende Busverbindungen und zahlreiche Versorgungseinrichtungen vom Zahnarzt über den Supermarkt bis zum Schwimmbad, hat sich seine Familie rasch an die neue Umgebung gewöhnt.

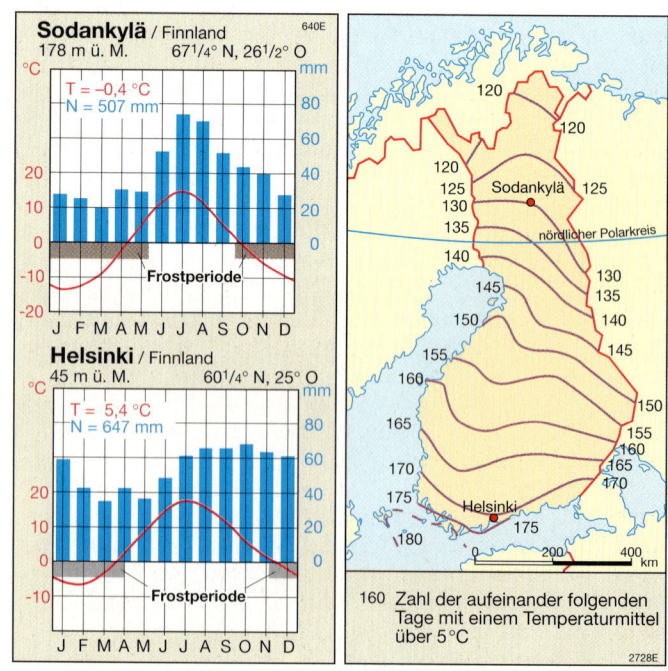

1 Beschreibe und beurteile die naturräumlichen Voraussetzungen für die Landwirtschaft im Norden Finnlands (*M2* und *M3*, Atlas).

M2 Das Klima in Finnland

M3 Dauer der Wachstumsperiode

M4 Beim Sortieren des Holzes

M5 In einer Papierfabrik

Industrie verschärft Disparität

Fast 80 % der Landfläche Finnlands sind von Wald bedeckt. Zusammen mit Norwegen und Schweden bildet Finnland Europas 'grünen Holzhof'. Hier ist der Wald noch ein ständiger Lieferant an Rohmaterial für Produkte aus Holz, Karton und Papier, obwohl in der Vergangenheit ein zu starker Einschlag betrieben wurde.

Die Holzverarbeitung und die Metallverarbeitung, die beiden wichtigsten Industriezweige, konzentrieren sich im Süden. Zum einen fällt hier wesentlich mehr Rohstoff an als im Norden (Holzwachstum im Norden 1 m³/ha, im Süden bis 8 m³/ha), zum anderen sind die nahen Exporthäfen ein wichtiger Standortfaktor. Das Holz wird zwar überall geschlagen, aber nur an wenigen zentralen Stellen verarbeitet.

Im industrialisierten Städtedreieck Helsinki - Tampere - Turku sind durch den Ausbau des sekundären und tertiären Wirtschaftssektors zahlreiche Arbeitsplätze geschaffen worden. Hier bewirken hohe Löhne und besonders attraktive weiche Standortfaktoren (z.B. Wohnen und Freizeit) eine Nord-Süd-Migration, die für Finnland charakteristisch ist. Sie verschärft die großräumigen Disparitäten zwischen 'Industriefinnland' im Süden, dessen Wirtschaftsaufschwung auf dem Einsatz hoch moderner Technologien beruht, und dem Norden. Dieser kann nur begrenzt mit der Entwicklung in den Gunstgebieten Südwestfinnlands Schritt halten. Die Konzentration und Entwicklung der Infrastruktur und Industrie im Süden entzieht den Randgebieten zum Beispiel Ausbildungsplätze, was dort zu minder qualifizierter Arbeitskraft und zu einem Mangel an industriellen Arbeitsplätzen führt.
(nach: H. Bronny, Staatslexikon Bd. 6, Freiburg 1992, S. 173 ff.)

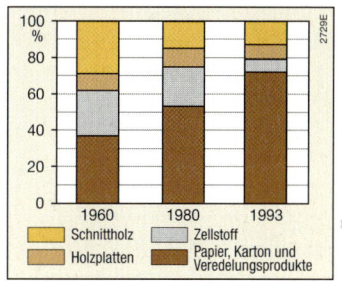

M6 Holzexport Finnlands nach Erzeugnissen

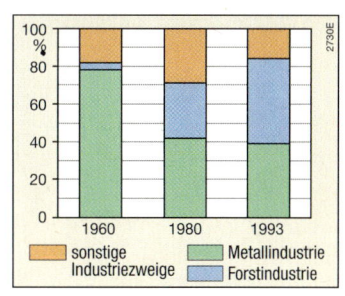

M7 Export Finnlands nach Industriezweigen

2 Weshalb zählt man Finnland zum 'grünen Holzhof' Europas?

3 Begründe die Nord-Süd-Migration in Finnland.

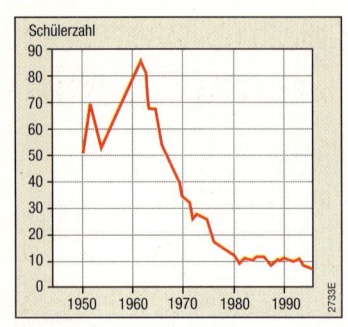

M1 Die Entwicklung der Schülerzahlen in Ylitornio-Ratasvuoma

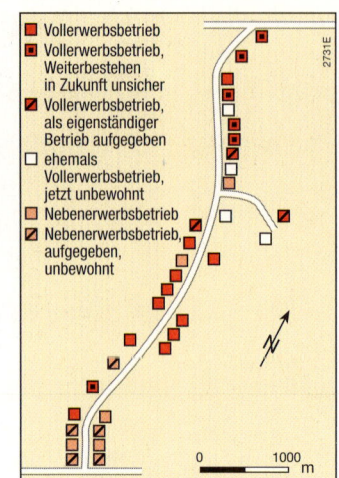

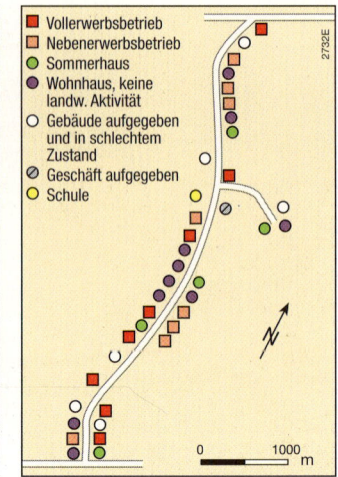

M3 Entwicklung von Ylitornio-Ratasvuoma 1973 (links) und 1988

M2 Der Altersaufbau der Bevölkerung in der Gemeinde Ylitornio (einschließlich Ratasvuoma)

Was wird aus den Bauerndörfern im Norden?

Von 1960 an verursachte der zunehmende Arbeitskräftebedarf im Süden des Landes und in Schweden erhebliche Abwanderungsströme aus Nordfinnland. Ab Ende der 60er Jahre war der Staat nicht mehr bereit die hohen Kosten für den Ausbau eines Wege- und Versorgungsnetzes in der dünn besiedelten Region zu tragen und die Landwirtschaft weiter zu subventionieren. So wurde im Jahre 1969 das Feldstilllegungsgesetz erlassen. Es sollte zu einer Abnahme der landwirtschaftlichen Nutzfläche und Betriebe führen. Die Stilllegung von Ackerflächen, die bis heute andauert, und die Verringerung der Viehzahlen wurden hoch prämiert. Der Schwerpunkt liegt in den zentralen Landesteilen sowie im ländlichen Norden. Die veränderte Siedlungs- und Agrarpolitik der Regierung hat vor allem in Finnlands Norden zu einem tief greifenden Wandel der Kulturlandschaft geführt. Das heutige Landschaftsbild ist durch zahlreiche nicht mehr bewirtschaftete Flur- und Siedlungsflächen geprägt. Durch Aufforstung bisher agrarisch genutzter Flächen erhöht sich wieder der Anteil des Waldes. (nach: Priggert, D., in: Geographische Rundschau 1990, S. 417)

1 Beschreibe die Ziele und die Auswirkungen des Feldstilllegungsgesetzes.

2 Erläutere den Wandel, den der Rückgang der Landwirtschaft in Finnlands Norden hervorruft (M1-M3).

3 Erkläre die Entwicklung der Milchwirtschaft in Lappland (M4).

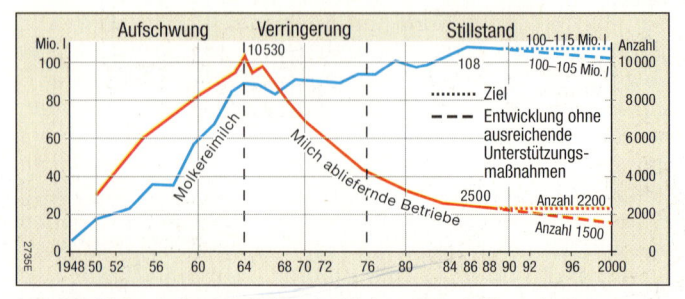

M4 Die Phasen der landwirtschaftlichen Entwicklung in der Provinz Lappland 1948 - 2000

EU – Probleme werden gemeinsam angepackt

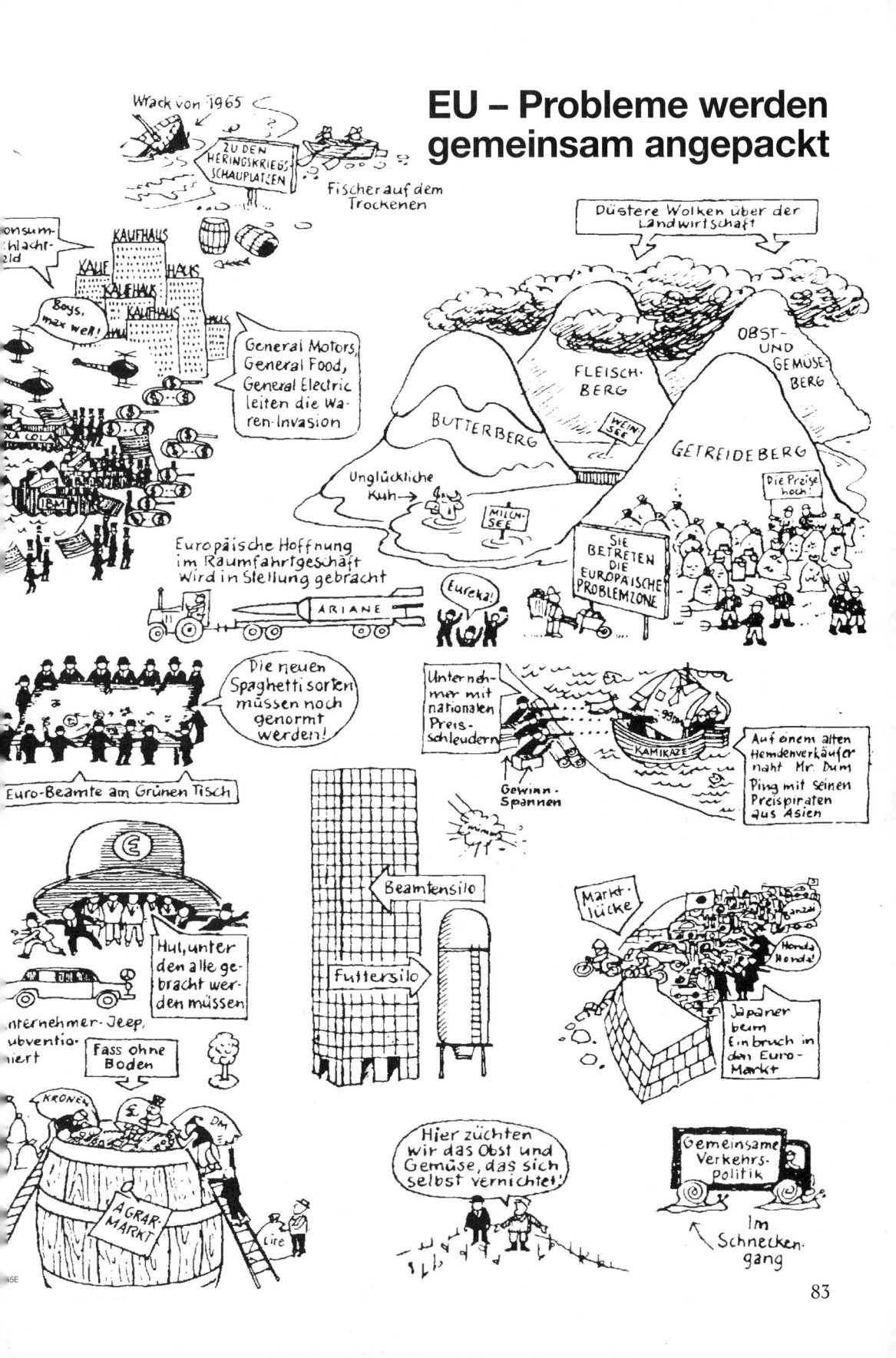

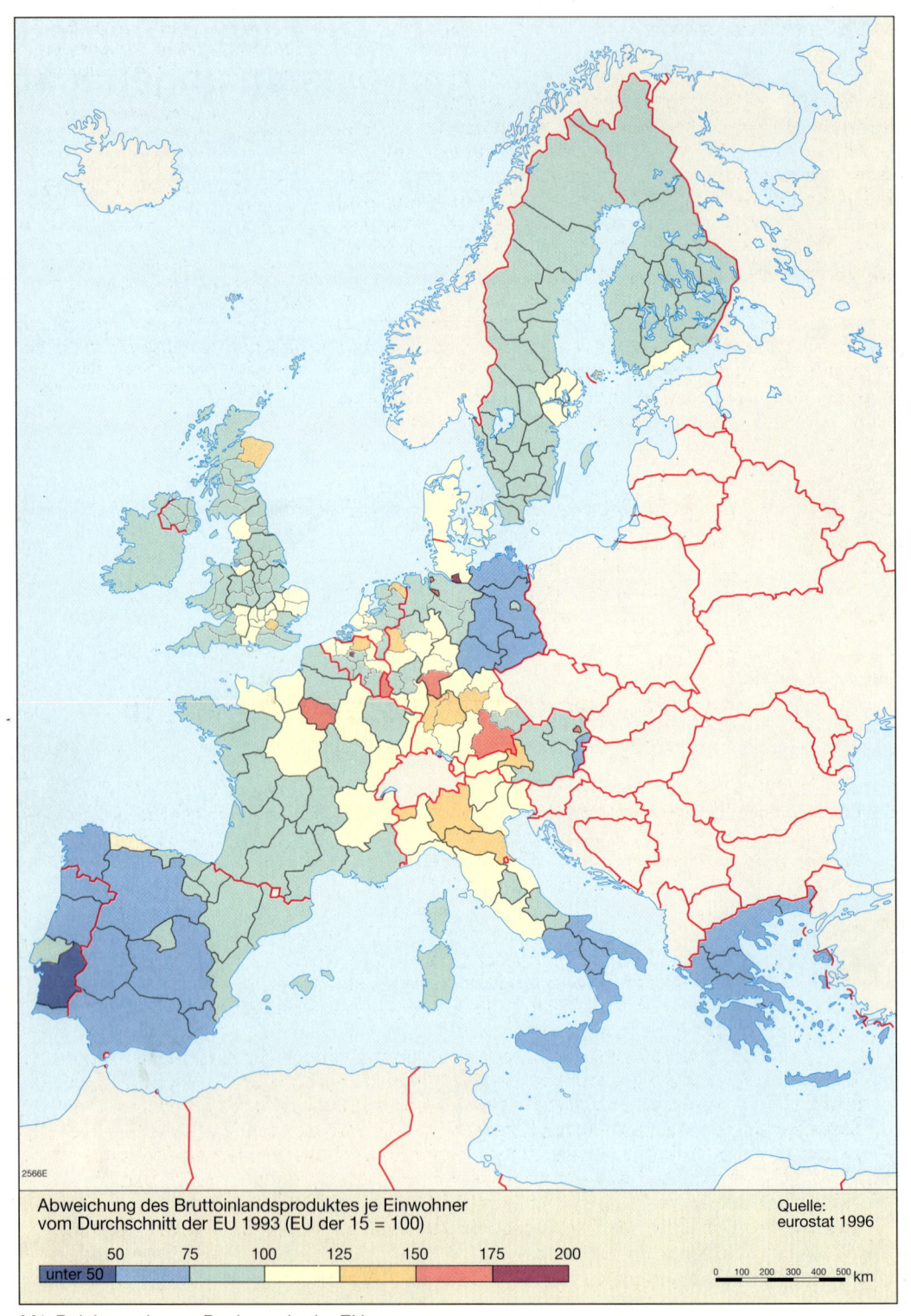

Abweichung des Bruttoinlandsproduktes je Einwohner vom Durchschnitt der EU 1993 (EU der 15 = 100)

Quelle: eurostat 1996

unter 50 | 50 | 75 | 100 | 125 | 150 | 175 | 200

M1 Reiche und arme Regionen in der EU

Von Staaten zu Regionen

Das Swatch-Auto wird in Lothringen gebaut! Diese Entscheidung der Daimler-Benz AG Ende 1994 beendete ein monatelanges Tauziehen um die Ansiedlung eines neuen Automobilwerkes. Über 70 Regionen, darunter einige in Baden-Württemberg, der Schweiz, Österreich und Lothringen, hatten sich um die Ansiedlung beworben und zum Teil große Anreize wie Steuererleichterungen, Bauland, Infrastruktur usw. geboten. Den Zuschlag bekam schließlich die Region, die die meisten Standortvorteile bot.

Früher überlegten Unternehmer, ob sie einen Standort in einem anderen europäischen Land oder in Deutschland wählen sollten. Heute dagegen haben die Staatsgrenzen innerhalb der **Europäischen Union (EU)** viel von ihrer trennenden Wirkung verloren. Grenzüberschreitende Zusammenarbeit ist vielfach schon eine Selbstverständlichkeit. Die Unterschiede zwischen den Regionen innerhalb eines Landes sind oft größer als die zwischen den Regionen verschiedener Staaten: Das Gebiet München hat zum Beispiel mehr mit dem Gebiet um Grenoble gemeinsam als mit dem Bayerischen Wald oder Ostfriesland. So wählen Unternehmer heute nicht mehr zwischen einzelnen Staaten, sondern vielmehr zwischen verschiedenen Regionen der EU.

1 a) Nenne Städte in fünf wirtschaftlich starken und fünf wirtschaftlich schwachen Regionen in der EU (*M1*, *Atlas*).
b) Welche Industriebranchen befinden sich dort (*Atlas*)?

2 Unternehmer wählen einen Industriestandort oft nicht mehr zwischen Staaten, sondern zwischen Regionen. Erkläre.

3 a) Beschreibe die wichtigsten Standortfaktoren für die Regionen Rhône-Alpes, Lombardei, Aarhus und Lothringen (*Atlas*).
b) Nenne jeweils eine Branche, die sich in diesen Regionen gut ansiedeln könnte und begründe deine Wahl.

Europas Regionen gewinnen Profil
Technologieregionen mit klaren Schwerpunkten

Die Suche der Unternehmen nach einem geeigneten Standort in Europa wird oft erleichtert, weil viele europäische Regionen im undurchsichtigen Dickicht der Standortfaktoren klare branchenspezifische Profile aufweisen. So gilt die französische Region Rhône-Alpes mit der Hightech-Metropole Grenoble etwa als Elektronikhochburg. Die Region verbucht knapp 10% des gesamten französischen Forschungspotenzials und rund 8% des wissenschaftlichen Potenzials auf ihrem Konto (Elektronik: 10 000 Beschäftigte, Informatik: 4 500, Forschung: 8 000).

Die italienische Lombardei gilt als Zentrum hochwertiger Dienstleistungen und als Hightech-Region mit Schwerpunkten in der Elektrotechnik, dem Maschinenbau und der Chemie. Die zahlreichen Technologiemessen Mailands machen inzwischen den 20 Modemessen Konkurrenz.

Katalonien, etwa so groß wie Belgien, umfasst zwar nur 6,3% des spanischen Territoriums, doch die gut sechs Millionen Einwohner produzieren ein Viertel aller spanischen Industriegüter. Ein außergewöhnliches Profil in Europa entwickelte die dänische Region Aarhus mit hoch innovativen Produkten und Verfahren für die Lebensmitteltechnik: Rahmkäse, der in der sengenden Sonne Saudi-Arabiens auch ohne Kühlschrank und Konservierungsstoffe monatelang haltbar bleibt, Kartoffelchips ohne schwarze Flecken und Fruchtsäfte aus Sojabohnen und Molkereiprodukten sind nur einige der exotischen Produkte, die aus den Bio-Labors der jütländischen Hightech-Region stammen.

(Europas Regionen gewinnen Profil, in: Süddeutsche Zeitung vom 1.12.1992, gekürzt)

1 Erläutere die Ziele der Strukturpolitik der EU am Beispiel der neuen Bundesländer (M1 - M3).

2 Beschreibe drei Regionen, die auf Grund unterschiedlicher Zielsetzungen gefördert werden. Gehe dabei ein auf die Lage der Region, die Industrie und die Landwirtschaft (M4, M1 auf Seite 84, Atlas).

Unterschiede werden abgebaut - Strukturpolitik

Die Wirtschaftskraft der EU ist noch auf verhältnismäßig kleine Räume konzentriert. Diese Wirtschaftszonen sind zusammen nur so groß wie Italien, hier lebt aber ein Drittel der Bevölkerung der EU und verdient mehr als die Hälfte des Gesamteinkommens. Die Frage ist: Werden die starken Wirtschaftsräume einseitig aus der Öffnung der Grenzen Vorteile ziehen, während die wenig entwickelten Gebiete zurückbleiben? Diese Gefahr besteht. Man muss ihr rechtzeitig begegnen. Dazu ist langfristig eine Umverteilung der Mittel von Reich zu Arm nötig. Das erfolgt nicht von selbst, sondern bedarf der Steuerung. Diesem Zweck dient die **Strukturpolitik***.*

Die EU will verstärkt Regionen fördern, die bisher wirtschaftlich noch nicht so weit entwickelt sind, wie es dem heutigen Durchschnitt der EU entspricht. Hierzu zählen auch die neuen deutschen Bundesländer.

(nach: Grupp, C., Europa 2000. Bonn 1991, S. 61)

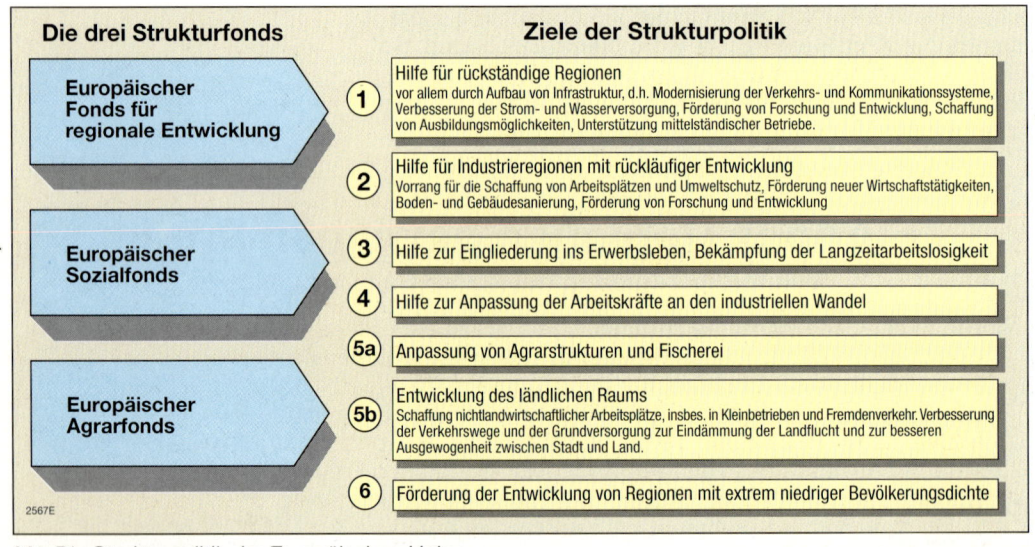

Die drei Strukturfonds

Europäischer Fonds für regionale Entwicklung

Europäischer Sozialfonds

Europäischer Agrarfonds

Ziele der Strukturpolitik

(1) Hilfe für rückständige Regionen
vor allem durch Aufbau von Infrastruktur, d.h. Modernisierung der Verkehrs- und Kommunikationssysteme, Verbesserung der Strom- und Wasserversorgung, Förderung von Forschung und Entwicklung, Schaffung von Ausbildungsmöglichkeiten, Unterstützung mittelständischer Betriebe.

(2) Hilfe für Industrieregionen mit rückläufiger Entwicklung
Vorrang für die Schaffung von Arbeitsplätzen und Umweltschutz, Förderung neuer Wirtschaftstätigkeiten, Boden- und Gebäudesanierung, Förderung von Forschung und Entwicklung

(3) Hilfe zur Eingliederung ins Erwerbsleben, Bekämpfung der Langzeitarbeitslosigkeit

(4) Hilfe zur Anpassung der Arbeitskräfte an den industriellen Wandel

(5a) Anpassung von Agrarstrukturen und Fischerei

(5b) Entwicklung des ländlichen Raums
Schaffung nichtlandwirtschaftlicher Arbeitsplätze, insbes. in Kleinbetrieben und Fremdenverkehr. Verbesserung der Verkehrswege und der Grundversorgung zur Eindämmung der Landflucht und zur besseren Ausgewogenheit zwischen Stadt und Land.

(6) Förderung der Entwicklung von Regionen mit extrem niedriger Bevölkerungsdichte

M1 Die Strukturpolitik der Europäischen Union

M2 Mittel aus den Strukturfonds für die fünf neuen Länder 1994-1999 (in Mio. ECU)*

Berlin (Ost)	743,1
Brandenburg	964,8
Mecklenburg-Vorpommern	785,1
Sachsen-Anhalt	1 190,8
Sachsen	2 081,2
Thüringen	1 021,8

*1 ECU = ca. 1,90 DM

M3 Beispiele für Förderungen aus den Strukturfonds der EU

Brandenburg:
Neubau eines Schlachthofes zur Schlachtung, Zerlegung und Gefrierlagerung — EU-Zuschuss: 11,4 Mio. DM

Sachsen-Anhalt (Merseburg):
Ausbau einer Zentralkläranlage — EU-Zuschuss: 5,4 Mio. DM

Brandenburg (Spreewald):
Förderung umweltverträglicher Landwirtschaft, Landschaftspflege — EU-Zuschuss: 7,0 Mio. DM

Brandenburg (Potsdam):
Einrichtung eines Zentrums zur Aus- und Weiterbildung von Arbeitslosen und von Arbeitslosigkeit Bedrohten — EU-Zuschuss: 1,5 Mio. DM

	Regionen mit Entwicklungs-rückstand (Ziel 1)		ländliche Regionen (Ziel 5b)		Staatsgrenze
	Industrieregionen mit rück-läufiger Entwicklung (Ziel 2)		Regionen mit extrem niedriger Bevölkerungsdichte (Ziel 6)		Grenzen der EU-Regionen (in Finnland und Schweden Provinzen)

Quelle: Europäische Kommission: Der Europäische Sozialfonds Stand 1996

M4 Fördergebiete der EU

87

M1 Mercedes in Lothringen

M2 MCC (Micro Compact Car) - Montagewerk in Hambach/Lothringen (Modell)

Saar-Lor-Lux – Grenzregion mit Zukunft

Das Saarland, Lothringen und der südliche Teil Luxemburgs gehören zu den ältesten Industriegebieten innerhalb der Europäischen Union. Sie leiden unter dem Niedergang ihrer traditionellen Wirtschaftszweige: des Bergbaus (Steinkohle und Eisenerz) sowie der Eisen- und Stahlindustrie; allein in Lothringen gingen in diesen Bereichen zwischen 1975 und 1995 rund 10 000 Arbeitsplätze verloren. Durch die Ansiedlung neuer, zukunftsträchtiger Industrien, etwa im Bereich der Chemie, Elektronik- oder Automobilbranche, soll der Verlust von Arbeitsplätzen in der Montanindustrie aufgefangen werden. Dabei öffnen sich vor allem die in der Nähe der Staatsgrenzen gelegenen Gemeinden immer stärker den benachbarten Ländern. Das französische Longwy zum Beispiel bildet mit dem luxemburgischen Rodange und dem belgischen Athus das Kernstück des Pôle Européen de Développement (siehe Seite 70).

Ebenso haben sich in Nordostlothringen zahlreiche deutsche Firmen niedergelassen. In Forbach errichtete 1993 der weltweit größte Hersteller von Elektro-Antrieben, die Eurodrive Bruchsal, eine Fabrik, in der mittlerweile 500 Personen beschäftigt sind. Nun ist mit Mercedes-Benz eine neue, spektakuläre Ansiedlung in Hambach gelungen, wobei nach Aussage des Automobilkonzerns die günstigen Standortbedingungen innerhalb des Saar-Lor-Lux-Raumes den Ausschlag gaben. Ab 1997 werden dort pro Jahr 20 000 Swatch-Autos von insgesamt 2000 Beschäftigten montiert.

Standortfaktoren, die für den Bau des Mercedes-Swatch-Mobils in Lothringen ausschlaggebend waren:
- günstige Lage im Zentrum Europas und zu den Absatzmärkten in Deutschland und Frankreich.
- um 20 % niedrigere Lohnkosten. Dadurch kann ein Auto 500 DM billiger produziert werden als in Deutschland.
- ideale Anbindung an Schiene und Straße.
- die Möglichkeit, an sechs Tagen in der Woche rund um die Uhr zu arbeiten, ja sogar sonntags.
- das Vorhandensein zahlreicher Zuliefererfirmen in unmittelbarer Nähe von Hambach und im Saarland.
- Nähe zu den Mercedes-Zentren in Biel (Schweiz) und Renningen bei Stuttgart, wo das Swatch-Mobil geplant, entwickelt, die Produktion festgelegt und von wo aus der Vertrieb gesteuert wird.

M3

Innerhalb der Saar-Lor-Lux-Region entwickelt sich ein starkes Zusammengehörigkeitsgefühl. Man hat ähnliche wirtschaftliche Probleme und deshalb ein gemeinsames Interesse sich gegenüber anderen Regionen zu behaupten. So wies der saarländische Wirtschaftsminister im Zusammenhang mit der Ansiedlung von Mercedes-Benz in Hambach (Lothringen) darauf hin, dass es wichtig sei, dass das Swatch-Auto überhaupt im Saar-Lor-Lux-Raum gebaut werde anstatt zum Beispiel in Lahr (Baden-Württemberg). Der Standort innerhalb der Region sei zweitrangig, denn die wirtschaftlichen Verflechtungen seien mittlerweile so eng, dass letztlich jede Teilregion davon profitiere. In diesem Fall auch eine Firma in Neunkirchen (Saar), die die Abgasanlagen für das Swatch-Auto liefert und daher zusätzlich 25 Arbeiter einstellen kann.

Aber nicht nur im wirtschaftlichen Bereich bestehen bereits enge Kontakte. In den lothringischen Gemeinden im Einzugsbereich von Saarbrücken wohnen bis zu 30 % Deutsche. Deshalb ist es auch ganz normal, wenn Deutsche und Franzosen untereinander heiraten. Auch die Politiker planen gemeinsam die Zukunft. Dies gilt vor allem bei Fragen, die das Verkehrswesen (Autobahn, Eisenbahn), den Umweltschutz oder die Bildung betreffen.

1 Was macht den Standort Saar-Lor-Lux für ein Automobilwerk wie Mercedes-Benz so interessant (M1-M3)?

2 In der Saar-Lor-Lux-Region gibt es diesseits und jenseits der Staatsgrenzen ähnliche wirtschaftliche Verhältnisse. Begründe (*Atlas*).

3 Beschreibe und vergleiche die Entwicklung der Beschäftigten und Beschäftigtenstruktur (M4).

4 Berichte über die gegenseitigen Kontakte und die Zusammenarbeit innerhalb der Region (M4 und M5).

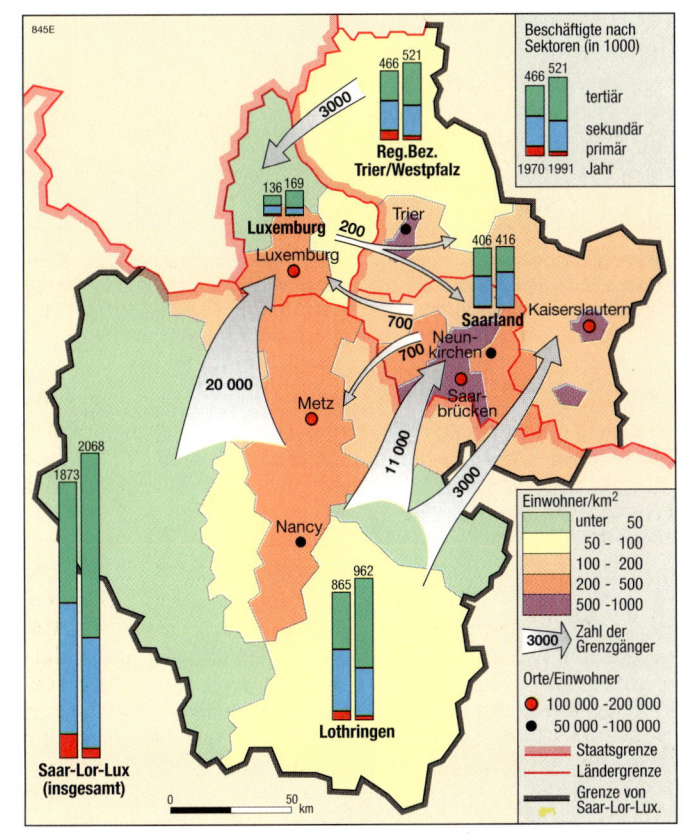

M4 Bevölkerungsdichte, Tagespendler und Beschäftigte

- Das deutsch-französische Gymnasium in Saarbrücken hat 900 Schüler. Davon kommen 300 täglich aus Lothringen.
- Die Industrie- und Handelskammern der Region werben gemeinsam für die Ansiedlung von Betrieben im Saar-Lor-Lux-Raum.
- Arbeitslose Lothringer können sich auf ihrem Arbeitsamt über Stellenangebote in Deutschland informieren, arbeitslose Deutsche in Saarbrücken über den französischen Arbeitsmarkt.
- Die Gemeinden Mompach (Luxemburg), Metzdorf und Mesenich (Kreis Trier-Saarburg) bauen eine gemeinsame Kläranlage.
- Am deutsch-französischen Hochschulinstitut für Technik und Wirtschaft in Metz, Nancy und Saarbrücken können die Studenten sowohl einen deutschen als auch einen französischen Abschluss erwerben. Das ist in Europa an keiner anderen Hochschule möglich.

M5 „Grenzenlose" Zusammenarbeit

Euregio

Euregios gibt es an allen Binnen- und Außengrenzen der europäischen Gemeinschaft. Sie verstehen sich als Drehscheibe der grenzüberschreitenden Zusammenarbeit in ganz unterschiedlichen Bereichen. Dazu gehören Wirtschaft und Verkehr, Landwirtschaft, Umwelt und Tourismus, Sprache, Sport und Kultur sowie Arbeitsmarkt und Technologietransfer. Es gilt innovative und zukunftsorientierte Projekte umzusetzen, die den Menschen in den Grenzgebieten nützen und zu einer Verbesserung von Wirtschaft und Infrastruktur beitragen.

(aus dem Geschäftsbericht 1994/95 der Euregio Bayerischer Wald/Böhmerwald)

M1 Logos der Euregios Ems–Dollart und Maas–Rhein

Die erste Euregio wurde 1958 zwischen den niederländischen Gebieten Twente und Oost-Geldern sowie den deutschen Gebieten Westmünsterland und Grafschaft Bentheim gegründet. 34 Gemeinden und vier Kreise hatten sich zu dieser Institution zusammengefunden. Die deutsche Stadt Gronau, der Sitz dieser Region, ist nur 10 km von der niederländischen Großstadt Enschede entfernt und schon damals waren die Siedlungsgebiete so aufeinander zugewachsen, dass der Grenzübergang in einer geschlossenen Stadtlandschaft lag. 1965 gab sich diese Kooperation den Namen **Euregio**. Als Jahre später weitere grenzüberschreitende Arbeitsgemeinschaften entstanden, griffen diese gern den Begriff „Euregio" auf. Zur Unterscheidung fügten sie eine regionale Bezeichnung hinzu.

Eine Gründungswelle von Euregios gab es zu Beginn der 90er Jahre. Dafür gibt es zwei Ursachen: Zum einen sind solche Euregios an der Ostgrenze erst nach der Veränderung der politischen Verhältnisse in den östlichen europäischen Staaten nach 1989 möglich. Zum anderen

1 Welche Euregios mit deutscher Beteiligung sind erst nach 1989 entstanden *(M2)*?

2 Nenne Euregios, die dreisprachig sind.

3 Stelle fest, welche Euregios Gebiete von mehr als zwei Staaten umfassen.

4 Formuliere Argumente für die Einrichtung einer Euregio.

Euregio konkret - Projekte, die durchgeführt wurden
- Ausbau von grenzüberschreitenden Wander- und Radwegen, z.B. der Radwanderweg „Lautertal" in der Regio PAMINA.
- Unterstützung des Tourismus im gemeinsamen Grenzraum, z.B. in der Euregio durch Entwicklung eines Euregio-Museumsführers.
- Unterstützung von grenzüberschreitenden Sportveranstaltungen, z.B. die „Internationale Radtouristik-Rundfahrt" durch die Euregio Rhein-Maas-Nord.
- Förderung von grenzüberschreitenden Schulpartnerschaften, z.B. in der Euregio Rhein-Maas-Nord.
- Zusammenarbeit von Krankenhäusern über die Grenze hinweg, z.B. zwischen Waldsassen in Bayern und Eger in der Tschechischen Republik.
- Ausbau des grenzüberschreitenden ÖPNV (Öffentlicher Personennahverkehr), z.B. in der Euregio Egrensis.
- Lernen vom Nachbarn: Im dänischen Amt Storstrøms gibt es Erfahrungen mit Energiesparkonzepten, im deutschen Kreis Ostholstein kennt man sich mit „Urlaub auf dem Bauernhof" aus. Die Erfahrungen werden ausgetauscht.
- Studie zum Ausbau der grenzüberschreitenden Eisenbahnstrecke Köln-Venlo.
- Zwei- oder dreisprachige Broschüren stellen die Region vor.

M2 Euregios an den Grenzen Deutschlands

fördert die Europäische Union seit 1991 grenzüberschreitende Zusammenarbeit in besonderem Maße um das Zusammenwachsen Europas zu beschleunigen. Grenzüberschreitende Zusammenarbeit wird dabei nicht nur an Binnen-, sondern auch an Außengrenzen der EU praktiziert. Die Menschen auf beiden Seiten der Grenze verbindet oft eine gemeinsame Geschichte.

Viele Staaten sind daran interessiert auch die Vorteile des Europäischen Binnenmarktes zu nutzen ohne jedoch der EU beizutreten. So haben drei Staaten zusammen mit der EU 1994 den Europäischen Wirtschaftsraum (EWR) gegründet, in dem für alle Mitglieder weitgehende Handelserleichterungen gelten: Es herrscht freier Waren-, Dienstleistungs-, Personen- und Kapitalverkehr. Im Gegensatz zum EU-Binnenmarkt gibt es jedoch sehr viel mehr Ausnahmeregelungen.

M1 Der europäische Wirtschaftsraum (EWR)

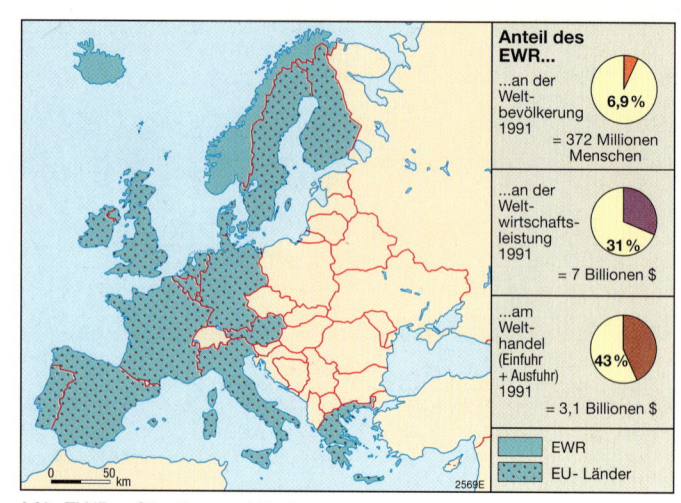

M2 EWR – Staaten und Daten

Der Europäische Wirtschaftsraum

Die Verwirklichung des **EU-Binnenmarktes** und des **Europäischen Wirtschaftsraumes** (EWR) sind die vorläufigen Höhepunkte der **europäischen Integration**: Wirtschaftlich gesehen sind die beteiligten Staaten heute mit einem großen Land vergleichbar, in dem überall ungehindert Handel betrieben werden kann und das nur gegenüber Drittländern „Außenzölle" erhebt. Außerdem bemüht man sich innerhalb des Binnenmarktes auch um eine Angleichung der Steuern und der vielen unterschiedlichen Vorschriften, die es den Unternehmen schwer machen mit ihren Produkten auch jenseits der eigenen Landesgrenzen Fuß zu fassen (z.B. Vorschriften zur Ausrüstung von Neuwagen oder über die Zusammensetzung von Wurst).

Um den Zahlungsverkehr zu vereinfachen schlossen sich die meisten EU-Länder zu einem Währungsverbund mit einer gemeinsamen Währungseinheit, der **ECU** (European Currency Unit), zusammen. Schon heute werden große internationale Geschäfte in ECU abgewickelt. Zu Beginn des nächsten Jahrtausends sollen die nationalen Währungen schließlich durch eine einheitliche EU-Währung, den Euro, abgelöst werden.

1 Welche Veränderungen könnten sich durch den EWR für die Industrie und für die Menschen ergeben (*M5*)?

2 Die Anpassung der Steuergesetzgebung kann große Schwierigkeiten mit sich bringen. Erläutere anhand von *M3*.

3 Erkläre, warum der ECU als Meilenstein auf dem Weg zur wirtschaftlichen Integration bezeichnet wird.

4 Vergleiche den Außenhandel der Bundesrepublik Deutschland mit dem anderer EU-Länder (*M4*).

5 Beurteile die Bedeutung, die der Handel mit den anderen EU-Ländern für die einzelnen Mitgliedsstaaten hat (*M4*).

M3 Folgen einer vorgeschlagenen einheitlichen EU-Weinsteuer

Land	Steuersatz (DM/Hektoliter)		Verbrauch (1000 hl)	Steueraufkommen (Mio. DM)		
	1990	nach Vorschlag der Europäischen Kommission		1990	nach Verwirklichung des EU-Vorschlages	Differenz im Steueraufkommen (Mio. DM)
B/L	62,69	35,28	2 335	146,4	82,4	- 64,0
DK	330,57	35,28	964	318,8	34,4	- 284,8
F	6,59	35,28	44 626	294,1	1 574,4	+ 1 280,3
I	0,0	5,28	51 701	0,0	1 824,0	+ 1 824,0
GB	290,50	35,28	4 388	1 274,7	154,8	- 1 119,9

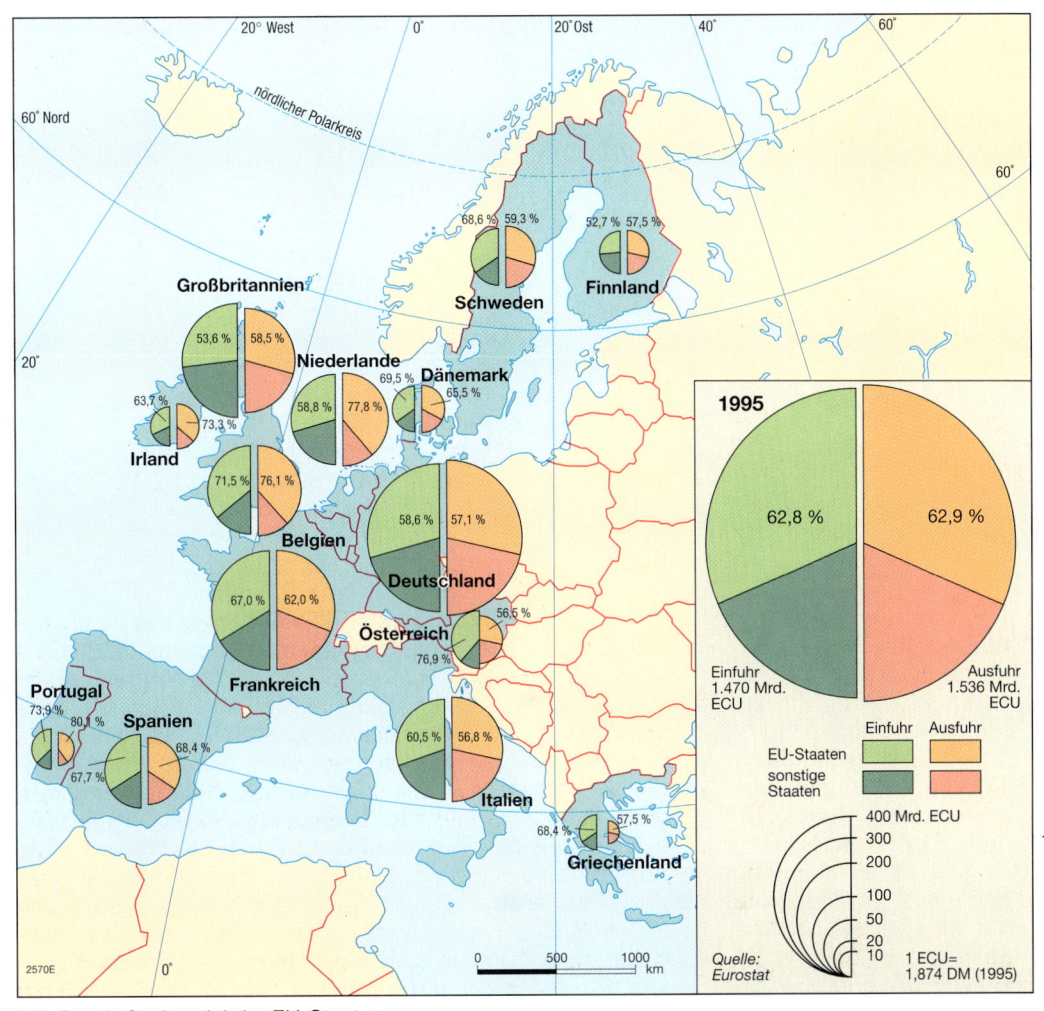

M4 Der Außenhandel der EU-Staaten

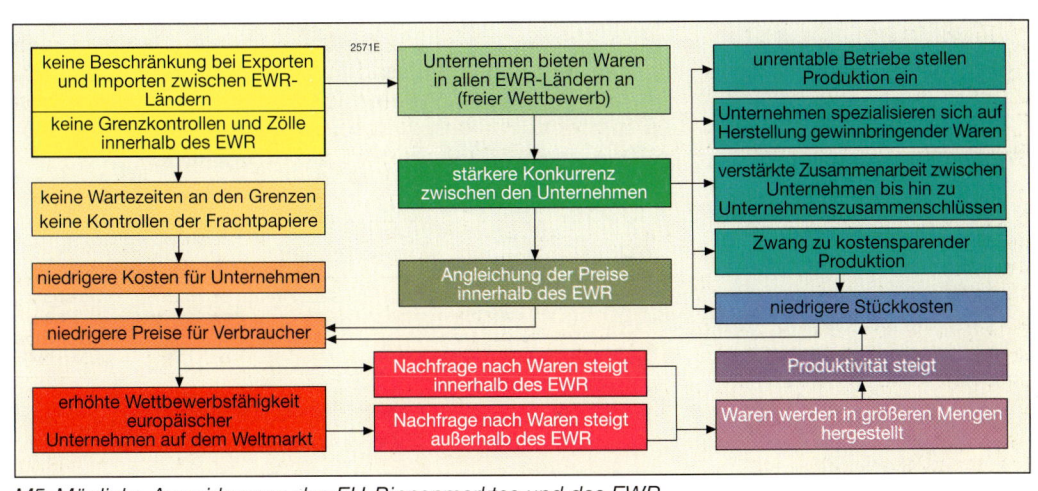

Großbritannien 53,6 % / 58,5 %
Niederlande 58,8 % / 77,8 %
Dänemark 69,5 % / 65,5 %
Schweden 68,6 % / 59,3 %
Finnland 52,7 % / 57,5 %
Irland 63,7 % / 73,3 %
Belgien 71,5 % / 76,1 %
Deutschland 58,6 % / 57,1 %
Österreich 67,0 % / 62,0 %
Frankreich 67,0 % / 62,0 %
Portugal 73,9 % / 80,1 %
Spanien 67,7 % / 68,4 %
Italien 60,5 % / 56,8 %
Griechenland 68,4 % / 57,5 %
Schweiz 56,5 % / 76,9 %

1995
Einfuhr 62,8 % — 1.470 Mrd. ECU
Ausfuhr 62,9 % — 1.536 Mrd. ECU

EU-Staaten / sonstige Staaten
Einfuhr / Ausfuhr

400 Mrd. ECU
300
200
100
50
20
10

1 ECU = 1,874 DM (1995)
Quelle: Eurostat

M5 Mögliche Auswirkungen des EU-Binnenmarktes und des EWR

- keine Beschränkung bei Exporten und Importen zwischen EWR-Ländern
- keine Grenzkontrollen und Zölle innerhalb des EWR
- keine Wartezeiten an den Grenzen, keine Kontrollen der Frachtpapiere
- niedrigere Kosten für Unternehmen
- niedrigere Preise für Verbraucher
- erhöhte Wettbewerbsfähigkeit europäischer Unternehmen auf dem Weltmarkt

- Unternehmen bieten Waren in allen EWR-Ländern an (freier Wettbewerb)
- stärkere Konkurrenz zwischen den Unternehmen
- Angleichung der Preise innerhalb des EWR
- Nachfrage nach Waren steigt innerhalb des EWR
- Nachfrage nach Waren steigt außerhalb des EWR

- unrentable Betriebe stellen Produktion ein
- Unternehmen spezialisieren sich auf Herstellung gewinnbringender Waren
- verstärkte Zusammenarbeit zwischen Unternehmen bis hin zu Unternehmenszusammenschlüssen
- Zwang zu kostensparender Produktion
- niedrigere Stückkosten
- Produktivität steigt
- Waren werden in größeren Mengen hergestellt

Die Gemeinsame Agrarpolitik der EU – am Überfluss gescheitert?

Im Gespräch mit Herrn Zeller, EU-Büro Bonn:
In fast jedem Jahr werden Tausende Tonnen Obst und Gemüse vernichtet. Mehrere Milliarden ECU werden jährlich für die Lagerung landwirtschaftlicher Überschüsse ausgegeben. Hat hier die Gemeinsame Agrarpolitik der EU nicht völlig versagt?
Das denke ich nicht. Vor 30 Jahren, bei Gründung der EU (damals noch Europäische Wirtschaftsgemeinschaft, EWG), war eine ausreichende Versorgung mit Nahrungsmitteln bei weitem noch nicht erreicht. Ursachen dafür gab es viele. Eine war die mangelhafte Agrarstruktur. Sie konnte im Laufe der Jahre erheblich verbessert werden: Viele größere, modernere und spezialisierte landwirtschaftliche Betriebe entstanden und die Erträge wurden - auch mit Hilfe von Düngemitteln oder Kraftfutter - erheblich gesteigert. So ist heute in der EU die Versorgung mit Nahrungsmitteln nicht nur sichergestellt, sondern wir haben seit Mitte der 70er Jahre sogar eine Überproduktion. Ein Teil dieser Überschüsse wird auf dem Weltmarkt verkauft, ein Teil gelagert und - leider - auch ein Teil vernichtet.

Aber warum Vernichtung? Gibt es keine sinnvolle Verwertung?
Überschüssige Lebensmittel, die haltbar gemacht werden können, zum Beispiel Getreide oder Milch, werden von uns gelagert oder auch als Lebensmittelhilfe in Hungergebiete geschickt. Vernichtet werden vor allem leicht verderbliche Anbauprodukte, wie Gemüse und Obst. Bei diesen Früchten schwanken die Erntemengen je nach Witterung sehr stark. Wenn in einem Jahr die Ernte sehr groß ist, dann wird ein Teil gar nicht erst auf dem Markt angeboten. Durch ein Überangebot würden die Preise stark fallen. Das Einkommen der Bauern ginge dann erheblich zurück, und viele Betriebe wären in ihrer Existenz gefährdet.

---

1. Ziel der Gemeinsamen Agrarpolitik ist es:
a) die Produktivität der Landwirtschaft durch Förderung des technischen Fortschritts, Rationalisierung der landwirtschaftlichen Erzeugung und den bestmöglichen Einsatz der Produktionsfaktoren, insbesondere der Arbeitskräfte, zu steigern;
b) auf diese Weise der landwirtschaftlichen Bevölkerung, insbesondere durch Erhöhung des Pro-Kopf-Einkommens der in der Landwirtschaft tätigen Personen, eine angemessene Lebenshaltung zu gewährleisten;
c) die Märkte zu stabilisieren;
d) die Versorgung sicherzustellen;
e) für die Belieferung der Verbraucher zu angemessenen Preisen Sorge zu tragen.

M1 Artikel 39 des EWG-Vertrages von 1957

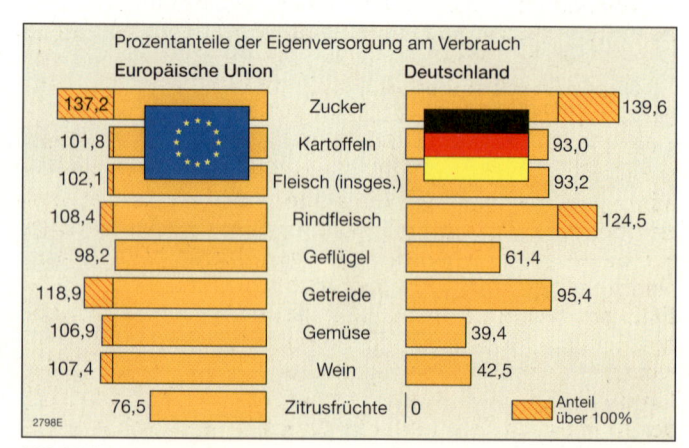

Prozentanteile der Eigenversorgung am Verbrauch

Europäische Union		Deutschland
137,2	Zucker	139,6
101,8	Kartoffeln	93,0
102,1	Fleisch (insges.)	93,2
108,4	Rindfleisch	124,5
98,2	Geflügel	61,4
118,9	Getreide	95,4
106,9	Gemüse	39,4
107,4	Wein	42,5
76,5	Zitrusfrüchte	0

Anteil über 100%

M2 Nahrungsmittelversorgung in der EU und in Deutschland 1995

M3 Vernichtung von Ernteüberschüssen der EU (Äpfel und Birnen in Cavaillon, Provence)

Frankensteins Tomate – Lebensweg einer EU-Tomate

Das süditalienische Apulien ist eines der wichtigsten Tomatenanbaugebiete der EU. Die hier angebauten Hochleistungstomaten wurden in Amerika gezüchtet und liefern doppelt so hohe Erträge wie einheimische Sorten. Da der apulische Boden nicht sehr fruchtbar ist, wird Humus aus Norddeutschland herantransportiert, in dem die Tomatenpflänzchen herangezogen werden. Nachdem die Pflänzchen auf den Feldern gepflanzt worden sind, müssen sie ständig bewässert, gedüngt und gespritzt werden. Sind sie reif, werden sie mit Maschinen geerntet und in die Ketschup-Fabrik gebracht. In Jahren mit guter Ernte werden bis zu 10% der Tomaten unter Aufsicht eines EU-Beamten vernichtet.

(nach: Frankensteins Tomate. Ein Film von Michael Busse und Maria-Rosa Bobbi)

Über die Hälfte des gesamten EU-Haushaltes geben Sie zur Stützung der Landwirte aus. Wohin fließen denn diese Gelder?
Wichtige Ziele der Gemeinsamen Agrarpolitik sind es die bäuerlichen Familienbetriebe zu erhalten und die ländlichen Gebiete in ihrer Entwicklung zu fördern. Man möchte verhindern, dass immer mehr Bauernfamilien ihre Betriebe verlassen und in die Städte abwandern. Vor allem in den Mittelmeerländern ist dies ein Problem.

Die EU zahlt daher viele Milliarden ECU an Subventionen für die Landwirte. Dabei wird heute jedoch nicht mehr die Steigerung der Produktion unterstützt. Die Bauern erhalten vielmehr Geld für die Flächen, auf denen sie mit umweltverträglichen Anbaumethoden weniger anbauen oder die sie brachliegen lassen. So erhält zum Beispiel ein Landwirt, der deutlich weniger Dünger, Schädlingsbekämpfungs- und Pflanzenschutzmittel einsetzt, 250 ECU pro Hektar im Jahr. Folge dieser Art von Subventionen ist also nicht mehr die zunehmende Intensivierung, sondern vielmehr das Gegenteil, die **Extensivierung** der Landnutzung. Dies ist unserer Meinung nach gleichzeitig der Ausweg aus dem Teufelskreis von Überproduktion und Produktivitätssteigerung.

1 a) Erläutere die Ziele der Gemeinsamen Agrarpolitik 1957 (M1).
b) Welche dieser Ziele sind heute nicht mehr aktuell?

2 Welche Vorteile und welche Probleme ergeben sich aus der Nahrungsmittelproduktion in der EU (M2 und M3)?

3 Beschreibe die Maßnahmen und die Ziele der Extensivierung.

4 Beschreibe die Bedeutung der Landwirtschaft für die einzelnen Staaten der EU (Tabelle Seite 118).

Um einen Gegenpol zur EU zu bilden haben die USA, Mexiko und Kanada beschlossen einen gemeinsamen Binnenmarkt zu schaffen, die Nordamerikanische Freihandelszone NAFTA (North America Free Trade Agreement). Ähnliche Pläne gibt es in Asien und Südamerika.

Anteile der NAFTA:
Weltbevölkerung	7%
Weltwirtschaftsleistung	29%
Weltexport	17%

M1 Die Nordamerikanische Freihandelszone (NAFTA)

Die EU der 15 in der Welt
Anteile der erweiterten Europäischen Union an:
- Welt-Entwicklungshilfe: 53%
- Welt-Bevölkerung: 7%
- Welt-Währungsreserven: 32%
- Welt-Luftverschmutzung (CO_2): 16%
- Welt-Autoproduktion: 27%
- Welt-Energie-Verbrauch: 17%
- Welt-Wirtschaftsleistung: 23%
- Welt-Export (ohne EU-Binnenhandel): 19%

M2 Die EU der 15 in der Welt

Furcht vor der „Festung Europa"

Mit der gemeinsamen Agrar- und einer abgestimmten Wirtschafts- und Außenpolitik tritt die EU auch nach außen als eine Gemeinschaft auf.

Zahlreiche andere Staaten verfolgen diese zunehmende Integration Europas mit gemischten Gefühlen. Einerseits ist man erfreut über die stabilen politischen Verhältnisse in diesem Raum. Andererseits jedoch klagen viele, dass sich die EU und der EWR gegenüber anderen Staaten immer mehr abschotten um die eigene Wirtschaft zu schützen. Asiatische Staaten kritisieren, dass die Einfuhr von Industrieprodukten in die EU zunehmend erschwert wird; lateinamerikanische Länder beschweren sich über die Abschottung gegenüber Bananen-, Textil- und Fischimporten. Und auch die Staaten Osteuropas sind enttäuscht über neue Einfuhrbarrieren für Stahl, für Textil- und Agrarerzeugnisse, vor allem für Fleisch.

Angesichts der drohenden „Festung Europa" wurden zahlreiche Aktivitäten entfaltet:

• Außereuropäische Firmen errichten Zweigbetriebe in einem der EU-Länder (z.B. Nissan: Fabriken in Spanien und Großbritannien, Daewoo: Technologiezentrum bei München) oder kaufen sich dort in Wirtschaftsbetriebe ein um unmittelbaren Zugang zum Binnenmarkt und damit auch zum EWR zu haben.

• Osteuropäische Staaten, die bis 1991 im RGW (Rat für Gegenseitige Wirtschaftshilfe) zusammengeschlossen waren, verhandeln mit der EU über Abkommen, die ihnen Sonderrechte im Handel mit der EU sichern.

• Mehrere Länder haben den Beitritt zur EU beantragt, zum Beispiel Malta, die Türkei, Zypern, Polen und Ungarn. Gerade die osteuropäischen Staaten (vgl. auch S. 11 M2) erhoffen sich viel von einer EU-Mitgliedschaft.

1 Warum haben Staaten außerhalb der EU Angst vor der „Festung Europa"?

2 Welche Vorteile bringt für einen ausländischen Konzern die Ansiedlung eines Zweigwerks in einem EU-Land?

3 Beschreibe die Bedeutung der EU in der Welt. Vergleiche sie mit der Bedeutung der NAFTA (*M1* und *M2*).

Handelspartner EU - eindeutig Upperclass

Die Geschichte der EU ist eine Geschichte der wirtschaftlichen Erfolgsstories. Die EU gehört nicht nur zu den größten Agrar- und Industriegüterproduzenten der Welt, sondern sie ist auch die Nummer Eins im Welthandel. 1994 hat sie Waren im Wert von je rund 1500 Mrd. US-Dollar importiert und exportiert, was einem Anteil von 16% am Welthandel entspricht.

Die Staatengemeinschaft der EU wird diese Position nur dann halten können, wenn sie sich in den stark expandierenden Wirtschaftsbereichen (z.B. Automobilindustrie, Hochtechnologie) gegenüber ihren schärfsten Konkurrenten, den USA und Japan, behauptet. Um international wettbewerbsfähig zu bleiben sind private und öffentliche Investitionen in Milliardenhöhe notwendig: zur Produktivitätssteigerung, etwa durch Modernisierung der Betriebe, oder für die Forschung und Entwicklung. Darüber hinaus muss die EU die bestehenden Handelsbeziehungen vertiefen und sich neue Märkte erschließen. Große Absatzchancen für ihre hochwertigen Fertigwaren sieht die EU vor allem in den sich schnell entwickelnden Volkswirtschaften Ost- und Südostasiens. Denn während in Europa, Japan oder Nordamerika bei vielen Produkten ein harter Verteilungskampf herrscht und Marktanteile mit millionenschweren Werbekampagnen erobert werden müssen, locken dort Regionen mit über zwei Milliarden konsumhungrigen Menschen.

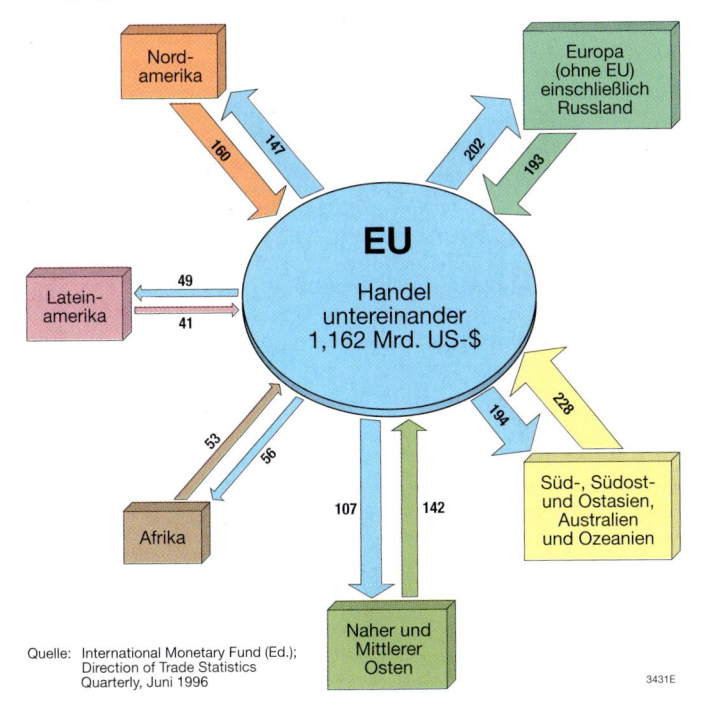

M3 Handel mit Hochtechnologieprodukten 1995

	Ausfuhr (in Mrd. ECU) nach		
	EU	USA	Japan
EU	70,2	17,3	2,8
USA	29,6	–	10,7
Japan	14,5	27,9	–

(Quelle: eurostat. Statistik kurzgefasst, Außenhandel 1995)

4 Berichte über die weltweiten Handelsverflechtungen der EU *(M3–M5)*.

5 Der großen Bedeutung des Warenaustausches innerhalb der EU kann nur durch eine Intensivierung der bestehenden Handelsverbindungen und die Erschließung neuer Märkte entgegengewirkt werden. Begründe *(M4 und M5)*.

M5 Wichtige Außenhandelspartner der EU 1995

	Export	Import
	Mrd. US-$	
USA	131,8	142,8
Schweiz	64,9	57,0
Japan	42,1	75,2
Norwegen	21,3	32,8
VR China	20,1	29,5
Russland	17,7	25,5
Hongkong	19,9	18,0
Kanada	14,9	16,8
Südkorea	16,3	14,3
Türkei	16,5	12,2
Brasilien	12,8	13,5
Singapur	12,9	11,9
Indien	10,6	10,6
Südafrika	11,3	9,3
Saudi-Arabien	9,4	10,6

(Quelle: International Monetary Fund (Ed.): Direction of Trade Statistics Quarterly. June 1996)

M4 Handelsmacht EU

Quelle: International Monetary Fund (Ed.); Direction of Trade Statistics Quarterly, Juni 1996

EU Handel untereinander 1,162 Mrd. US-$

- Nordamerika: 160 / 147
- Europa (ohne EU) einschließlich Russland: 202 / 193
- Lateinamerika: 49 / 41
- Afrika: 53 / 56
- Naher und Mittlerer Osten: 107 / 142
- Süd-, Südost- und Ostasien, Australien und Ozeanien: 194 / 228

M1 Kaffeepreise 1980-1995
(in US-Cents je lb¹)

1980	173,5	1988	115,9
1981	126,5	1989	92,0
1982	125,0	1990	71,5
1983	128,5	1991	66,8
1984	141,2	1992	53,3
1985	136,9	1993	61,6
1986	170,9	1994	134,2
1987	107,8	1995	138,6

¹ = pound, entspricht 0,453 kg
(Quelle: Commerzbank Frankfurt a.M.)

M2 Verladung von Kaffee im Hafen von Mombasa

EU und AKP – Handelsprivilegien in Theorie und Praxis

Die Industriemächte beherrschen den Welthandel und sie sind durch die Exporte und Importe derart eng miteinander verflochten, dass die Staaten der Dritten Welt kaum Chancen haben auf ihren kaufkräftigen Märkten Fuß zu fassen: Diesen Zustand beklagen die Entwicklungsländer immer wieder.

Doch es geht auch anders. Im Jahre 1990 hat die EU mit 69 Staaten Afrikas, der Karibik und des Pazifik (AKP-Staaten) in Lomé, der Hauptstadt von Togo, ein weiteres Abkommen geschlossen. Es ist bereits der vierte Vertrag (Lomé IV), der diesen Ländern im Gegensatz zu anderen zahlreiche Handelsvorteile bietet. Die EU garantiert zum Beispiel den zollfreien, unbegrenzten Zugang zum EU-Markt für fast alle AKP-Waren. Von dieser Regelung profitieren unter anderem die AKP-Bananenbauern, die am Weltmarkt bisher der billigeren Konkurrenz aus Mittelamerika, den sogenannten Dollarbananen, unterlegen waren. Das Abkommen von Lomé beinhaltet darüber hinaus ein System zur Stabilisierung der Exporterlöse für 49 landwirtschaftliche Erzeugnisse, wie Kakao, Kaffee oder Baumwolle. Sinkt der Preis eines Produktes so stark ab, dass das betreffende Land über fünf Prozent bei den gesamten Exporterlösen einbüßt, so wird es finanziell unterstützt. Die Verluste können dadurch zumindest teilweise kompensiert werden. Geld bekommen auch solche Staaten, für die der Bergbau eine bedeutende Rolle spielt. Geht etwa in einem Land die Kupferproduktion wegen technischer Schwierigkeiten in einem Bergwerk oder mehrerer Minen zurück, so kann ein AKP-Land einen Zuschuss von der EU beantragen.

1 Erkläre am Beispiel des Kaffeehandels, welche Vorteile die AKP-Länder gegenüber anderen Staaten haben *(M1)*.

Vor den Toren der EU
Staaten im ehemaligen Ostblock

1989

Norwegen (Oslo) · Schweden (Stockholm) · Finnland · Dänemark (Kopenhagen) · Nordsee · Ostsee · Großbritannien (London) · Niederlande (Amsterdam) · Belgien (Brüssel) · Luxemburg · Bundesrepublik Deutschland (Bonn) · Berlin West/Ost · DDR · Eiserner Vorhang · Polen (Warschau) · UdSSR (Moskau) · Tschechoslowakei (Prag) · Frankreich (Paris) · Schweiz (Bern) · Liechtenstein · Österreich (Wien) · Ungarn (Budapest) · Rumänien (Bukarest) · Schwarzes Meer · Italien · San Marino · Vatikanstadt · Rom · Monaco · Andorra · Jugoslawien (Belgrad) · Bulgarien (Sofia) · Albanien (Tirana) · Griechenland (Athen) · Türkei (Ankara) · Syrien · Mittelmeer

1996

Norwegen (Oslo) · Schweden (Stockholm) · Finnland · Estland (Reval) · Lettland (Riga) · Litauen (Wilna) · zu Russland · Russland (Moskau) · Weißrussland (Minsk) · Dänemark (Kopenhagen) · Nordsee · Ostsee · Großbritannien (London) · Niederlande (Amsterdam) · Belgien (Brüssel) · Luxemburg · Deutschland (Berlin) · Polen (Warschau) · Ukraine (Kiew) · Tschechische Republik (Prag) · Slowakei (Preßburg) · Frankreich (Paris) · Schweiz (Bern) · Liechtenstein · Österreich (Wien) · Ungarn (Budapest) · Moldawien (Kischinau) · Rumänien (Bukarest) · Schwarzes Meer · Slowenien (Laibach) · Kroatien (Zagreb) · Bosnien und Herzegowina (Sarajewo) · Jugoslawien (Belgrad) · Italien · San Marino · Vatikanstadt · Rom · Monaco · Andorra · Bulgarien (Sofia) · Makedonien (Skopje) · Albanien (Tirana) · Griechenland (Athen) · Türkei (Ankara) · Mittelmeer

Vor den Toren der EU
Staaten im ehemaligen Ostblock

M1 Karikatur: Sowjetischer Staatschef versucht UdSSR zu retten

Ein Block geht in die Brüche

Bis 1991 beherrschte die Sowjetunion die ebenfalls kommunistisch regierten Staaten Osteuropas. Gemeinsam bildeten sie den **Ostblock**. Die Staaten wurden von der Sowjetunion gezwungen ihre Außenpolitik mit der Regierung in Moskau abzustimmen. Um die Länder noch enger an sich zu binden wurde bereits 1949 unter der Federführung der Sowjetmacht der **R**at für **g**egenseitige **W**irtschaftshilfe (**RGW**) gegründet. Das Ziel dieses Verbundes war es auf dem Gebiet der Wirtschaft eng zusammenzuarbeiten und den Handel auszubauen um ein einheitliches Wirtschaftsgebiet – wie es die EU bereits ist – zu werden.

1 Liste die Namen der Ostblockstaaten (1985) auf. Ordne den „alten" Territorien die heutigen Staaten zu (*Seite 99, Atlas*).

2 Beschreibe, wie die RGW-Länder untereinander zusammengearbeitet haben (*M4*).

3 Berichte über die Folgen der Planwirtschaft (*M2* und *M3*).

M2 Karikatur
Von oben nach unten: Zucker, Grütze, Dorfsowjet, Seife

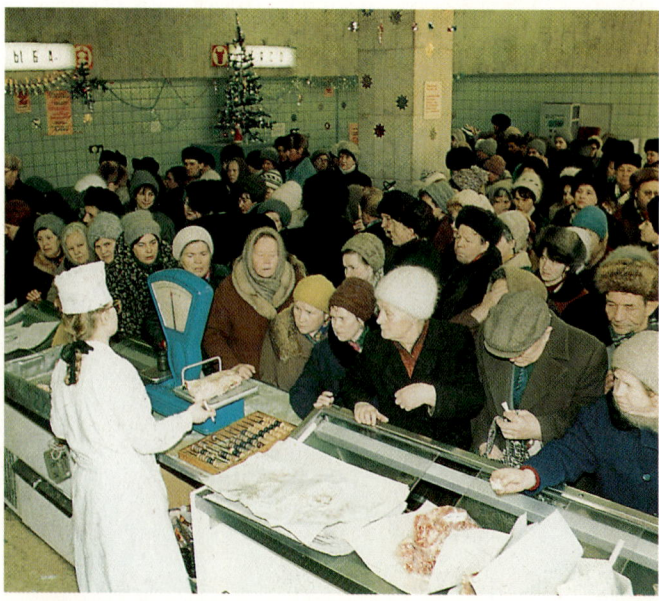

M3 Menschenandrang in einem Moskauer Geschäft 1991

Innerhalb des RGW wurden die wirtschaftlichen Verflechtungen zwischen den einzelnen Staaten nach dem Prinzip der **Planwirtschaft** organisiert. Dabei kam es immer wieder zu Problemen. Nicht rechtzeitig gelieferte Radaufhängungen aus Polen, die für ein sowjetisches Lkw-Werk bestimmt waren, führten zum Beispiel dazu, dass wochenlang keine Lkws ausgeliefert werden konnten. Die wiederum sollten nach Bulgarien gehen, wo sie beim Einbringen der Weizenernte gebraucht wurden. Der Weizen verdorrte deshalb auf den Halmen, die Bäckereien konnten nicht genügend Brot backen und die Regale in den Geschäften blieben leer. Die RGW-Staaten waren so eng miteinander verbunden, dass Planungsfehler in einem Land zu einer Reihe von Problemen in anderen Ländern führten.

Deshalb ging man Ende der 80er Jahre daran die Pläne der einzelnen Staaten besser aufeinander abzustimmen. Doch die grundsätzlichen Probleme der Planwirtschaft konnten nicht behoben werden. In allen RGW-Ländern, vor allem jedoch in der Sowjetunion, wo sich die Lebensmittelversorgung dramatisch verschlechterte, kam es zu Protesten der Bevölkerung. Estland und Kasachstan forderten sogar die politische Selbstständigkeit. Gleichzeitig brachen innerhalb des Vielvölkerstaates alte Nationalitätenkonflikte wie in Nagorny-Karabach aus. Der Druck auf die Regierung in Moskau wurde immer größer, so dass der Präsident der Sowjetunion 1991 zurücktreten musste. Die Sowjetunion wurde aufgelöst. Sie zerbrach in einzelne Länder und mit ihr der gesamte Ostblock, den sie jahrzehntelang sowohl politisch als auch wirtschaftlich beherrscht hatte.

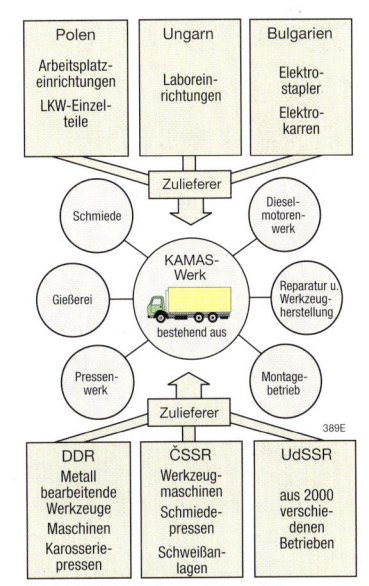

M4 KAMAS-Lkw-Werk (ehemalige UdSSR)

4 Die unabhängigen Staaten der ehemaligen Sowjetunion haben einen Namen, der von einer dort wohnenden Volksgruppe abgeleitet ist. Liste die Namen auf, z.B. Kasachstan–Kasachen (*Atlas*).

5 Nenne weitere Vielvölkerstaaten des ehemaligen Ostblocks (*Atlas*).

M5 Kundgebung in Baku für die Unabhängigkeit Aserbaidschans (29. 8. 1991)

M1 In Moskau – aus kommunistischer Zeit

M2 In Moskau – heute

zu M1: Auf dem Plakat steht: „Einheit der Partei und unzerstörbare Nation!"

zu M2: „Eröffnung des Restaurants, 31. Januar 1990"

1 Welche Folgen hatte der Zerfall des Ostblocks im Bereich der Wirtschaft? Berichte (*M2*, *M3* und *M5*).

2 *M1–M4* sind Beispiele für die wirtschaftliche Umorientierung in den ehemaligen RGW-Staaten. Erläutere.

3 Was ist ein Jointventure? Erkläre am Beispiel von Asko (Deutschland) und Denitza (Bulgarien, *M5*). Welche Vorteile ergeben sich für
a) die Wirtschaftspartner und
b) für das Land Bulgarien aus dieser Zusammenarbeit?

Wirtschaft im Umbruch

Der Zerfall des Ostblocks hat zu einschneidenden Veränderungen in den Reformländern geführt. Dies gilt insbesondere für die Wirtschaft, die sich im Umbruch befindet. Das schwerfällige System der Planwirtschaft und die engen wirtschaftlichen Verflechtungen, wie sie zu Zeiten des RGW zwischen den Mitgliedsstaaten bestanden, sind zerbrochen. Deshalb müssen die Regierungen dieser Länder ihre Wirtschaft neu organisieren und eine eigenständige Wirtschaftspolitik betreiben. So sind sie zum Beispiel gezwungen neue Handelspartner zu gewinnen, das heißt neue Beziehungen im Export- und Importgeschäft aufzubauen. Dazu ist es notwendig, dass sie selbst qualitativ hochwertige Güter produzieren und preisgünstig anbieten. Nur so haben sie eine Chance gegenüber anderen Ländern konkurrenzfähig zu sein und die Waren auf dem Weltmarkt absetzen zu können. Das ist aber nur möglich, wenn die Verantwortlichen in den Betrieben selbst darüber entscheiden können, was, wie und zu welchem Preis sie ihre Waren herstellen. Deshalb haben die Reformstaaten beschlossen die **Marktwirtschaft** einzuführen.

Im primären, sekundären und tertiären Sektor werden nun Betriebe privatisiert. Gleichzeitig erleichterten die Staaten durch eine Änderung der Gesetze die Investitionen ausländischer Firmen um die Reformen schneller voranzubringen. Sie selbst sind hoch verschuldet und nicht in der Lage das erforderliche Kapital aufzubringen. Zahlreiche west- und mitteleuropäische Firmen haben bereits eigene Produktionsstätten in den Reformländern. So stellen zum Beispiel ein Hamburger Unternehmen Motoren und eine Firma aus Höhr-Grenzhausen (Westerwald) Trinkgläser in Tschechien her. VW-Lieferwagen laufen in Polen vom Montageband.

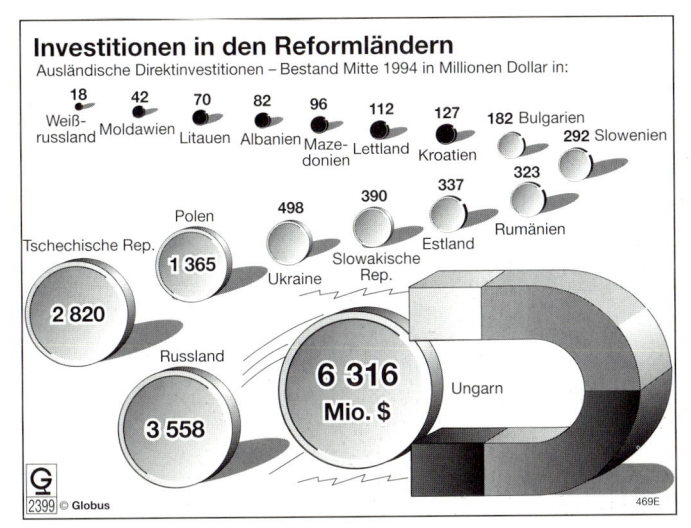

Investitionen in den Reformländern
Ausländische Direktinvestitionen – Bestand Mitte 1994 in Millionen Dollar in:

- Weißrussland 18
- Moldawien 42
- Litauen 70
- Albanien 82
- Mazedonien 96
- Lettland 112
- Kroatien 127
- Bulgarien 182
- Slowenien 292
- Estland 323
- Rumänien 337
- Slowakische Rep. 390
- Ukraine 498
- Polen 1 365
- Tschechische Rep. 2 820
- Russland 3 558
- Ungarn 6 316 Mio. $

M3 Investitionen in den Reformländern

Die Leiter der Betriebe in den Reformländern haben in der Regel nur wenig Erfahrung darin, wie sie eine Firma unter marktwirtschaftlichen Gesichtspunkten führen müssen. Deshalb gewinnen die **Jointventures**, Gemeinschaftsunternehmen von östlichen und westlichen Geschäftspartnern, zunehmend an Bedeutung. Siemens etwa arbeitet mit der ungarischen Außenhandelsgesellschaft zusammen. Unter dem Namen SICONTACT produzieren und verkaufen sie Computer in Ungarn. Asko ging in Bulgarien eine Verbindung mit der Warenhauskette Denitza ein. Das umfangreichste Jointventure schloss jedoch McDonalds ab. In unmittelbarer Nähe des Kreml in Moskau errichtete dieser Konzern sein bisher größtes Restaurant (700 Sitzplätze, 2000 m² Fläche).

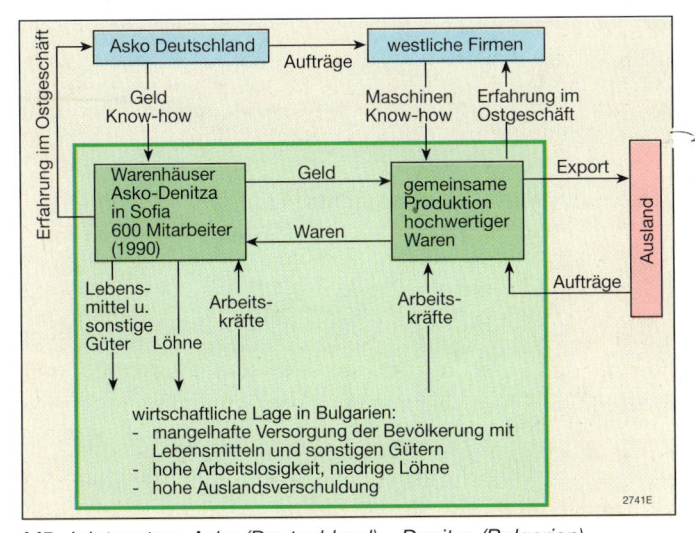

M5 Jointventure Asko (Deutschland) – Denitza (Bulgarien)

Rumänien-Experte Christian Helmenstein sieht Rumänien als „Wachstumspol Südosteuropas" mit einem BIP-Wachstum von 3,4% im Jahr 1994. Neben den Exporten (plus 22,6%) hätten sich 1994 die Investitionen (plus 15,3%) als Träger des Aufschwungs erwiesen. So ist die Zahl der amtlich registrierten Unternehmen in Rumänien bis Ende 1994 um 36,6% auf fast 422 000 gestiegen, das Volumen der ausländischen Direktinvestitionen habe sich 1994 sogar verdoppelt.
In einer Rangliste der in Rumänien investierenden Länder liege Südkorea (Zahlen für Ende 1994) mit 158 Mio. US-$ in Führung, gefolgt von den USA 112 Mio. $, Deutschland 107,6 Mio. $, Frankreich 105,7 Mio. $ und Italien 104,4 Mio. $. Von der Zahl der Unternehmen führe Deutschland (4 757) vor Italien (4 688), der Türkei (3 639), Syrien (3 611), Jordanien (2 162) und den USA (2 021). Das größte Jointventure mit einem Investitionsvolumen von knapp 1 Mrd. $ über die nächsten sechs Jahre wurde 1994 zwischen der südkoreanischen Daewoo und der rumänischen S.C. Automobile SA Craiova fixiert. Es folgen Shell mit 44 Mio. $ und Coca Cola mit 32 Mio. $. Mit den im Januar und Februar neu zugesagten Investitionen deutscher Unternehmen „von mehreren 100 Mio. $ dürfte Deutschland 1995 die Spitzenposition übernehmen.

M4 Firmen entdecken Wachstumspol Südosteuropas

M6 Ost-West-Jointventures

Jahr	Anzahl
1988	400
1989	940
1990	4 263
1991	16 070
1992	ca. 36 000

1 Begründe, warum und für welche deutschen Unternehmen der Industriestandort Osteuropa besonders günstig ist.

2 Berichte über die Bevölkerungswanderungen aus den osteuropäischen Staaten nach Deutschland (*M1*).

Die Reformländer Osteuropas – verlängerte Werkbank des Westens

Unternehmen aus der Hightech-Branche wie Siemens oder Telekom, Automobilhersteller wie VW oder Audi, Maschinenbau-, Bekleidungs-, Textilbetriebe und andere Firmen aus den EU-Staaten haben die Reformländer des ehemaligen Ostblocks als Standort entdeckt, insbesondere Polen und Tschechien. Sie verlagern ihre Produktion – teilweise oder ganz – nach Osten, weil sie dort Kosten sparen. So verdient eine tschechische Näherin umgerechnet nur 200 DM pro Monat, während in Deutschland eine Arbeiterin für die gleiche Tätigkeit das Zehnfache bekommt. Berücksichtigt man darüber hinaus noch die Lohnnebenkosten (Arbeitslosen-, Renten- oder Sozialversicherung), fällt der Vergleich zwischen Ost und West noch drastischer aus. Deshalb weichen vor allem Firmen mit einer arbeitsintensiven Produktion, die gleichzeitig unter einem hohen Wettbewerbsdruck stehen, wie zum Beispiel die Textil- oder Automobilindustrie, in die osteuropäischen **Niedriglohnländer** aus.

Umgekehrt bieten Firmen aus dem Osten ihre Dienste direkt in den west- und mitteleuropäischen Staaten an. Hunderte von Baukolonnen aus Polen, Tschechien oder Ungarn helfen zum Beispiel beim Aufbau der Hauptstadt Berlin mit. Außerdem mussten in Osteuropa Firmen geschlossen werden, weil sie keine Gewinne abwerfen. In anderen wiederum wurden Arbeitskräfte entlassen um die Produktivität zu erhöhen. Die Arbeitslosigkeit ist gestiegen, so dass Menschen aus den Reformländern im Westen Arbeit suchen.

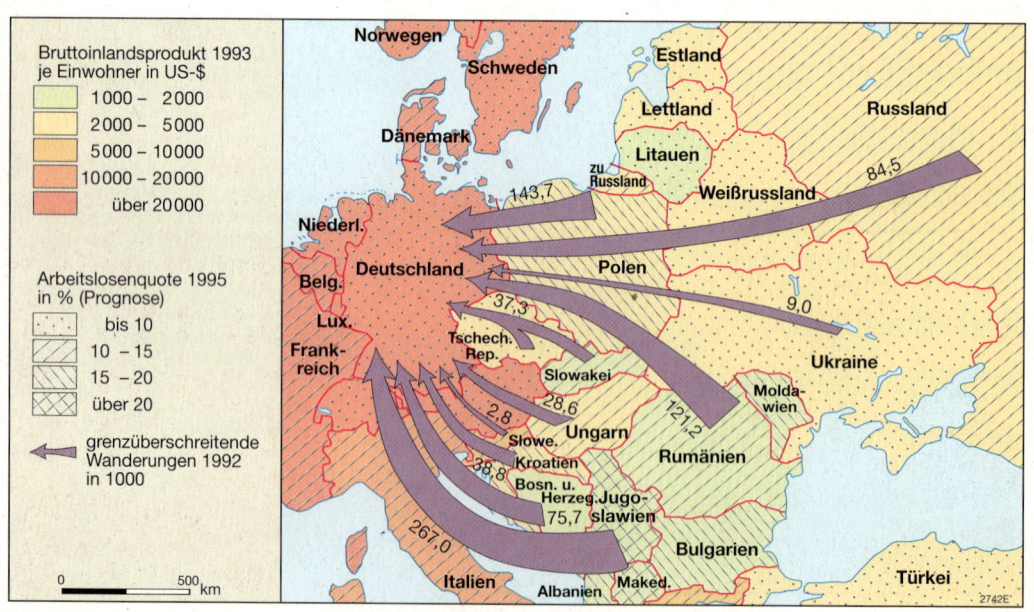

M1 Bevölkerungswanderung – Zuzüge aus den Reformländern nach Deutschland

Die Altstadt von Krakau – schon überwiegend privatisiert ▷

Ein Land im Umbruch
Polen

Ein Land im Umbruch
Polen

M1 Polen: Lage der Fallbeispiele

Unter dem Einfluss der Marktwirtschaft – Krakau

Um die Mittagsstunde bläst ein Trompeter das Turmlied von der Marienkirche am Marktplatz in Krakau (Kraków). Von Tag zu Tag scheinen die Trompetenstöße verzweifelter in den Ohren zu klingen, denn die Gebäude in der mittelalterlichen Altstadt von Krakau drohen zu verfallen. Feuchtigkeit steigt in den Mauern der jahrhundertealten Bauten hoch. Rußige Rauchschwaden ziehen von der nahe gelegenen Hüttenstadt Nova Huta herüber, tauchen die Häuser regelmäßig in ein aschfahles Gelb und der saure Regen setzt den Fassaden zu.

Anfang der 1960er Jahre begann man mit der **Sanierung** vom Verfall bedrohter Gebäude. Später ging man zur Sanierung ganzer Baublöcke über. Die Sanierungsmaßnahmen wurden vom Staat finanziert und im Auftrag der polnischen Regierung von der Stadt Krakau zentral geplant und durchgeführt. Mit dem Übergang von der Planwirtschaft zur Marktwirtschaft in den 1990er Jahren haben sich die Bedingungen für die Sanierung der Altstadt jedoch grundlegend geändert. Der Staat hat seine Zuschüsse stark verringert, so dass die Gelder nur noch ausreichen um die wichtigsten historischen Gebäude (z.B. Rathausturm, Tuchhallen mit kleinen Geschäften und Gemäldegalerie) in Stand zu halten. Der Großteil der Kosten muss jetzt von der Stadt Krakau selbst getragen werden. Wegen der fehlenden finanziellen Mittel hat sie deshalb beschlossen einen Teil ihrer Gebäude an Privatleute unter der Bedingung zu verkaufen, dass diese für die

M2 Tuchhallen am Krakauer Marktplatz

Renovierung sorgen. Darüber hinaus werden private, bisher städtisch verwaltete Häuser und Wohnungen an die Eigentümer zurückgegeben. Die Privatleute aber sind nur in Ausnahmefällen dazu in der Lage die hohen Kosten für die Instandsetzung und Unterhaltung ihres Eigentums aufzubringen und vermieten vor allem die im Erdgeschoss gelegenen Räume ihrer Häuser. Der Preis richtet sich jetzt nach Angebot und Nachfrage.

Deshalb hat sich in den letzten Jahren die Nutzung der Gebäude in der Altstadt, insbesondere jedoch am Marktplatz, verändert. Da der historische Stadtkern pro Jahr von rund 2 Mill. Touristen besucht wird, ist das Interesse von finanzkräftigen Investoren groß sich dort niederzulassen. Banken, Versicherungen, Gaststätten, Hotels oder Schnellimbissläden bestimmen heute das Stadtbild im Zentrum von Krakau. Wohnungen, Handwerksbetriebe und Geschäfte des täglichen Bedarfs dagegen werden wegen der hohen Mieten nach und nach aufgegeben. In die frei werdenden Räume ziehen stattdessen Inhaber von Souvenir- und Antiquitätenläden, Boutiquen und Dienstleistungsbetrieben ein.

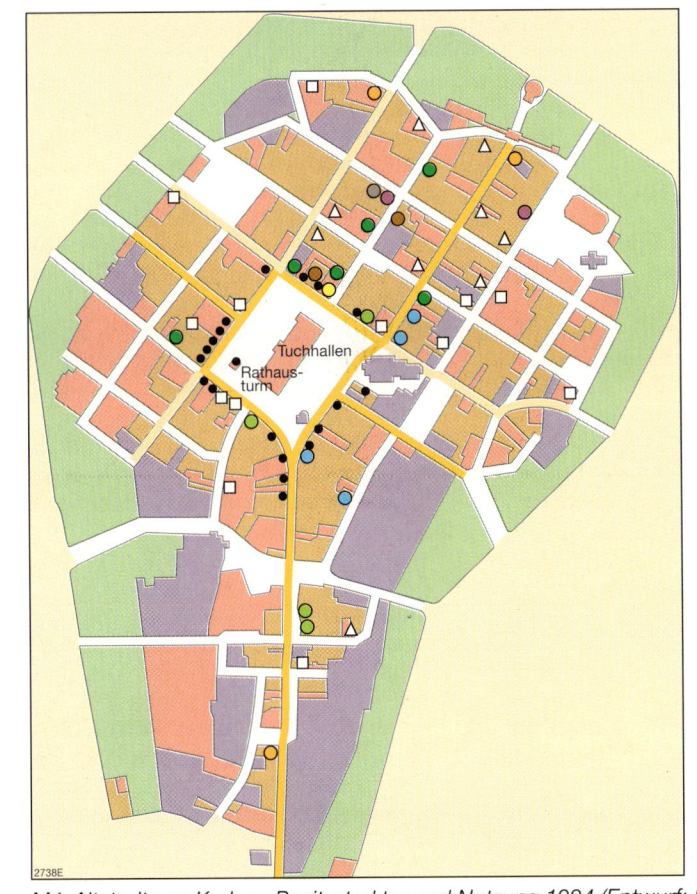

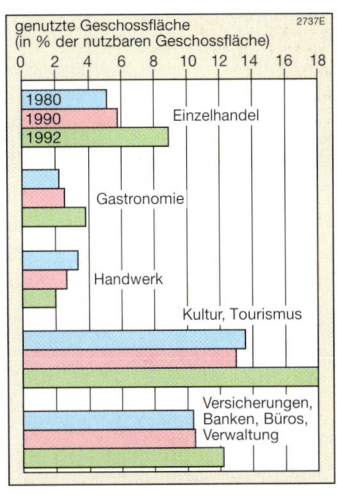

M3 Funktionswandel in der Altstadt von Krakau

1 Durch Polens marktwirtschaftliche Orientierung wird die Sanierung der Krakauer Altstadt unter vollkommen neuen Bedingungen weitergeführt. Erkläre.

2 Beschreibe die gegenwärtige Nutzung und den Funktionswandel in der Altstadt von Krakau (*M2*, *M3* und *M4*).

3 Begründe, warum der Funktionswandel auf den Einfluss der Marktwirtschaft zurückgeführt werden kann.

M4 Altstadt von Krakau: Besitzstruktur und Nutzung 1994 (Entwurf: Dietmar Falk)

M1 Privater Bauernhof am Rand der Karpaten

Ohne Zuverdienst keine Existenzmöglichkeit – ein Landwirt in den polnischen Mittelgebirgen

Die Familie Matulak betreibt einen kleinen Bauernhof in Koscielisko, einem Dorf bei Zakopane, am Rande der Karpaten. Die Straße dorthin ist schmal und kurvenreich, die Dorfwege sind unbefestigt. Die Familie hat Schwierigkeiten sich einen ausreichenden Lebensunterhalt zu sichern, denn die Betriebsgröße des Hofes ist mit 3 ha für den Vollerwerb nicht ausreichend. Durch die herrschende Realteilung sind so geringe Betriebsgrößen für Zentralpolen typisch. Da der Boden nicht besonders fruchtbar und auch das hier herrschende kontinentale Mittelgebirgsklima nicht sehr günstig sind, kann der Betrieb nicht auf den Anbau von Sonderkulturen ausweichen. So baut man Weizen, Hafer, Gemüse, vor allem aber Kartoffeln an. Hinzu kommen ein paar Rüben, Klee und Gras zur Heugewinnung. Im Stall stehen ein Pferd, eine Kuh und drei Schweine.

Die Familie hat jedoch noch einen kleinen Zuerwerb: „Von jährlich bald drei Millionen Besuchern Zakopanes kommen immer wieder einmal Gäste zu uns zum Übernachten. Sie wollen lieber hier in einem einfachen, aber gemütlichen Privathaus wohnen, als in einem der moderneren, teureren Zakopaner Hotels. Diese Übernachtungen bringen uns etwas Bargeld. Außerdem webt meine Frau im Winter Teppiche, die wir drüben in der Stadt an einen Kunstgewerbeladen weiterverkaufen können." Denoch ist Josef Matulak unzufrieden: „Die Vermietung von Gästezimmern ist auch nur ein Notbehelf. Hier gibt es viel weniger Arbeitsplätze außerhalb der Landwirtschaft." Er hofft jedoch bald in der eine Autostunde entfernten Glasfabrik als Glasmaler einen Nebenerwerb zu erhalten. Auch seine Frau bemüht sich seit Monaten um eine Beschäftigung als Aushilfskellnerin in einem der großen Hotels von Zakopane.

„Was uns hier jedoch besonderen Kummer macht," klagt Josef Matulak, „ist die zunehmende Überalterung unserer Dörfer. Die meisten jungen Leute sehen hier auf dem Dorf keine Perspektive für sich und wandern in die Städte ab – mein 22jähriger Sohn Franek hat das genauso gemacht."

(nach: J. Engel, Ein Besuch bei Bauer Matulak, in: geogr. heute 8/81, S. 19)

Die Landwirtschaft – zweigeteilt

In der polnischen Landwirtschaft wird der Wandel von der Plan- zur Marktwirtschaft noch nicht so deutlich wie in den Städten. Das hängt damit zusammen, dass im Gegensatz zu allen anderen Staaten des Ostblocks in Polen der größte Teil der landwirtschaftlichen Betriebe immer in Privatbesitz war. Lediglich im Westen und im Norden des Landes gibt es einen hohen Anteil von Staatsbetrieben und landwirtschaftlichen Produktionsgenossenschaften wie sie auch für die DDR typisch waren. Dieses Gebiet gehörte bis 1945 zu Deutschland und wurde dann bei der so genannten „Westverschiebung" dem polnischen Staat zugeschlagen. Die kommunistische Regierung Polens enteignete damals nahezu alle Betriebe der ehemaligen deutschen Eigentümer, so dass nur wenige private Betriebe dort erhalten blieben.

M2 Bedeutung der privaten Landwirtschaft

Privatanteile an der Nutzfläche	
im Westen	60,2 %
Südosten	96,1 %
gesamt	82,5 %

Hektarertrag bei Getreide	
Staatsbetrieb	36,5 dz/ha
Privatbetrieb	28,4 dz/ha

1 Nenne und begründe die Probleme des Landwirtes Matulak.

2 Beschreibe Auswirkungen der Westverschiebung (*M5*).

M3 Anteil der Kleinbetriebe

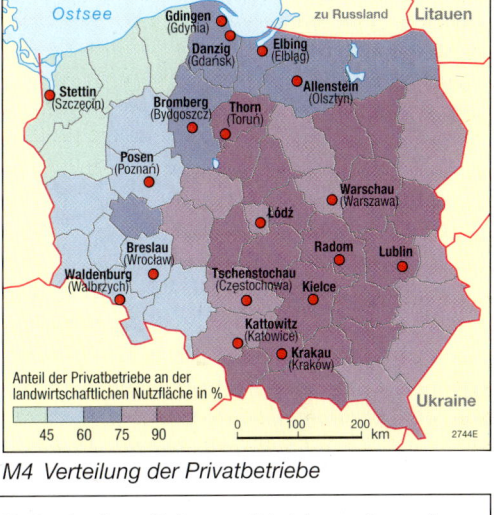

M4 Verteilung der Privatbetriebe

M5 Die Westverschiebung Polens 1945

Die jetzige Lage Polens ergibt sich aus der großen Westverschiebung des Landes nach dem Zweiten Weltkrieg. Für die 180 000 km² Fläche, die im Osten an die Sowjetunion abgegeben werden mussten, erhielt der Staat den größten Teil von Pommern (einschließlich eines Stückes westlich der Oder bei Stettin), Schlesien, den südlichen Teil Ostpreußens und das Gebiet der Stadt Danzig.

Die Abtrennung der polnischen Provinzen im Osten und die Übernahme der deutschen Gebiete im Norden und Westen änderten die Grundlage Polens sehr. Anders als das ehemalige polnische Ostgebiet war das neue Territorium landwirtschaftlich intensiv genutzt worden. Außerdem war es reich an Bodenschätzen und gut erschlossen.

(Jacobs, R.: Europa im Unterricht, in: PG 7/8 1990, S. 74)

1 Erläutere die Ursachen für die geringe Produktivität der Landwirtschaft (*M1* und *M2*).

2 Beschreibe und begründe die Migration in Polen (*M3* und *M4*).

3 Inwieweit sind die Probleme der Familie Matulak typisch für die polnische Landwirtschaft (*Seite 108*)?

Zu klein, zu alt, unwirtschaftlich – Strukturprobleme der Privatbetriebe

Die Privatbetriebe sind bis heute vergleichsweise unproduktiv. Ein Grund dafür ist, dass in der Planwirtschaft die Privatbetriebe ihre Betriebsmittel ausschließlich über staatliche Stellen beziehen konnten. Diese bevorzugten jedoch bei der Zuteilung von Maschinen, Düngemitteln, Hochleistungssaatgut usw. die staatlichen und genossenschaftlichen Betriebe.

Doch mit der Einführung der Marktwirtschaft sind die Privatbauern noch nicht konkurrenzfähig. Eine Flurbereinigung oder andere strukturverbessernde Maßnahmen sind notwendig. So kommt es, dass gerade die jüngere Generation keine Perspektive mehr auf dem Land sieht und in die Großstädte oder gar ins Ausland wandert um sich eine attraktivere Beschäftigung zu suchen.

M1 Düngereinsatz pro Jahr (Anfang der 90er Jahre)

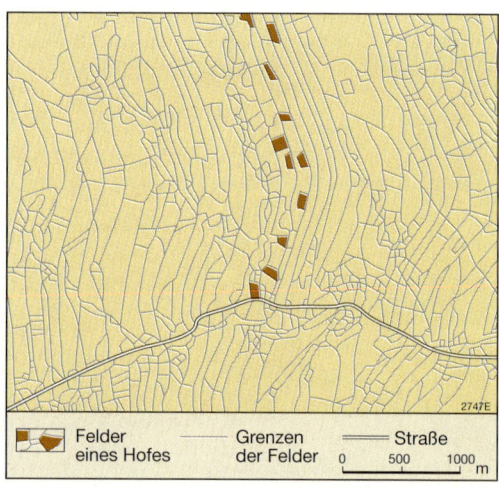

M2 Flurzersplitterung in Zentralpolen

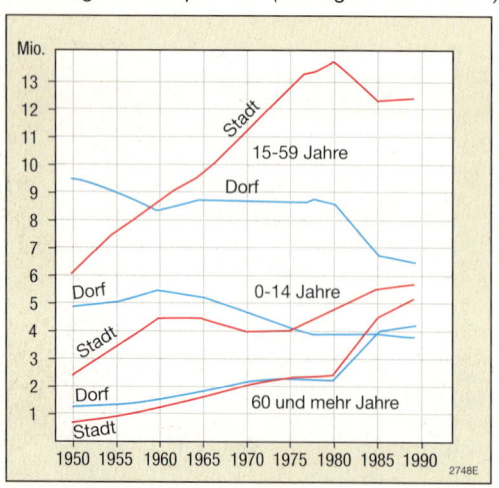

M3 Bevölkerungsentwicklung in Stadt und Land

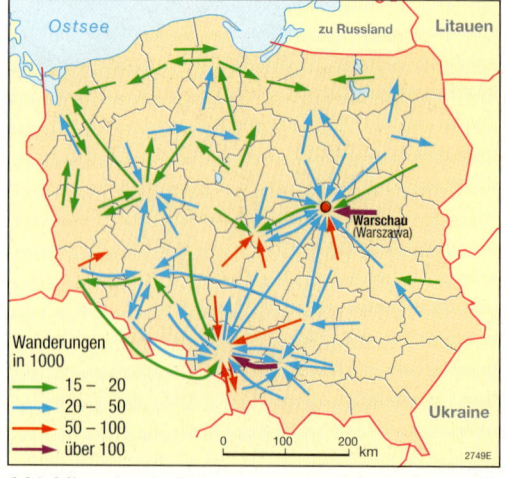

M4 Migration in Polen pro Jahr (Anfang 90er Jahre)

Neuer Staat mit schwerem Erbe
Tschechien

Neuer Staat mit schwerem Erbe
Tschechien

M1 Die Tschechische Republik

1 Beschreibe und vergleiche die einzelnen Baustile miteinander (*M2-M5*).

2 Inwiefern spiegelt sich im Stadtbild von Prag die gesamte europäische Baugeschichte wider? Berichte (*M6, Lexikon*).

3 Erkläre, warum das baugeschichtliche Erbe für Prag Vorteile bringt, zugleich aber auch eine Bürde ist.

Prag – Schatzkammer Europas

Praha, die Hauptstadt Tschechiens, ist seit jeher ein wichtiges geistiges Zentrum Europas. Hier wurde zum Beispiel 1348 die erste Universität Mitteleuropas gegründet. Die Stadt ist vor allem aber eine unerschöpfliche Kunstkammer: Viele Generationen von Baumeistern, Handwerkern und Künstlern aus Frankreich, Italien, Deutschland und anderen europäischen Ländern haben Prag geformt.

In keiner anderen Stadt lässt sich die Geschichte der abendländischen Baukunst bis ins 20. Jahrhundert hinein so lückenlos und an so vielen Gebäuden studieren. Der Romanik sind zum Beispiel die Burgen und Rotunden (Rundbauten) zuzuordnen. Auch in den Kellern zahlreicher Häuser in der Altstadt und der Kleinseite findet man romanische Gewölbe und Säulen. Das heutige Stadtbild prägen jedoch die Bauten der Gotik und des Barock.

In Prag gibt es über 1500 historische Baudenkmäler. Hinzu kommen 2073 historische Gebäude, deren Durchschnittsalter auf 320 Jahre geschätzt wird. Das Stadtzentrum ist über 8 km² groß, weist einen nahezu geschlossenen Altbaubestand auf und wurde deshalb unter Denkmalschutz gestellt. Die Anzahl der historischen Gebäude und die Vielfalt der Baustile sind einzigartig in Europa. Deshalb hat die UNESCO, die Kulturorganisation der Vereinten Nationen, Prag in ihre Liste der Städte aufgenommen, die um jeden Preis als Kulturerbe der Menschheit erhalten werden sollen. Jährlich besuchen zigtausende von Kunstinteressierten und Touristen (über 2 Mio.) die Hauptstadt der Tschechischen Republik. Doch das historische Erbe der Stadt ist zugleich auch eine Bürde, weil die Renovierung und Instandhaltung der Denkmäler und Bauten sehr kostspielig sind.

M2 Heilig-Kreuz-Rotunde (romanischer Baustil)

M3 Sankt-Niklas-Kirche (barocker Baustil)

M4 Der Veitsdom (gotischer Baustil)

M5 Hotel Europa (Jugendstil) am Wenzelsplatz

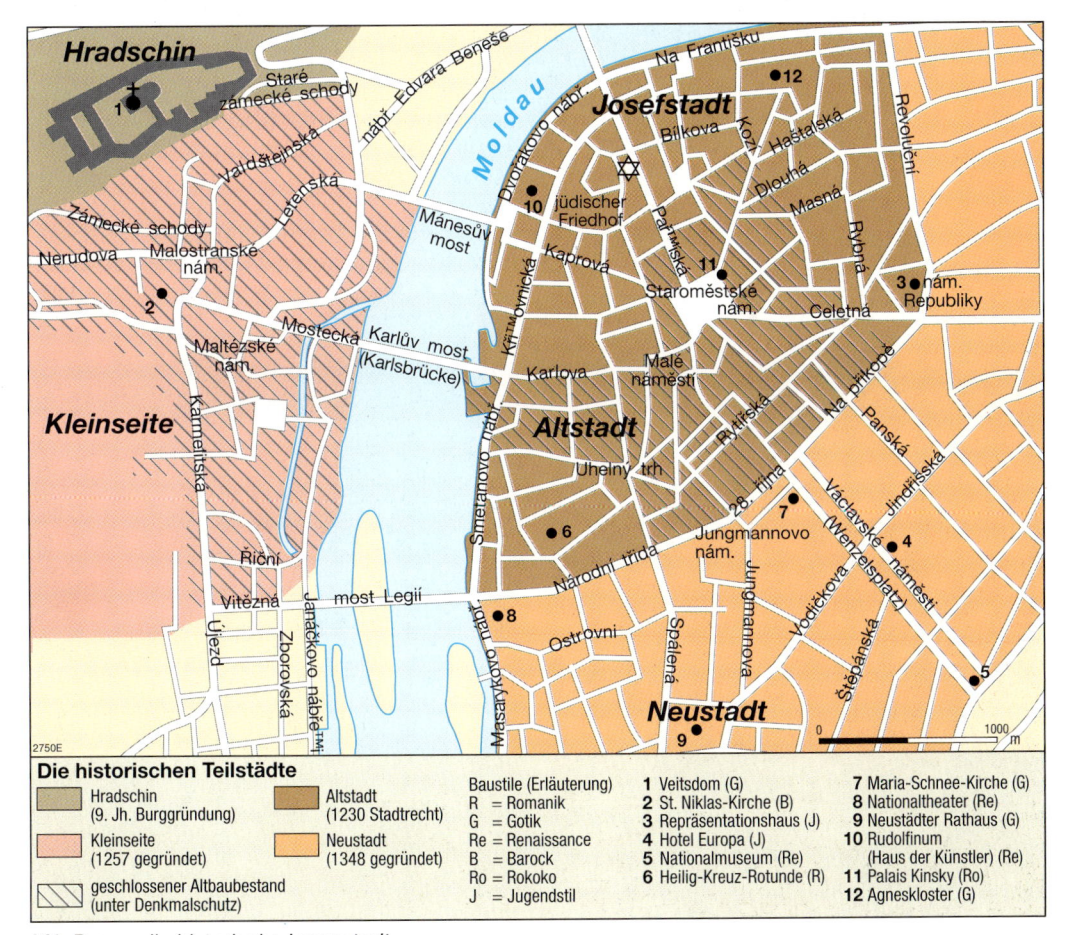

Die historischen Teilstädte

- Hradschin (9. Jh. Burggründung)
- Kleinseite (1257 gegründet)
- Altstadt (1230 Stadtrecht)
- Neustadt (1348 gegründet)
- geschlossener Altbaubestand (unter Denkmalschutz)

Baustile (Erläuterung)
- R = Romanik
- G = Gotik
- Re = Renaissance
- B = Barock
- Ro = Rokoko
- J = Jugendstil

1 Veitsdom (G)
2 St. Niklas-Kirche (B)
3 Repräsentationshaus (J)
4 Hotel Europa (J)
5 Nationalmuseum (Re)
6 Heilig-Kreuz-Rotunde (R)
7 Maria-Schnee-Kirche (G)
8 Nationaltheater (Re)
9 Neustädter Rathaus (G)
10 Rudolfinum (Haus der Künstler) (Re)
11 Palais Kinsky (Ro)
12 Agneskloster (G)

M6 Prag – die historische Innenstadt

Dicke Luft in Nordböhmen

Wo früher sanfte Hügel einer Landschaft malerischen Reiz verliehen, erinnern heute bedrohliche Krater an öde Mondlandschaften. Risse und Löcher, die Wunden gleich ein trauriges Zeugnis geben vom sorglosen Umgang mit der Natur. Auf der Suche nach Kohle gruben sich die gierigen Schaufeln der Förderbagger tief in die Erde. Doch die Braunkohle brennt schwer, sie steckt voller Wasser. Und wenn sie endlich brennt, hinterlässt sie ihre Spuren. In dicken gelblichen Wolken hängt der Schwefel über den Kraftwerksschloten.
(Prager Zeitung vom 2.6.1994)

M1 Kinder mit Schutzmasken

In Nordböhmen pusten veraltete Kraftwerke und Industriebetriebe Jahr für Jahr 540 000 t Schwefeldioxid, 160 000 t Stickoxide und 60 000 t Asche und Staub in die Atmosphäre. Hinzu kommen die Abgase des Verkehrs und die Luftverschmutzung durch die Haushalte, die überwiegend mit Kohle heizen. Im Bezirk Chomutov (Komotau) zum Beispiel, der zu den am stärksten belasteten nordböhmischen Regionen gehört, wird der zulässige Höchstwert für SO_2-Gehalt in der Luft (150 Milligramm/m^3) an 117 Tagen des Jahres überschritten.

Die Folgen der Luftverschmutzung sind Besorgnis erregend. Die Lebenserwartung der Bevölkerung in Nordböhmen ist um drei Jahre niedriger als im Landesdurchschnitt (72 Jahre), die Zahl der Frühgeburten und die Säuglingssterblichkeit um bis zu 6 % höher und Krebserkrankungen treten häufiger auf. Wenn die Luftbelastung die Grenzwerte übersteigt, werden die Menschen aufgefordert in ihren Wohnungen zu bleiben. Die Kinder müssen auf dem Weg zur Schule Schutzmasken tragen.

M2 Braunkohlekraftwerk in Brüx (Most)

Aber die Belastung der Luft ist nur ein Problem, das mit dem Abbau der Braunkohle verbunden ist. Hinzu kommen die Verschmutzung der Flüsse und Böden sowie die Verwüstung landwirtschaftlicher Nutzflächen. Darüber hinaus wurden über 80 Dörfer und sogar die Altstadt von Most (Brüx) abgerissen, weil sie auf Braunkohlevorkommen standen. Über 70 000 Menschen mussten dabei umgesiedelt werden.

Die Umweltschäden in Nordböhmen sind eine Erblast der Planwirtschaft. Jahrzehntelang setzten die Regierungen alles daran um die Industrialisierung des Landes voranzubringen. Um dieses Ziel zu erreichen musste genügend Energie vorhanden sein. Deshalb wurden die Braunkohlevorräte ohne Rücksicht auf die Menschen und die Natur ausgebeutet.

Nach dem Zerfall des RGW und der Auflösung der Tschechoslowakei (1993) befindet sich die Wirtschaft Tschechiens im Umbruch. Im Bereich der Energie ist geplant die alten Kohlekraftwerke stillzulegen und die Braunkohleförderung von derzeit 58 Mio. t pro Jahr um 30 % zurückzufahren. Stattdessen sollen der Anteil der Atomenergie an der Stromerzeugung erhöht und ein Teil des Stromes nach Mittel- und Westeuropa geliefert werden. Entsprechende Verträge wurden bereits mit der Schweiz und Deutschland abgeschlossen. Im Gegenzug für die Stromexporte sollen Entschwefelungs- und Staubfilteranlagen importiert und in den alten Wärmekraftwerken eingebaut werden. Dadurch hofft man die Luftbelastung um 20 % zu verringern. „Mensch und Natur", so sagte der tschechische Ministerpräsident anlässlich eines Besuches in Nordböhmen, „haben noch nicht gewonnen. Aber sie haben aufgehört ständig zu verlieren."

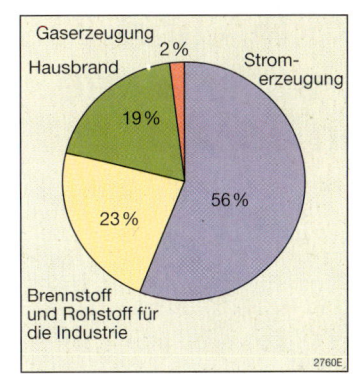

M3 Verwendung der Braunkohle

1 Berichte über die Folgen der Rohstoffgewinnung im nordböhmischen Braunkohlerevier (*M1 - M4*). Fertige dazu ein Schaubild an.

2 Durch welche Maßnahmen will die tschechische Regierung die Umweltbelastung in Nordböhmen verringern?

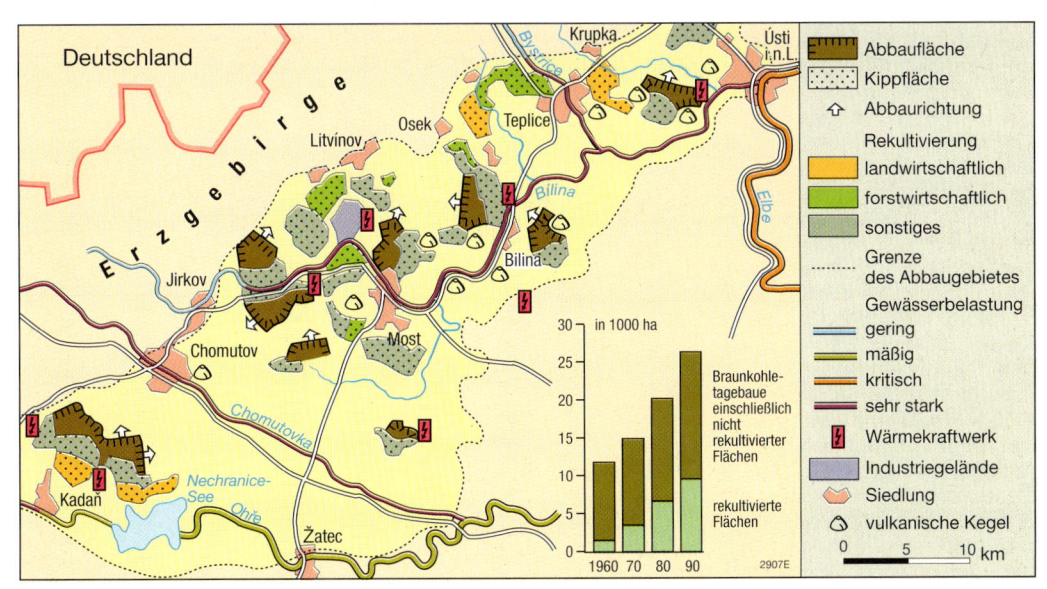

M4 Nordböhmisches Braunkohlerevier

Aktiv- und Passivräume in Europa

Das Modell zu den Aktiv- und Passivräumen Europas, die so genannte „Blaue Banane", wurde 1989 von dem Franzosen Roger Brunet entwickelt. Er leitete sein Grundmodell der „Banane" aus einer Untersuchung über die europäischen Städte ab. Dabei ging er davon aus, dass sich in diesem Gebiet die wichtigsten Industrieregionen und rund 40% der EU-Bevölkerung konzentrieren. Durch die Formgebung der Banane sparte der Franzose jedoch bewusst den Aktivraum Paris und die wirtschaftlich starken Räume auf der Achse Lyon - Marseille aus. Dies sollte die französische Regierung davor warnen den Anschluss an die europäische Integration zu verpassen.

Später wurde die „Banane" durch zahlreiche andere Achsen ergänzt. Wichtig ist dabei vor allem der „sunbelt" entlang der Mittelmeerküste. Hier erwartet man - wie im amerikanischen „sunbelt" auch - vor allem auf Grund des günstigen Klimas in Zukunft zahlreiche neue Industrieansiedlungen.

Die „Blaue Banane" ist heute das weitest verbreitete Modell zum Entwicklungsstand und zu den Entwicklungsmöglichkeiten der Regionen innerhalb der EU. Es beeinflusst sogar schon die Neuansiedlung von Unternehmen: Manche Firmeninhaber sehen schon allein darin einen Standortvorteil, wenn sie sagen können, dass ihr Betrieb innerhalb der „Blauen Banane" liegt. Osteuropa ist bisher noch nicht in das Modell mit einbezogen. Zu schnell vollzieht sich hier der Wandel. Lediglich Polen, die Tschechische Republik und Ungarn sind in das Modell integriert. Diesen Ländern gibt man die größten Wachstumschancen für die nahe Zukunft.

Der wirtschaftliche Kernraum Europas
- mit geringem Wirtschaftswachstum
- mit starkem Wirtschaftswachstum
- zukünftige Verschiebung des wirtschaftlichen Mittelpunktes der EU
- von den wichtigsten Aktivräumen ausgehendes Wirtschaftswachstum
- der europäische „Sunbelt" und zukünftige Entwicklungsachsen
- Gürtel von „Hightech"-Regionen
- Gürtel der Unterentwicklung
- Achse mit Problemregionen
- zukünftige Entwicklungsachsen
- Millionenstädte

M1 Die „Blaue Banane" – Aktiv- und Passivräume in Europa

1 a) Nenne Aktivräume innerhalb der „Blauen Banane".
b) Die „Banane" enthält auch Räume mit Strukturproblemen. Nenne zu jedem Land möglichst einen (M1, M1 auf Seite 84, M4 auf Seite 87).

2 Welche großen Städte liegen im Gürtel der Hightech-Regionen?

3 Erkläre die Probleme von Regionen, die
a) nahe der Achse mit Problemregionen liegen,
b) am Gürtel der Unterentwicklung liegen.

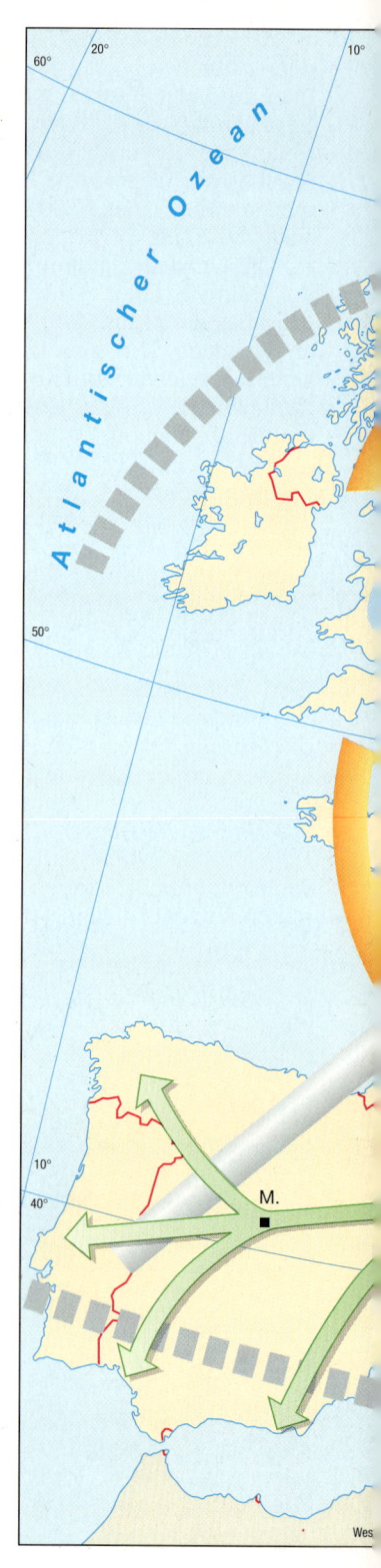

West 0° Ost

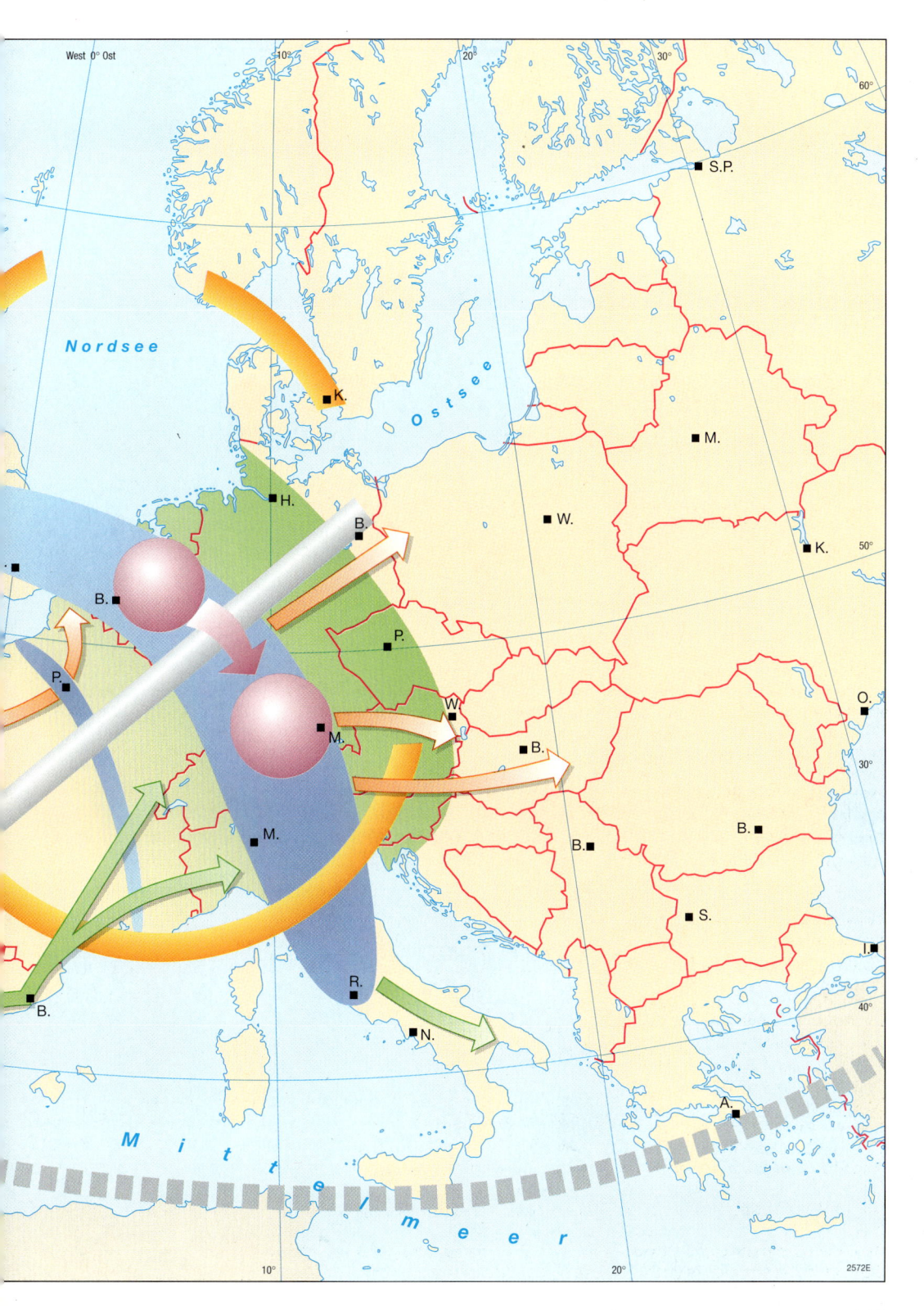

Nordsee

Ostsee

Mittelmeer

S.P.
K.
M.
H.
B.
B.
W.
K.
P.
P.
M.
W.
B.
M.
B.
B.
R.
S.
N.
I.
O.
A.
B.

2572E

117

M1 Wichtige Daten zu den Ländern der EU und ausgewählten Staaten der Erde

	Fläche in km²	Einwohner in Mio. 1991	Städtische Bevölkerung in %	Bevölkerungswachstum Ø 1980-91 in %	Geburtenrate in % 1991	Sterberate in % 1991	Lebenserwartung in Jahren	Erwerbstätige in % 1991 primärer Sektor	Erwerbstätige in % 1991 sekundärer Sektor	Außenhandel in Mio. US-$ 1992 Importe	Außenhandel in Mio. US-$ 1992 Exporte	Energieverbrauch kg ÖE⁵/Einw. 1992	Anteil am BIP in % 1992 Landwirt.	Anteil am BIP in % 1992 Ind.	Anteil am BIP in % 1992 Dienstleistungen
EU-Länder															
Belgien	30 519	10,0	97	0,1	1,3	1,1	76	2,6	28,1	111 965[3,6]	118 732[3,6]	5 100	2	29	69
Dänemark	43 093	5,2[1]	87	0,1	1,3	1,2	75	5,7	27,7	31 250	36 792	3 729	3	27	70
Deutschland	356 945	81,0[1]	84	0,1	1,0	1,1	77	3,4	39,2	456 321	479 788	4 358	1	37	62
Finnland	338 145	5,0	60	0,4	1,3	1,0	76	8,5	29,2	16 782	18 988	5 560	4	28	68
Frankreich	543 965	57,4	74	0,5	1,3	0,9	77	5,8	29,5	222 651	219 140	4 034	3	29	68
Griechenland	131 957	10,3	63	0,5	1,0	0,9	77	23,9	27,7	17 080[3]	6 881[3]	2 173	15	26	59
Großbritannien	242 100	57,7	89	0,2	1,4	1,1	75	2,2	27,8	187 442	161 367	3 743	1	36	63
Irland	70 284	3,5	57	0,2	1,5	0,9	75	13,8	28,9	18 396[3]	21 494[3]	2 881	10	36	54
Italien	301 302	57,7	69	0,2	1,0	0,9	77	8,5	32,3	147 290[3]	136 862[3]	2 755	3	32	65
Luxemburg	2 586	0,4[1]	85	0,4	1,3	1,0	75	3,2	28,6			5 496	1	28	71
Niederlande	41 861	15,0	89	0,6	1,3	0,9	77	4,5	25,5	124 974	130 106	4 560	4	28	68
Österreich	83 858	7,9[1]	59	0,2	1,2	1,1	76	7,4	36,9	50 085	41 470	3 266	3	37	60
Portugal	92 389	9,9	34	0,1	1,2	1,1	74	17,3	33,9	27 680	17 200	1 816	6	39	55
Schweden	449 964	8,6[1]	84	0,3	1,4	1,2	78	3,2	28,2	37 701	42 394	5 395	4	33	63
Spanien	504 782	38,9	79	0,4	1,0	0,9	77	10,7	33,1	100 000	64 300	2 409	4	32	64
Ehemalige Ostblockstaaten (Auswahl)															
Bulgarien	110 994	8,5	67	– 0,3	1,0	1,2	71	11,0	37,0	o.A.	o.A.	2 422	8	42	50
Polen	312 683	38,4[1]	62	0,7	1,4	1,1	71	27,6[2]	28,0[2]	13 448	13 997	2 407	7	51	42
Rumänien	237 500	22,8	55	0,2	1,1	1,2	70	27,0	35,0	5 676[4]	4 527[4]	1 958	19	49	32
Russland	17 075 400	148,7	74	0,6	1,2	1,1	69	13,0[2]	31,0[2]	35 000	38 100	5 665	13	48	39
Slowakei	49 035	5,3	76	0,5	1,5	1,1	71	13,0	43,0	6 158	5 328	3 202	6	54	40
Tschechien	78 864	10,3	76	0,1	1,3	1,1	72	9,0	48,0	13 025	13 235	3 873	7	71	22
Ukraine	603 700	52,0	67	0,4	1,2	1,3	70	25,0[2]	28,0[2]	2 100	2 775	3 885	16	64	20
Ungarn	93 033	10,3	62	-0,2	1,2	1,4	70	18,0[2]	32,0[2]	11 010	10 710	2 392	7	30	63
Weißrussland	207 600	10,3	66	0,6	1,3	1,1	71	19,0[2]	31,0[2]	700	1 100	4 154	24	59	17
Sonstige Länder (zum Vergleich)															
Ägypten	1 001 449	53,6	47	2,5	3,2	0,9	60	40,0	21,0	14 210[10]	4 330[10]	586	18	30	52
Australien	7 713 364	17,3	86	1,5	1,5	0,7	77	5,6[2]	25,4[2]	34 228	36 980	5 263	4	26	70
Brasilien	8 511 996	146,2	76	2,0	2,4	0,7	66	24,0[2]	24,0[2]	20 500	36 200	681	10	39	51
VR China	9 560 980	1158,3	60	1,5	2,2	0,7	69	67,0[2]	22,0[2]	80 600	85 000	600	27	34	39
Indien	3 287 590	865,0	27	2,1	3,0	1,0	60	66,0[2]	13,0[2]	15 290[3]	14 065[3]	235	32	27	41
Japan	377 801	124,5[1]	77	0,5	1,0	0,7	79	6,1	34,4	232 700	339 800	3586	2	42	56
Norwegen	323 878	4,3	75	0,4	1,4	1,1	77	5,9	23,7	22 565	30 554	4 925	3	35	62
Peru	1 285 216	21,9	71	2,2	2,7	0,8	64	33,0	17,0	3 970	3 335	330	14	39	47
Schweiz	41 294	6,9[1]	69	0,6	1,3	0,9	78	4,2[2]	31,8[4]	62 554	62 432	3694	3	35	62
USA	9 372 614	252,7	75	0,9	1,6	0,9	76	2,8[1]	24,6[1]	532 352	447 471	7662	1,4	o.A.	o.A.

Anmerkungen zur Tabelle: [1] 1992 [2] 1990 [3] 1991 [4] Januar bis September [5] kg ÖE = kg Öleinheit ≙ 10 000 Kcal (Kilokalorien) [6] einschließlich Luxemburg

Quellen: Der Fischer Weltalmanach 1994, Weltentwicklungsbericht

Zwischen Arm und Reich
Staaten und Regionen in Europa

Innerhalb Europas sind die räumlichen Disparitäten noch wesentlich größer als innerhalb Deutschlands. In nahezu allen Staaten existieren wirtschaftlich starke und strukturschwache Räume, die auch dort eine zum Teil heftige Migration auslösen: wie von den peripheren Räumen Frankreichs nach Paris, vom Norden Finnlands in den Süden, vom Süden Italiens in den Norden, von der spanischen Meseta in die Huertas oder von den alten Montanrevieren Großbritanniens in die Zentren der Ölindustrie.

Auch in den anderen Staaten der EU versucht man Problemlösungen zu finden, die sich aus den Disparitäten ergeben. In den strukturschwachen Gebieten baut man zum Beispiel Industrieparks, verbessert einzelne Standortfaktoren (wie die Infrastruktur) oder fördert den Tourismus. Aber auch in den wirtschaftlich starken Gebieten werden Maßnahmen ergriffen. In Frankreich gibt es ein ganzes Bündel von Maßnahmen zur Dezentralisierung, das den historisch gewachsenen Zentralismus von Paris abschwächen soll. Am Rande der Agglomeration Paris baute man große Entlastungsstädte.

Auch für die EU ist der Ausgleich der räumlichen Disparitäten ein wichtiges Ziel. Im Rahmen der Strukturpolitik versucht man die wirtschaftlich schwächeren Räume zu stärken. Doch diese gemeinsame Struktur- und Regionalpolitik ist nur ein Teil der europäischen Integration. Im wirtschaftlichen Bereich sind vor allem der Europäische Wirtschaftsraum (EWR), der europäische Binnenmarkt, der ECU und die gemeinsame Agrarpolitik von Bedeutung. Die Integration in der Landwirtschaftspolitik ist sogar schon so weit fortgeschritten, dass die meisten wichtigen Entscheidungen über Subventionen, Preise, Maßnahmen zur Extensivierung usw. für alle Staaten der EU gemeinsam getroffen werden.

Innerhalb Europas zeigt sich auch eine große Disparität zwischen den ehemaligen Mitgliedsstaaten des RGW und der Europäischen Union. Die ehemals planwirtschaftlich organisierten Staaten sind im Vergleich zur EU alle strukturschwach. Sie leiden unter hoher Arbeitslosigkeit, einer schlechten Infrastruktur, hohen Umweltbelastungen und einer unproduktiven und zum Teil nicht konkurrenzfähigen Wirtschaft. Ein Mittel zur Stärkung der Wirtschaft ist zum Beispiel die Förderung von Jointventures mit westlichen Firmen. Doch müssen noch zahlreiche andere Maßnahmen ergriffen werden, denn die Probleme der ehemaligen RGW-Länder sind vielfältig: In Polen gibt es zum Beispiel große Strukturprobleme in der (überwiegend privaten) Landwirtschaft. In Tschechien sind weite Teile Böhmens extrem umweltbelastet. Viele der historisch und kulturell wertvollen Städte sind in sehr schlechtem Zustand. Da die Sanierung der Gebäude für den Staat zu kostspielig ist, werden viele privatisiert. Dies hat große Veränderungen in der Nutzung der Innenstädte zur Folge.

Wichtige Begriffe

Schlüsselindustrie
Schlanke Produktion (lean production)
Produktivität
Offshore
Zentralismus
Agglomeration
Entlastungszentrum
Dezentralisierung
Huerta
Intensivkultur
Migration
Infrastruktur
Europäische Union (EU)
Strukturpolitik
Euregio
Binnenmarkt
Europäischer Wirtschaftsraum (EWR)
Europäische Integration
ECU
Extensivierung
Ostblock
Rat für gegenseitige Wirtschaftshilfe (RGW)
Planwirtschaft
Marktwirtschaft
Jointventure
Just-in-time
Sanierung

Atmosphäre

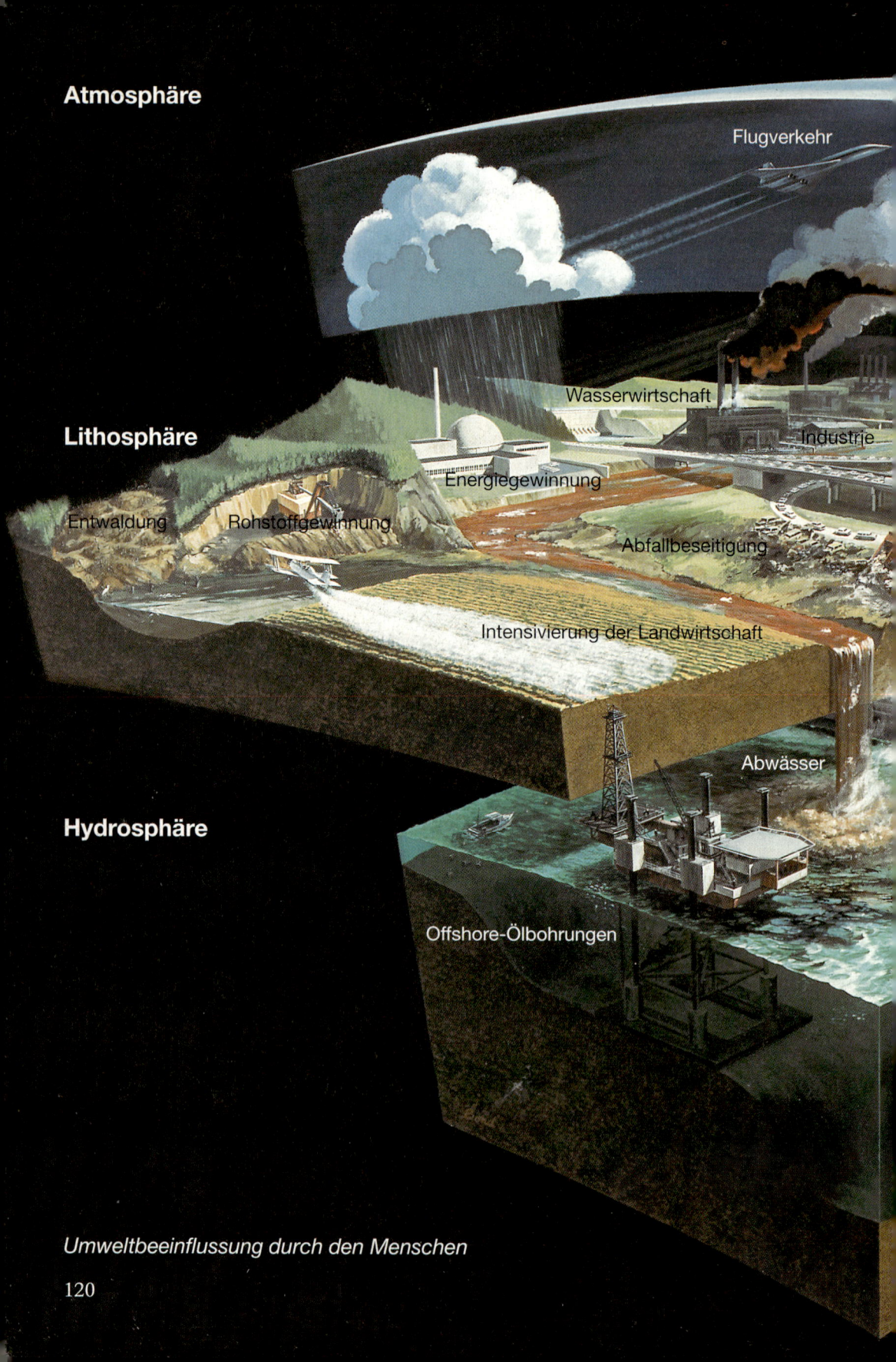

Flugverkehr

Lithosphäre

Wasserwirtschaft

Industrie

Energiegewinnung

Entwaldung   Rohstoffgewinnung

Abfallbeseitigung

Intensivierung der Landwirtschaft

Abwässer

Hydrosphäre

Offshore-Ölbohrungen

Umweltbeeinflussung durch den Menschen

Besiedlung

Verkehrsinfrastruktur

Schiffsverkehr

Verklappung von Abfällen

**Die Erhaltung der Umwelt –
eine Aufgabe für alle**

Die Erhaltung der Umwelt – eine Aufgabe für alle

◁ Seiten 120/121: Gefährdung unserer Lebensgrundlagen

1 Erläutere die Eingriffe der Menschen, die die Landschaft verändern (Seiten 120/121).

2 Beschreibe die Beziehungen zwischen dem Menschen und seiner Umwelt (M1).

3 Welche Folgen können die menschlichen Aktivitäten für das natürliche Gleichgewicht haben?

4 Überprüfe deine Vermutungen anhand der folgenden Kapitel!

Ökologie ist ein Begriff, der vor mehr als 100 Jahren aus zwei griechischen Wörtern geprägt wurde: oikos = Wohnung, Haus, Haushalt, logos = Lehre. Die ökologischen Gesetzmäßigkeiten beruhen auf dem Ineinanderwirken aller Umweltaspekte: der Beschaffenheit des Bodens, auf dem seine Bewohner sich bewegen, der Luft, die sie atmen, der Regenmenge und Lichtstärke, der sie im Laufe ihres Lebens ausgesetzt sind und die sie nutzen.
(aus: Ökologie, Life Sachbuch)

Insbesondere die **Landschaftsökologie** untersucht zunehmend den Einfluss menschlicher Aktivitäten auf die Landschaft. Der Mensch hat durch seinen Eingriff immer wieder das natürliche Gleichgewicht gestört. Dies kann die Natur nur bis zu einem gewissen Grade verkraften. Es gilt die natürlichen Kreisläufe wieder herzustellen, damit Warn- und Hinweisschilder zukünftig nicht zum Alltag gehören müssen.
(nach: Leser, Landschaftsökologie, Stuttgart 1996)

Vernetzte Beziehungen – vernetztes Handeln

Die Natur ist besudelt.
Der Mensch ist in ihre letzten geheimen Winkel eingedrungen
fluchwürdige Verbrechen zu begehen.
(nach: Thomas Beddoes, engl. Dichter des 19. Jahrhunderts)

Die wachsende Einsicht, dass alles, was auf diesem kleinen Planeten durch den guten Willen des Menschen oder in Ermangelung desselben geschieht, dass alles was die Gunst oder Ungunst der Natur uns beschert, einen engen Zusammenhang bildet, muss das Interesse an einer Wissenschaft, der Ökologie, steigern, die sich mit den Wechselbeziehungen zwischen lebenden Organismen und ihrer Umwelt befasst.
(Appell von Prinz Bernhard der Niederlande als Präsident des World Wildlife Fund)

Ich vermag nicht einzusehen, wie der Mensch Frieden, Freiheit oder Freude finden kann, wenn er sich der Natur widersetzt, sie zerstört und hochmütig eine egoistische, nur dem Menschen dienende künstliche Welt aufbaut. Ich glaube an die Zukunft des Menschen, an die unausgeschöpften Möglichkeiten, die er als ein Experiment in sich birgt: Aber es ist ein Glaube an den Menschen als Teil der Natur ..., der Glaube an den Menschen, der mit ihr lebt und sie nicht zerstört.
(aus: Marston Bates, Der Wald und das Meer, Time Life)

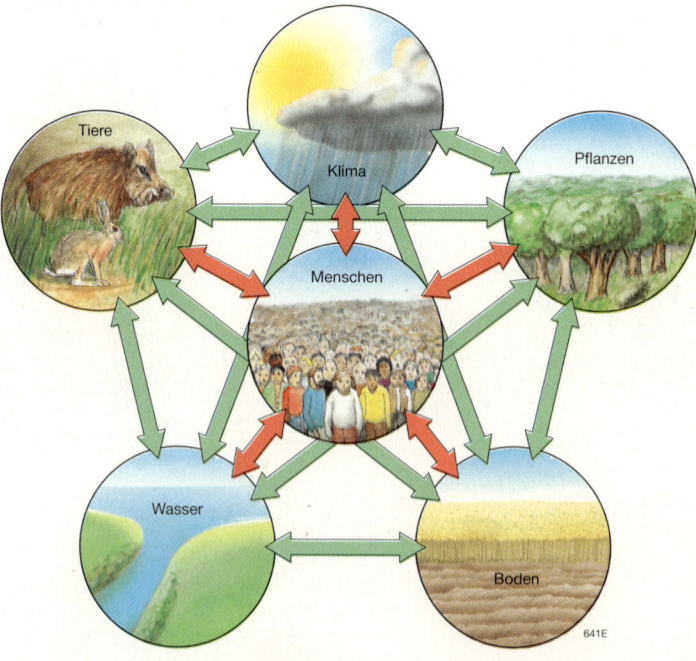

M1 Der Mensch in seiner Umwelt

Das Rheinhochwasser in Köln (Ende Januar 1995) ▷

Nutzung wider die Natur?
Der Rhein

Nutzung wider die Natur? Der Rhein

Hochwasser – alle Jahre wieder

Das Rheinhochwasser hat gestern in Köln mit 10,69 m die Jahrhundert-Rekordmarke, 6 cm höher als 1993, erreicht. Gegen 20 Uhr stieg die Flut auf das Niveau der großen Überschwemmung von 1926. Die Keller sind überflutet und der Strom fiel in mehreren Stadtteilen aus. Ob das Wasser weiter steigt, hängt vom Ausmaß der Niederschläge ab. Gestern wurde auch in Frankfurt Katastrophenalarm gegeben. Selbst die an der Oberweser liegenden Städte waren nach dem Überlaufen der Edertalsperre akut vom Hochwasser bedroht. In der Umgebung von Nimwegen wurden bis zu 85 000 Menschen aufgefordert ihre Wohnungen zu verlassen. (Ruhr Nachrichten vom 31.1.95)

M1 Einzugsgebiet des Rheins

Früher ging man am Rhein davon aus, dass es höchstens alle 100 bis 200 Jahre zu einem so genannten „Jahrhunderthochwasser" mit großen Überschwemmungen kommt. Kleinere Hochwasser gab es alle zwei bis drei Jahre. Heute ist die Wahrscheinlichkeit auf unter 50 Jahre bzw. auf ein Jahr gesunken.

Schwankungen in der Wasserführung sind beim Wasserhaushalt der Flüsse normal. Sie hängen vor allem vom Relief des Gebietes ab, das von einem Fluss und seinen Nebenflüssen entwässert wird. Liegt dieses **Einzugsgebiet** überwiegend in Hoch- und Mittelgebirgen, kann im Frühjahr durch die Schneeschmelze Hochwasser eintreten („Frühjahrshochwasser"). Das Schmelzwasser versickert nicht, wenn der Boden gefroren ist, und fließt deshalb oberirdisch ab. In der warmen Jahreszeit kann es durch starke oder lang anhaltende Regenfälle zu einer plötzlichen Erhöhung des Abflusses kommen.

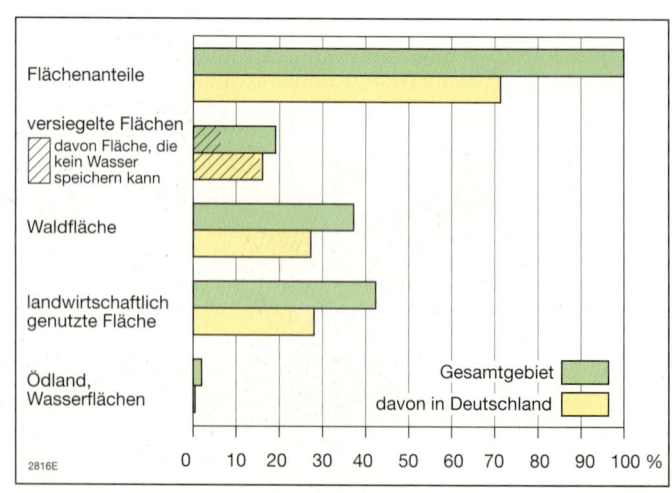

1 Beschreibe die Struktur des Rheineinzugsgebietes (*M1* und *M2, Atlas*).

2 Beschreibe den Verlauf der Hochwasserwelle am Rhein (*M3*) und vergleiche mit dem *Bild Seite 123*.

3 Nenne Ursachen, weshalb die Hochwasser-Wahrscheinlichkeit zugenommen hat (*M2* und *M5*).

M2 Struktur des Rheineinzugsgebietes

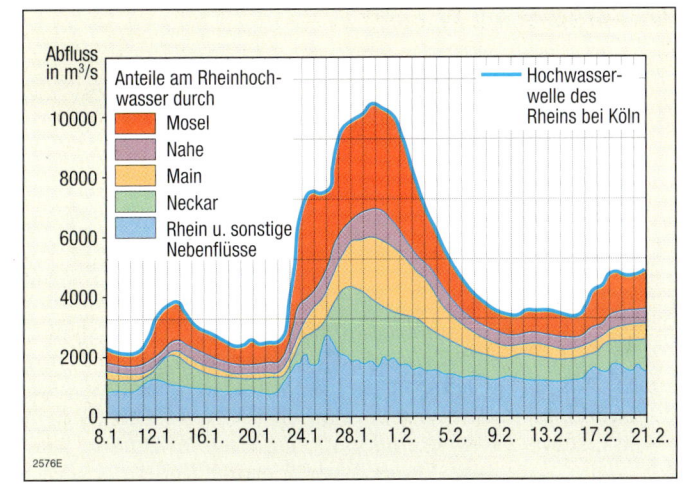

M3 Hochwasserwelle bei Köln im Januar 1995

M4 Zusammenhang zwischen Bodenbedeckung und Oberflächenabfluss[1]

Bodenbedeckung	Versickerung (l/m²)	direkter Oberflächenabfluss (l/m²)
Tannenwald	70	0
Laubwald	200	0
Weizen	240	30
Weide	230	20
unbewachsener Boden	350	100
Rasenpflaster	220	380
Asphalt	0	700

[1] Durchschnittswerte ausgehend von 750 mm Niederschlag (=750 Liter pro m²), durchschnittlicher Hangneigung und Bodenqualität

Je mehr Flächen in einem Einzugsgebiet bebaut oder asphaltiert sind, desto weniger Regenwasser kann im Boden versickern und dort gespeichert werden. Ein großer Teil des Regenwassers fließt oberflächlich über Kanalisation und Klärwerke sehr schnell in die Flüsse. Somit trägt die zunehmende **Bodenversiegelung** zu einem schnellen und höheren Anstieg des Wasserstandes bei. Treffen aber zum Beispiel Versiegelung, Schneeschmelze und heftige Regenfälle zusammen, dann sind die Folgen verheerend.

4 Nach den großen Überschwemmungen im Dezember 1993 und im Januar 1995 fragte man oft: „Wie lange dauert am Rhein ein Jahrhundert?" Antwort: „13 Monate!" Erkläre.

5 Welche Vermutungen äußert der Karikaturist zum Thema Hochwasser (*M5*)?

M5 „Jetzt wird mal ganz konsequent nach den Ursachen des Hochwassers gesucht!"

Urkunde aus dem Jahre 1747 über zwei Gemeinden nahe Karlsruhe:

„Zwey andere Gemeinden, Au und Daxland, seynd wegen des angrenzenden Rheins in beständiger Gefahr einer Überschwemmung, und zwar Daxland am allermeisten. Um das Jahr 1651 und 1652 war dieser Auslauf so stark, dass in anderthalb Jahren über 20 Häuser seynd mit ihren Fundamenten vom Wasser ausgespielt und zu Grund gericht; mehr denn 100 Äcker unbrauchbar gemacht, sogar die Kirchen, welche sonst mitten im Dorf war, von dem Strohm ganz umgeben, die Särg mit den Todten aus den Gräbern heraus und den Rhein hinuntergeführt worden."

M1

1 Beschreibe den Flusslauf und das Landschaftsbild vor und nach der Begradigung (M2-M5).

2 Erläutere a) die Ziele und b) die Folgen der Rheinbegradigung für das Wechselspiel zwischen Wasser, Boden und Vegetation (M2-M5).

3 Tulla sagte: „Wird der Rhein korrigiert, so wird alles längs des Stroms anders werden." Äußere dich dazu aus heutiger Sicht.

Korrekturen mit Folgen

Im 19. Jahrhundert kämpften die Menschen am Oberrhein mit Überschwemmungen. Manchmal hatte der Fluss nach einem Hochwasser sein Bett um mehrere Kilometer verlegt. Weit ausschwingende Flussschlingen **(Mäander)** hatten sich gebildet, oft gab es mehr als 100 Inseln auf einem Kilometer. Bei Hochwasser war der träge fließende Strom bis zu 30 km breit. Das Leben in der Rheinniederung war schwierig: Der hohe Grundwasserspiegel erschwerte die landwirtschaftliche Nutzung. Stechmücken verbreiteten Seuchen, wie Sumpffieber und Malaria.

Nach 1800 entwickelte der Wasserbauingenieur Tulla einen gigantischen Plan: Er schlug vor über 30 Mäander zu durchstechen und den Fluss durch Uferbefestigungen in ein höchstens 250 m breites Bett zu zwingen. 40 Jahre dauerten die Arbeiten. Dann waren große Teile der einst sumpfigen Rheinniederung trockengelegt und konnten gefahrlos besiedelt und genutzt werden.

Doch der **Naturhaushalt**, das komplizierte Wechselspiel zwischen Wasser, Boden, Klima, Vegetation und Tierwelt, war gestört. Es ergaben sich schwere Probleme: Durch die Begradigung war der Flusslauf zwischen Basel und Mannheim um rund 82 km kürzer und das Gefälle stärker geworden. Dadurch benötigte das Flusswasser für diese Strecke statt 64 nur noch 24 Stunden. Das schneller fließende Wasser erhöhte im Flussbett die Erosion: An einigen Stellen liegt das Flussbett heute 7 m tiefer als vor der Begradigung. Dadurch sank jedoch auch der Grundwasserspiegel. In den Rheindörfern mussten die Brunnen tiefer gebohrt werden und die Vegetation veränderte sich. Vor allem die zu den letzten Urwäldern Deutschlands zählenden **Auewälder** wurden stark geschädigt. Sie waren häufige Überschwemmungen und sumpfigen Boden gewohnt und verschwanden nun fast völlig, Trockenheit liebende Pflanzen besiedelten das Gebiet.

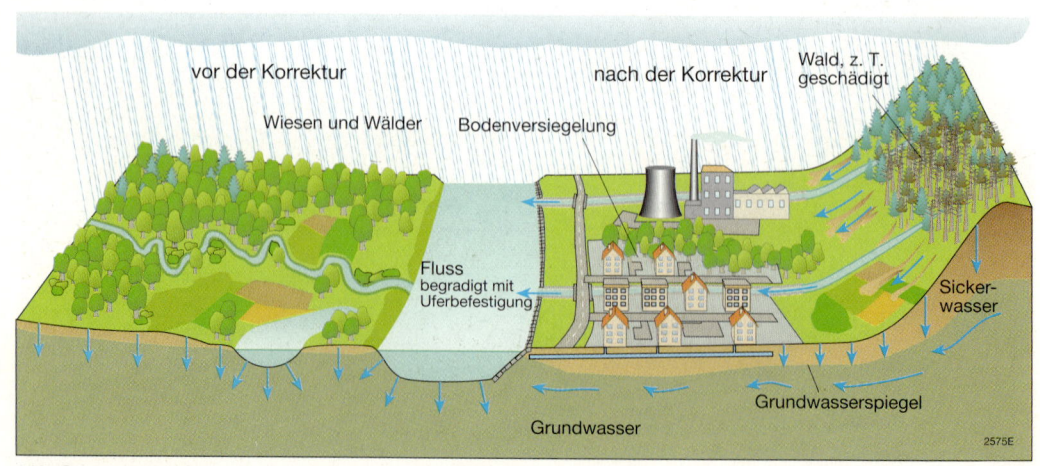

M2 Querschnitt durch das Rheintal vor und nach der Korrektur

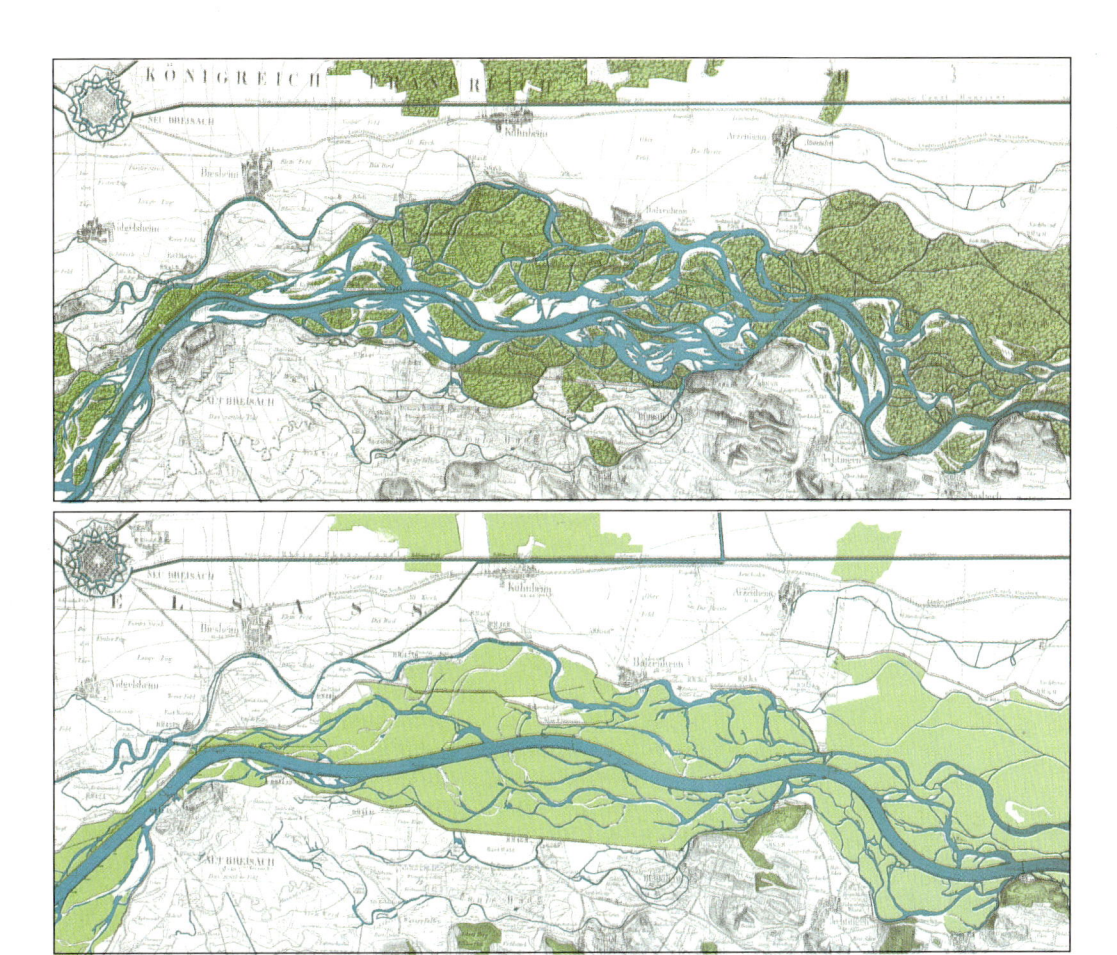

M3 Der Rheinlauf 1823 (oben) und 1872 (unten) bei Breisach

M4 Im ehemaligen Auebereich

M5 Renaturierte Überflutungsfläche im Auebereich

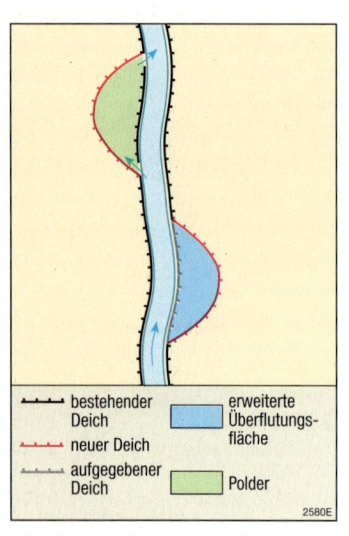

M1 Renaturierungsmaßnahmen (Prinzip der Polder)

Legende:
- bestehender Deich
- neuer Deich
- aufgegebener Deich
- erweiterte Überflutungsfläche
- Polder

Dem Ausbau sind Grenzen gesetzt

Auch in diesem Jahrhundert ergriff man weitere Maßnahmen um den Strom zu „bändigen". Ziel war es diesmal vor allem die Bedingungen für die Schifffahrt zu verbessern und Energie aus Wasserkraft zu gewinnen.

In den 20er Jahren begann man bei Basel mit dem Bau des *Rheinseitenkanals*. Er ist völlig ausbetoniert und mit 100 m Breite und fast 10 m Tiefe größer als der Suezkanal. Doch 1959 wurde das Vorhaben vorzeitig abgebrochen. Dadurch, dass 90% des Rheinwassers in den Kanal geleitet wurden, war der Grundwasserspiegel am Oberrhein noch weiter abgesunken.

Die *Schlingenlösung* sollte weitere Schäden verhindern: Man leitete deshalb das Wasser erst einige Kilometer vor den Staustufen in ein ausbetoniertes Kanalbett. In die Altrheinarme baute man kleine, drei bis vier Meter hohe Wehre ein, die das Wasser im Altrheinarm aufstauen und damit ein Absinken des Grundwasserspiegels verhindern. Schließlich gab man auch die Schlingenlösung auf. Um den Rhein trotzdem regulieren und elektrischen Strom gewinnen zu können baute man noch zwei weitere Schleusen mit Wasserkraftwerken in den Fluss. Unterhalb des zweiten bei Iffezheim hat man heute immer noch mit einer starken Tiefenerosion zu kämpfen. Daher ist man auf eine ungewöhnliche, aber wirksame Idee verfallen: Man schüttet unterhalb des Kraftwerkes mit Schiffen jährlich zehntausende Tonnen Kies in den Strom. – „Wir geben dem hungrigen Wolf etwas zu fressen, damit er sich nicht tiefer eingräbt", erklärt der zuständige Wasserbauingenieur.

Entlang des gesamten Oberrheins versucht man heute die negativen Folgen der Eingriffe in den Naturhaushalt rückgängig zu machen. Dazu will man an möglichst vielen Stellen wieder zu den ursprünglichen natürlichen Verhältnissen zurückkommen. Im Rahmen dieser **Renaturierung** werden zum Beispiel Deiche zurückverlegt und vom Fluss abgeschnittene Altrheinarme wieder mit dem Hauptlauf verbunden. Zum Hochwasserschutz plant man den Bau von 46 **Poldern**. Dies sind landwirtschaftlich genutzte Flächen, die bei Hochwasser geflutet werden sollen.

1 a) Erkläre die Auswirkungen des Rheinseitenkanals auf den Naturhaushalt.
b) Was änderte die Schlingenlösung?

2 Beschreibe die Anlage und die Wirkung der „Polder" (M1).

3 Erstelle eine Liste der verschiedenen Ausbaumaßnahmen und erläutere die Ziele und die Folgen dieser Maßnahmen (M1-M5, Atlas).

4 Am Oberrhein gibt es für das Fluten der Polder, wenn am Mittel- und Niederrhein Hochwasser eintritt, Befürworter und Gegner. Erkläre.

Es geht um jeden Zentimeter

Der Düsseldorfer Umweltminister appelliert an das Land Baden-Württemberg die Polder am Oberrhein zu fluten um das Wasser in Köln um einen halben Meter zu drücken. Doch wer kann dem Stuttgarter Minister Weisung geben die Rückhaltebecken zwischen Basel und Freiburg zu öffnen? Wer zahlt den Bauern Entschädigungen für ihre freiwillig überfluteten Felder? Wer kann die Franzosen zwingen, die als einzige die Pläne verwirklichten und bisher Überschwemmungsflächen mit 226 Millionen Kubikmeter am Oberrhein schufen um den anrollenden Fluten für nachfolgende Gebiete die Spitze zu nehmen?

(nach: dpa-Nachricht vom 28.1.1995)

- ■ **Hauptwehr**, leitet den größten Teil des Wassers zur Schleuse und zum Kraftwerk
- ■ **Kulturwehr**, staut das Wasser in Altrheinarmen und hebt dadurch den Grundwasserspiegel

Karlsruhe

Iffezheim
Schleuse mit Kraftwerk

Gambsheim
Schleuse mit Kraftwerk

Straßburg
Schleuse mit Kraftwerk

Frankreich

Gerstheim
Schleuse mit Kraftwerk

Rheinau
Schleuse mit Kraftwerk

Deutschland

Marckolsheim
Schleuse mit Kraftwerk

Vogelgrün
Schleuse mit Kraftwerk

Freiburg

Fessenheim
Schleuse mit Kraftwerk

Ottmarsheim
Schleuse mit Kraftwerk

Kembs
Schleuse mit Kraftwerk

Basel

Rhein

Schweiz

Phase 3: Vollkanalisierung 1970 - 1977

Phase 2: Schlingenlösung 1960 - 1970

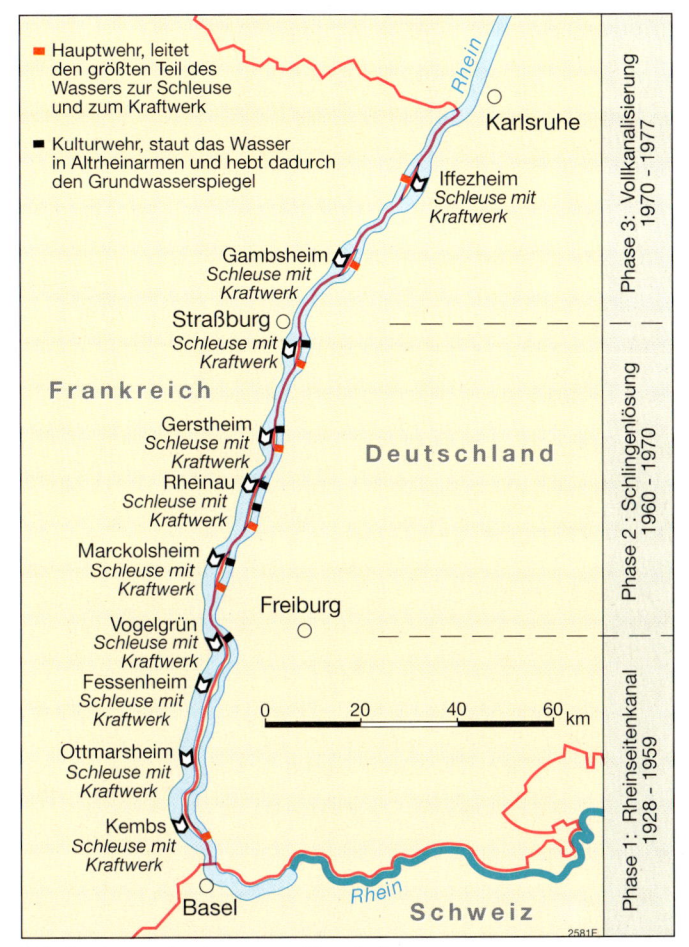

Phase 1: Rheinseitenkanal 1928 - 1959

M2 Ausbaumaßnahmen am Oberrhein

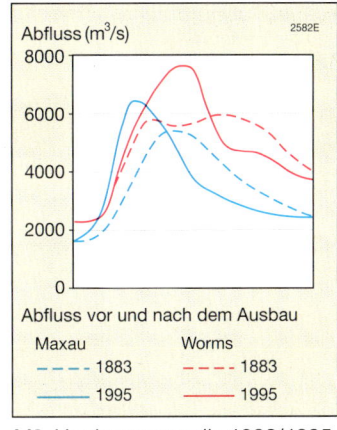

Abfluss (m³/s)

Abfluss vor und nach dem Ausbau

Maxau	Worms
--- 1883	--- 1883
— 1995	— 1995

M3 Hochwasserwelle 1883/1995

M4 Schlingenlösung bei Marckolsheim (Maßstab 1:50 000)

M5 Rhein mit Kanalschlinge (links) und Altrheinarm sowie Hauptwehr bei Marckolsheim

M1 Die Schmutzfracht des Rheins an der niederländischen Grenze (in kg pro Tag)

	1974	1992
Quecksilber	105	11
Cadmium	456	17
Chrom	13 876	684
Blei	11 215	950
Kupfer	7 033	1 369
Zink	45 619	5 455

1 Benenne die industrielle Nutzung entlang des Rheins und lokalisiere die Ballungsräume (*Atlas, M3*).

2 Erläutere die verschiedenen Belastungsgrade zwischen Basel und Lobith (*M1* und *M3*)!

> Viele Verunreinigungen können über die **Nahrungskette** (Wasser, Fisch, bewässertes Gemüse) in den menschlichen Körper gelangen. Dort führen sie auf die Dauer zu schwer wiegenden Gesundheitsschäden. Besonders gefährlich sind dabei die hoch giftigen Schwermetalle Blei, Quecksilber und Cadmium.

M2 Nahrungskette

3 Erkläre: Die Schmutzfracht des Rheins an der niederländischen Grenze ist ein Spiegel der Nutzungen (*M1-M3, Atlas*)!

4 Erkläre: Die Holländer müssen die Suppe auslöffeln, die andere Nationen ihnen eingebrockt haben (*M1, M3, Atlas*).

Intensiv genutzt – vielfältig verschmutzt

Täglich führt der Rhein 50 000 t Salz – so viel wie 50 Güterzüge – über die niederländische Grenze. Ein großer Teil dieses Salzes stammt aus den französischen Kalisalz-Bergwerken im Elsass. Sie leiten Abwässer mit 100 kg bis 150 kg Salz pro Sekunde in den Fluss. Doch die hohe Salzbelastung ist nur ein Beispiel von vielen für die Belastung des Rheins. An keinem anderen Fluss der Welt ist die Siedlungs- und Industriedichte höher als im Rheintal. Kaum ein anderer Fluss wird so intensiv genutzt: Industriebetriebe beziehen aus dem Fluss Brauchwasser für ihre Produktion, die Kraftwerke benötigen das Wasser zur Kühlung, die Landwirtschaft nutzt das Rheinwasser zur Bewässerung und für rund 20 Millionen Menschen ist das Wasser des Rheins Grundlage für die Trinkwasseraufbereitung.

Doch jede Nutzung hinterlässt Spuren: Durch die hohe Wasserentnahme sinkt das Grundwasser weiter ab (siehe *Seite 132*). Das in den Haushalten verwendete Trinkwasser wird durch Waschmittel und Fäkalien verunreinigt. Das Brauchwasser der Industrie ist durch Produktionsrückstände verschmutzt, das Kühlwasser wird erwärmt.

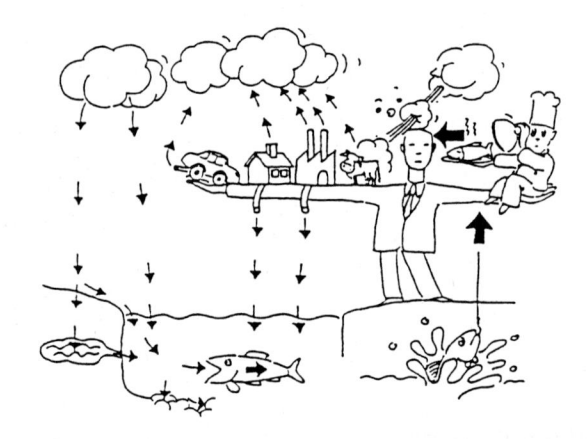

Ein Teil dieser Verunreinigungen kann durch die **biologische Selbstreinigungskraft** im Fließgewässer wieder beseitigt werden. Dabei handelt es sich um die organischen Stoffe, die in den Abwässern der Haushalte und der Landwirtschaft enthalten sind (z.B. Kohlehydrate, Fette, Eiweiße). Sie werden von den im Wasser lebenden Bakterien, Algen und Pilzen aufgenommen. Zur Verarbeitung benötigen diese jedoch auch den im Wasser gelösten Sauerstoff. Daher ist die Selbstreinigungskraft in sauerstoffreichem Wasser sehr groß, während sauerstoffarme Gewässer sich nur schlecht selbst reinigen. Der Sauerstoffgehalt hängt unter anderem von der Wassertemperatur ab. Je höher die Temperatur, desto geringer der Sauerstoffgehalt. Nicht abbaubar sind dagegen anorganische Stoffe wie zum Beispiel die Schwermetalle Cadmium und Quecksilber oder Salz oder ein Teil der Schädlingsbekämpfungsmittel.

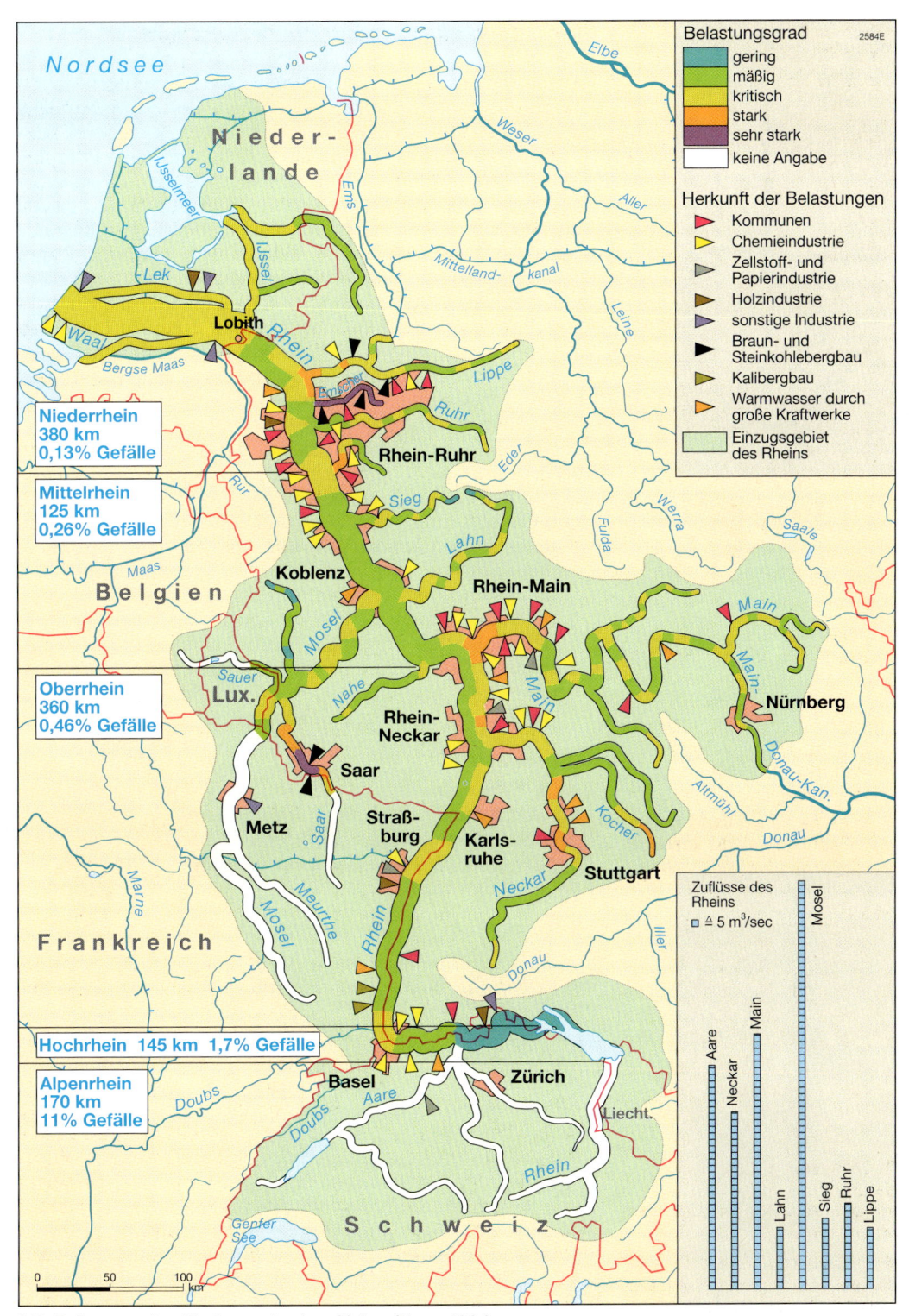

M3 Belastung des Rheins und seiner Nebenflüsse 1994

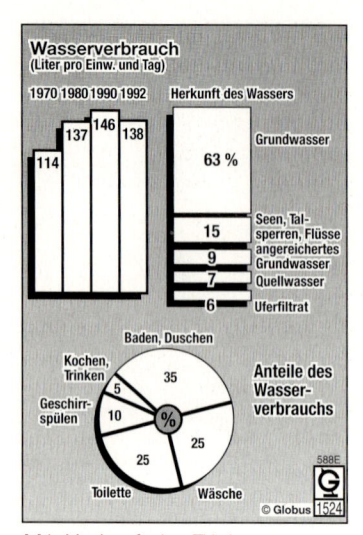

Internationale Zusammenarbeit ist gefragt

Längst ist die Qualität des Rheinwassers zu schlecht um es direkt als Trinkwasser zu verwenden. Der Salzgehalt und die anderen Verunreinigungen schränken auch seine Nutzung als Kühl- und Brauch- oder Bewässerungswasser ein. Daher muss es meist vor seiner Nutzung sehr teuer aufbereitet werden – vor allem, wenn es als Trinkwasser genutzt werden soll. Dann muss das Wasser durch verschiedene Verfahren, durch chemische Behandlung, zum Beispiel mit Chlor und Ozon (zur Abtötung von Keimen), gereinigt werden.

Doch vor Jahren hat man deshalb erkannt: Besser als verschmutztes Wasser aufzubereiten ist die Belastungen möglichst zu verhindern. Zunächst begab man sich in den Rheinanliegerstaaten an den Ausbau der Abwasserreinigung. Allein von 1965 bis 1990 wurden über 100 Milliarden DM in den Bau von Kläranlagen investiert. Schon 1950 wurde die *Internationale Kommission zum Schutz des Rheins* gegründet, der die Anliegerstaaten des Einzugsgebietes angehören. In den 70er und 80er Jahren wurden dann Verträge geschlossen, in denen sich die Anliegerstaaten verpflichteten die Verschmutzung mit Chemikalien, die Salzbelastung und die Wärmebelastung deutlich zu verringern. Ziel ist es, dass bis zum Jahr 2000 der Rheinlauf an möglichst vielen Stellen renaturiert und das Wasser so sauber ist, dass sogar wieder Lachse im Rhein leben können. Diese Fische waren seit mehr als 50 Jahren aus dem Rhein verschwunden.

Gleichzeitig wurde ein internationales Warnsystem eingerichtet, an das alle Rheinwasserwerke angeschlossen sind. Ereignet sich zum Beispiel in einem Chemiebetrieb am Oberrhein ein Unfall, bei dem Gifte ins Wasser gelangen (was schon mehrfach geschehen ist), dann werden die flussabwärts gelegenen Wasserwerke sofort benachrichtigt, damit sie die Wasserentnahme einstellen.

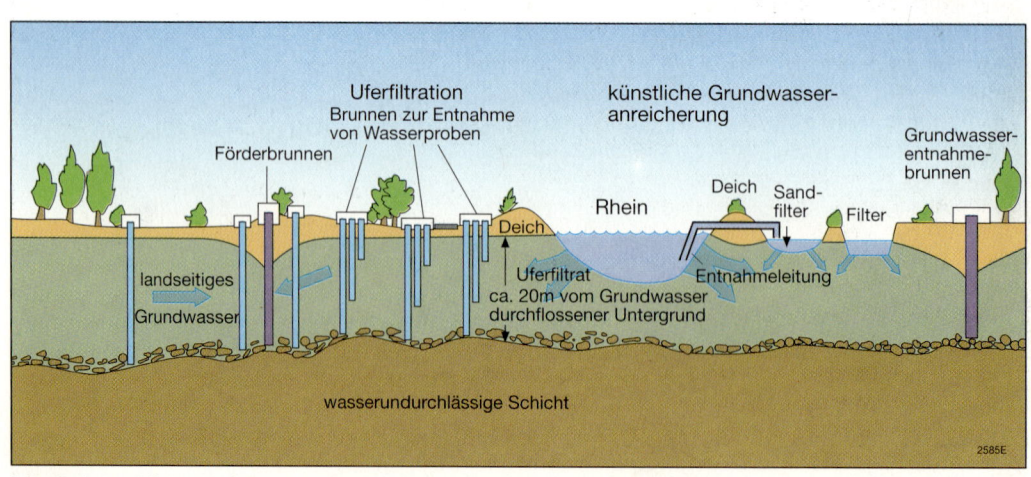

M1 Herkunft des Trinkwassers und Wasserverbrauch in Deutschland 1992

1 Beschreibe die Verfahren der Trinkwasseraufbereitung (*M1* und *M2*).

2 Erkläre die Arbeitsweise einer Kläranlage (*M3*).

3 Nach dem Jahre 2000 wird der Rhein wohl fast wieder „der alte" sein. Was ist damit gemeint? Nenne einige Maßnahmen.

M2 Gebräuchliche Verfahren zur Trinkwasseraufbereitung

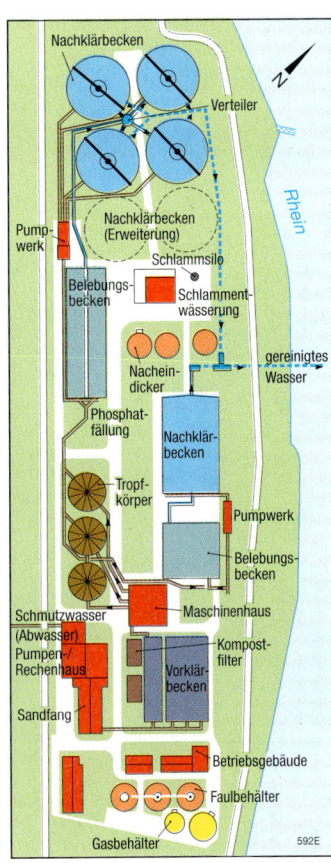

M3 Mechanisch-biologische Kläranlage Koblenz-Wallersheim

Die Kläranlage – der Natur abgeschaut

In einer *mechanisch-biologischen Kläranlage* ahmt man die Selbstreinigungskraft des Wassers nach. Im *Rechen* und im *Sandfang* werden zunächst alle groben Verunreinigungen ausgesondert. Durch das *Vorklärbecken* fließt das Wasser so langsam, dass alle größeren Schwebstoffe auf den Boden sinken können. Im *Tropfkörper* und *Belebungsbecken* wird Luft in das Wasser eingeblasen um die biologische Selbstreinigung zu fördern. Im langsamen Fluss des *Nachklärbeckens* sinken die letzten Verunreinigungen zu Boden. Der sich in den Becken absetzende Schlamm wird in Faulbehälter gepumpt, Methangas entsteht. Das mechanisch und biologisch gereinigte Wasser enthält jedoch immer noch 10-20% der Schmutzstoffe. Andere Verunreinigungen (z.B. Salze, Phosphate, Schwermetalle) sind nur mit teuren *chemischen Reinigungsstufe*n zu verringern.

Programme für den Rhein

1982: Einführung eines internationalen Warn- und Alarmdienstes zwischen Basel und Rotterdam.

1987: Verabschiedung des „Aktionsprogramms Rhein" auf EU-Ebene: Die Einleitung schädlicher Stoffe ist bis 1995 zu halbieren und weiterhin zu reduzieren.

1991: Chloridabkommen von Frankreich und Deutschland unterzeichnet. Die elsässischen Kaliwerke dürfen nur dann Rückstandssalze in den Rhein schwemmen, wenn die Salzkonzentration an der deutsch-niederländischen Grenze unter 200 mg/l liegt.

Projekt „Lachs 2000" der internationalen Kommission zum Schutz des Rheins. Ziele:
– Renaturierung
– Verbesserung der Wasserqualität.

Anfertigung einer Kartenskizze

Ein Fließgewässer vor der Haustür

Viele Flüsse und Bäche werden ähnlich wie der Rhein genutzt und durch den Menschen verändert. In welcher Weise dies für die Gewässer in eurer Umgebung zutrifft, solltet ihr einmal selbst erkunden.

Durch praktische Untersuchungen an einem Bach oder Fluss und durch Auswertung von Informationsmaterialien, zum Beispiel Karten und alten Chroniken, durch Befragung von Fachleuten, zum Beispiel im Wasserwerk oder beim Stadtplanungsamt, könnt ihr Genaueres erfahren.

Sinnvoll ist es auch „fächerübergreifend" zu arbeiten. Mit Hilfe des Chemie- und Biologielehrers könnt ihr die chemischen Kenndaten und die Lebensgemeinschaften genau bestimmen und erklären.

Vor der Untersuchung am Gewässer solltet ihr anhand von Karten und Befragungen folgendes beantworten:

Wo liegt die Quelle, wo die Mündung, wie lang ist die Fließstrecke? Welche Nebenflüsse speisen den Fluss? Wie verändert sich die Wasserführung im Jahresverlauf? Welchen Flussabschnitt wollen wir unter welcher Fragestellung genauer untersuchen?

Während der Untersuchung könnt ihr die weiteren Fragen beantworten. Haltet eure Ergebnisse im Protokoll fest. Vergesst nicht eine Kartenskizze und Fotos anzufertigen.

Wie ist der Fluss in seinem natürlichen Lauf, z.B. durch Begradigung, Uferbefestigung oder Wehre verändert? Wie wirken sich die Veränderungen, z.B. auf die Ufervegetation, die Fließgeschwindigkeit oder die Wasserführung aus? Gibt es auch noch naturnahe Abschnitte?

Wie wird die Umgebung des Flussabschnittes genutzt? Sind Belastungen, wie Abwassereinleitungen, erkennbar? Beeinflussen die Belastungen z.B. die Temperatur, den Sauerstoffgehalt oder ph-Wert? Sind Teile der Flusslandschaft unter Schutz gestellt?

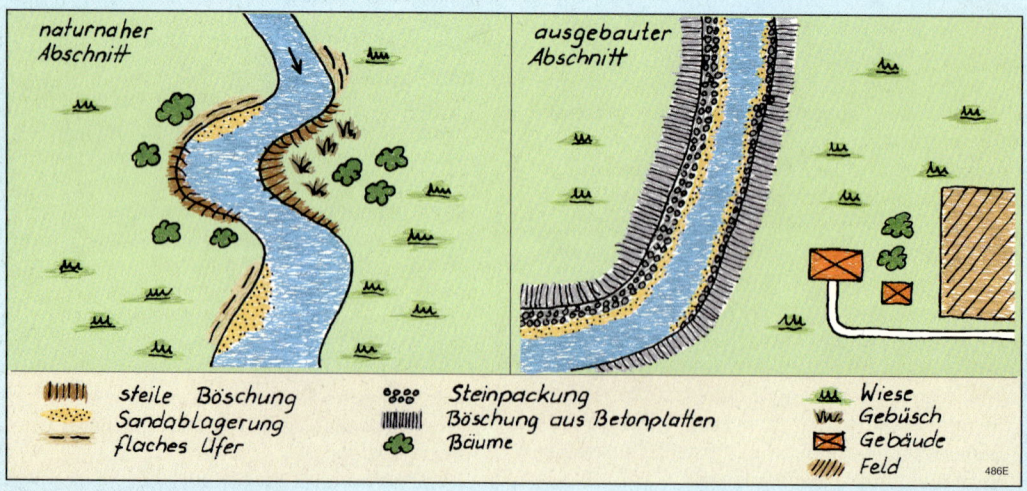

Arbeitsschritte

1. Zeichne aus einer topographischen Karte das darzustellende Objekt, z.B. den Lauf des Flusses, den untersuchten Flussabschnitt heraus. Gib den Maßstab an.
2. Überlege, welche Inhalte die Kartenskizze enthalten soll.
3. Wähle für die verschiedenen Inhalte anschauliche Symbole oder Farbmarkierungen (Legende!).
4. Gib der Kartenskizze eine Überschrift.
5. Trage die verschiedenen Informationen mit Hilfe der Symbole in die Karte ein.
6. Veranschauliche wichtige Informationen, indem du z.B. Fotos, Profile, Diagramme über oder neben der Kartenskizze einfügst. Der genaue Bezugsort ist durch einen Punkt und einen Pfeil zu kennzeichnen.
7. Prüfe, ob die erstellte Kartenskizze alles, was zum Thema gehört, enthält.

M1 Beispiel einer Kartenskizze

Boden – eine belastete Grundlage unseres Lebens

Abgase

Blei

durch „sauren Regen" schweflige Säure

Mülldeponien

Schwermetalle

Dünger

Gülle

Grundwasserentnahme

belastetes Flusswasser

Altlasten

Industrieabfälle

Boden – eine belastete Grundlage unseres Lebens

Böden erfüllen zahlreiche Aufgaben. Zum Beispiel sind sie
- Lebensraum für (Boden-)Lebewesen;
- Standort für natürliche Vegetation und für Kulturpflanzen;
- Wasserspeicher und Filter für Grundwasser;
- Filter für Schadstoffe aus der Luft.

M1 Bodenleben in Zahlen (Individuen pro m^2)

Bakterien	100 000 000 000 000
niedere Pilze	100 000 000 000
Milben	70 000
Springschwänze	50 000
Käfer	400
Tausendfüßler	300
Fliegenlarven	250
Ameisen	200
Spinnen	150
Asseln	100
Regenwürmer	100

Boden – ein lebender Organismus nimmt Schaden

Damit der Boden seine vielfältigen Funktionen erfüllen kann, muss man schonend mit ihm umgehen und das, was in Jahrtausenden entstanden ist, so weit wie möglich erhalten. Ein Ackerboden braucht für seine Entwicklung etwa 8000 Jahre. In dieser Zeit wurde das ursprünglich nackte Gestein durch die Verwitterung zersetzt. Dabei zersprengten zum Beispiel starke Temperaturschwankungen das Gestein (physikalische Verwitterung), Wasser und Säuren griffen es an und wandelten es um (chemische Verwitterung). Dadurch konnten sich Pflanzen ansiedeln. Allmählich entstanden durch die Verwitterung einzelne Bodenschichten, so genannte **Bodenhorizonte**, die charakteristische Mermale aufweisen.

Der wichtigste Bodenhorizont für die Pflanzen ist der oberste, der A-Horizont. Hier zersetzen Bodenlebewesen abgestorbenes pflanzliches und tierisches Material. Sie verhindern, dass die Natur an ihrem eigenen Abfall erstickt und schaffen ein natürliches Recyclingsystem: Grüne Pflanzen (Produzenten) erzeugen **Biomasse** (z.B. Blätter, Früchte). Stirbt diese ab, wird sie von einer Vielzahl von Bodentieren (Destruenten) gefressen und verdaut. Weil diese Exkremente noch ursprüngliches Material enthalten, sind sie für kleinere Bodentiere ein 'gefundenes Fressen'. Schließlich machen sich Bakterien und Pilze (Reduzenten) über das mehrfach Verdaute her. Sie wandeln es in Nährstoffe um, die von den Pflanzen aufgenommen werden.

Werden Wiese oder Wald in Ackerland umgewandelt, ist besonders der A-Horizont betroffen. Durch das regelmäßige Pflügen werden die Bodenlebewesen in ihrer Arbeit nachhaltig gestört. Außerdem fällt kaum noch Biomasse als Abfall an. Damit werden die unzähligen Lebewesen 'brot- und arbeitslos'. Sie sterben ab und der natürliche Kreislauf in der 'Recyclingfabrik' wird unterbrochen. Nun muss der Mensch versuchen einen Teil der Arbeit der

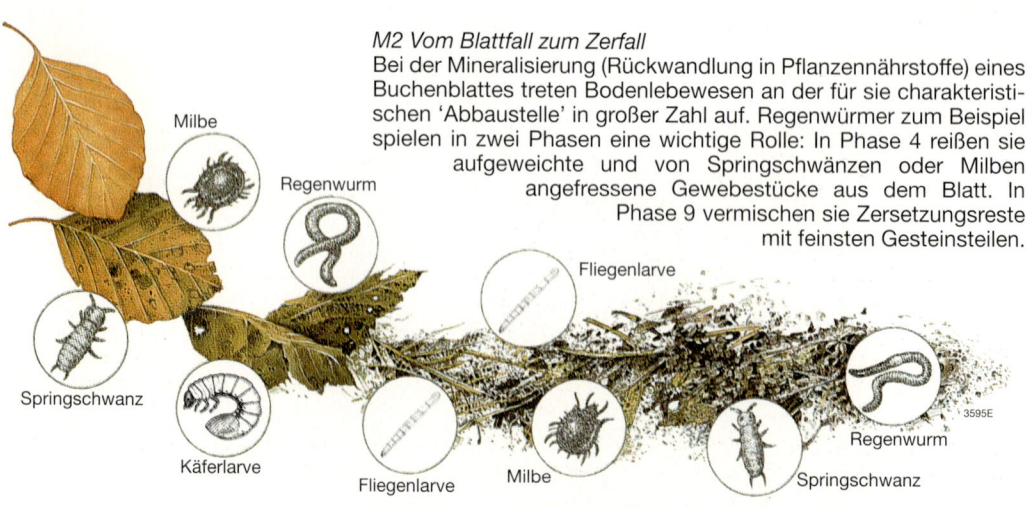

M2 Vom Blattfall zum Zerfall
Bei der Mineralisierung (Rückwandlung in Pflanzennährstoffe) eines Buchenblattes treten Bodenlebewesen an der für sie charakteristischen 'Abbaustelle' in großer Zahl auf. Regenwürmer zum Beispiel spielen in zwei Phasen eine wichtige Rolle: In Phase 4 reißen sie aufgeweichte und von Springschwänzen oder Milben angefressene Gewebestücke aus dem Blatt. In Phase 9 vermischen sie Zersetzungsreste mit feinsten Gesteinsteilen.

M3 Horizonte eines Waldbodens

Besonders hervorzuheben in diesem Stoffkreislauf der Natur sind die Regenwürmer, wahre Schwerstarbeiter unter Tage. Sie verzehren täglich ihr Eigengewicht an Nahrungsmenge und vertilgen so 300 bis 700 g Falllaub/Jahr. In ihrem Magen vermengen sie kleinste Pflanzen- und Gesteinsteile und liefern mit diesem Mischexkrement einen sehr nährstoffreichen Pflanzendünger. Regenwürmer erhöhen aber nicht nur die Bodenfruchtbarkeit. Ein von Würmern durchlöcherter Boden kann wie ein Schwamm große Mengen Regenwassers aufnehmen und somit auch in Trockenperioden die Pflanzen ausreichend versorgen. Er wird besser durchlüftet, wovon die unzähligen anderen Abfallverwerter profitieren: Sie erhalten ausreichend Sauerstoff und können gute Arbeit leisten. Und schließlich holen sich Pflanzenwurzeln auch Nahrung aus den nährstoffreichen Wurmröhren.

M4 Nährstoffkreislauf

Bodentiere zu übernehmen: Durch Pflügen lockert er den Boden auf, durchmischt und belüftet ihn. Durch abgestorbene Biomasse oder durch Mineraldünger muss er die von den Nutzpflanzen entzogenen Nährstoffe ersetzen und oft durch künstliche Bewässerung ausreichend Feuchtigkeit zuführen.

M6 Anzahl der Regenwürmer pro Quadratmeter in Kulturböden

Dauerwiese	172
Luzerne	57
Zuckerrübenfeld	47

M5 Leistungsschau des Regenwurms nach 174 Tagen: Die Säulen aus Erde und Blättern waren ursprünglich gleich hoch.

1 Beschreibe die Entstehung des A-Horizontes.

2 Erläutere die Bedeutung der Bodenlebewesen für die Anbaupflanzen.

3 Nenne die einzelnen Folgen, die sich bei der Umwandlung eines natürlichen Waldbodens in Ackerland ergeben.

4 Fertige eine Skizze zum Nährstoffkreislauf (M4).

M1 Bodendichte und Wurzelentwicklung (Angaben in %)

Boden	Sommergerste	
	kaum verdichtet	verdichtet
Wurzellänge insgesamt	100	82
aktive Wurzeln	100	77

Boden – landwirtschaftlicher Produktionsfaktor Nr. 1

Häufig stellt heute die Bewirtschaftung der Böden durch die Landwirtschaft eine große Belastung dar. Jahrhundertelang haben die Bauern Nahrungsmittel produziert und die natürlichen Bedingungen des Bodens dabei berücksichtigt, so wie es etwa in der Ökolandwirtschaft heute wieder geschieht. Mit dem Fruchtwechsel zum Beispiel sorgten sie dafür, dass dem Boden verschiedene Nährstoffe entzogen wurden, Wildkräuter bzw. Pflanzenschädlinge sich in Grenzen hielten und Bodenlebewesen gute Bedingungen vorfanden. Sie ließen dem Boden Zeit während der **Brache** (Anbaupause) Nährstoffe und Wasser für die nächste Bepflanzung zu sammeln. Sie brachten organischen Dünger, etwa Stallmist, auf die Felder, so dass die Reduzenten sie in Pflanzennährstoffe umwandeln konnten. Mineraldünger, also technisch hergestellter Pflanzendünger, wird erst nach 1900 eingesetzt.

Erdrückt, ohne Luft und fortgeschwemmt

Um die Produktion zu steigern wurden größere und leistungsfähigere Maschinen eingesetzt. Sie können zwar mehr Fläche pro Zeiteinheit bearbeiten, verdichten den Boden aber auch sehr stark. Das behindert die Luftzufuhr und erschwert durch die geringere Sauerstoffmenge die Recyclingarbeit der Bodenlebewesen. Vor allem aber wird das Einsickern des Wassers verhindert. Es fließt oberflächlich ab und fördert so die **Erosion** des Bodens. Die durch Wasser und/oder Wind hervorgerufene Erosion führt dazu, dass der fruchtbare Boden abgeschwemmt und die Bodenfruchtbarkeit häufig in katastrophaler Weise verringert wird. Der weggewehte oder -geschwemmte Boden lagert sich vielfach in Gräben, Bächen, Flüssen oder Seen ab und geht damit für die landwirtschaftliche Nutzung ver-

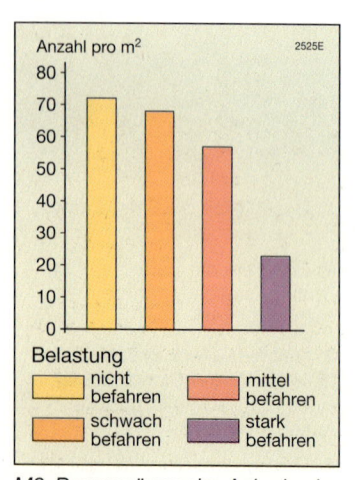

M2 Regenwürmer im Ackerboden

M3 Wurzelentwicklung bei unterschiedlich belasteten Böden

Versuchsanlage mit Lössboden und Weizenpflanzen in der Bundesforschungsanstalt für Landwirtschaft (FAL) in Braunschweig-Völkenrode.
Das Ziel: Erfassung des Wurzelwachstums in Abhängigkeit von der Bodendichte.
Links: normale Bodendichte, gute Wurzelausbreitung bis 120 cm Tiefe, optimale Wasser- und Nährstoffzufuhr, hohe Erträge.
Rechts: hohe Bodendichte, eingeschränkte Durchwurzelung nur bis 20 cm Tiefe, geringere Erträge.

M4 und M5 Mais – erosionsfördernd und erosionshemmend

M6 Wasserhaushalt und Bodenerosion

	Wasserabfluss[1]	Bodenerosion[2]
intakter Wald	0,3	0,3
Grasland	3,0	24,0
Maisfeld	59,0	861,0

[1] in Prozent des Jahresniederschlags
[2] in Tonnen je Hektar und Jahr

loren. Auch der Anbau von Nutzpflanzen kann zur Erosion beitragen. So begünstigen zum Beispiel Kulturarten mit später Bodenbedeckung, wie Mais und Zuckerrüben, dass vor allem im Frühjahr Regen, plötzlich einsetzende Schneeschmelze und Wind den Boden abtragen.

Abwechslung und genaue Dosierung

Die ehemals vielseitige Fruchtfolge wird immer stärker von der **Monokultur** abgelöst. Dabei werden auf großen Flächen und über einen längeren Zeitraum dieselben Pflanzen angebaut. Das begünstigt die Ausbreitung all der Krankheiten und Schädlinge, die sich auf diese Pflanzen 'spezialisiert' haben. Um dennoch hohe Erträge zu sichern werden chemische Pflanzenschutzmittel (Pestizide) eingesetzt. Diese können oberirdisch in Flüsse, Seen und mit dem Sickerwasser in das Grundwasser gelangen.

Auch die riesigen Güllemengen, die bei der intensiven Tierhaltung anfallen, stellen für den Boden eine große Last dar. Die Gülle düngt ihn sehr stark und kann dadurch seinen Nährstoffhaushalt stören. Nur ein geringer Teil des Stickstoffs der Gülle wird von den Pflanzen aufgenommen; etwa ein Fünftel gelangt als Nitrat ins Grundwasser und beeinträchtigt dessen Verwendung als Trinkwasser.

Durch die intensive landwirtschaftliche Nutzung werden dem Boden große Mengen an Pflanzennährstoffen entzogen. Um diesen Verlust auszugleichen bringen die Landwirte ebenfalls große Mengen von Mineraldünger auf ihre Felder. Überschreiten sie die Düngemenge, die von der einzelnen Nutzpflanze aufgenommen werden kann, so gelangt ein Teil des Mineraldüngers in oberirdische Gewässer oder in das Grundwasser und belastet sie.

1 Welchen ökologischen Wandel brachte die ertragsorientierte Landwirtschaft mit sich?

2 Zeige mit Hilfe der Materialien *M1* bis *M4* die Belastung von Böden auf.

3 Begründe, weshalb die intensive Viehhaltung mit sehr großen Beständen zu einer schweren Belastung für den Boden wird.

4 Durch welche Gegenmaßnahmen könnte man die Belastung von Böden durch die Landwirtschaft verringern?

Zuviel Gülle für Boden und Wasser
Seegrund nur noch ein Friedhof für Algen

„In 50 Jahren können wir auf dem See Schlamm surfen", befürchtet Bernd Averbeck, Sprecher der Naturschutzverbände der Dümmer-Region in Niedersachsen. Der Dümmersee, mit 16 Quadratkilometern Norddeutschlands zweitgrößtes Binnengewässer, ist todkrank. Er erstickt an seiner Biomasseproduktion.

Mit einem explosionsartigen Algenwachstum reagiert der Dümmer auf eine Nährstoffzufuhr, die 45 mal größer ist als die Menge, die er biologisch verkraften könnte: Jahr für Jahr gelangen allein durch den Zufluss Hunte umgerechnet 80 Eisenbahnwaggons Stickstoffdünger und 20 Waggons Phosphat in den See.

In einem gesunden Gewässer werden absterbende Algen von Mikroorganismen vollständig zersetzt. Die gigantische Algenmenge des Dümmersees bekommen die Bakterien nicht in den Griff. Zwar reichern die Algen das Wasser durch die Fotosynthese mit Sauerstoff an, aber nur in den oberen Wasserschichten.

Weiter unten wird die Luft knapp. Für die Zersetzung aller abgestorbenen Algen benötigt die bakterielle Putzkolonne mehr Sauerstoff als vorhanden: Der Seegrund wird zum Algenfriedhof, es bildet sich Faulschlamm. Rund 60 000 Kubikmeter der schwarzen, zähen Masse machen sich jedes Jahr auf dem Seeboden breit und lassen die Schlammschicht um fünf Zentimeter wachsen. Der Dümmer verlandet.

Über die Ursachen seiner Eutrophierung (Überdüngung) sind sich Naturschützer und die Landesregierung in Hannover einig. „Das Kernproblem des Dümmers ist die Überschussgülle aus der intensiven Landwirtschaft", sagt Uwe Bartels, Staatssekretär im Landwirtschaftsministerium. Überschussgülle ist der Flüssigmist aus der Tierhaltung, den die Betriebe nicht mehr als Dünger auf den eigenen Ackerflächen unterbringen können. Weil ein Zuviel den Naturdünger schnell zum Wasser gefährdenden Umweltgift werden lässt, gestattet der Gesetzgeber den Bauern nur eine begrenzte Menge des Kot-Urin-Gemisches auf jeden Hektar auszubringen.

Das ist nicht einfach nordwestlich des Dümmers: Dort erstreckt sich der Landkreis Vechta, Europas Hühner- und Schweinehochburg. Rund 15 Millionen Hühner, zwei Millionen Schweine, etliche 100 000 Puten und Gänse lassen täglich 3600 Tonnen Gülle zum Entsorgungsproblem werden.

Mit Tanklastzügen wird die stinkende Fracht auch in die Dümmerniederung gebracht. „Dort wird Grünland umgebrochen, das gar nicht als Ackerland genutzt werden dürfte, und damit aufnahmefähig gemacht für Gülle", klagt Staatssekretär Bartels. Ein Feuchtgebiet von internationaler Bedeutung wurde in Maisäcker umgewandelt.

Als einzige Pflanze überlebt Mais den Gülleregen. Um ihn anzubauen werden Moore und Feuchtwiesen rund um den Dümmer entwässert. Doch die hoch sensiblen Moorböden sind für die landwirtschaftliche Nutzung denkbar ungeeignet: Durch die Bearbeitung mit schweren Maschinen werden die Böden mit ihrem hohen natürlichen Nährstoffgehalt ausgepresst. Ihre Nährstoffe vereinigen sich mit denen der Gülle und gelangen über Entwässerungsgräben und Zuflüsse in den Dümmersee.

Während die Nährstoffe im Dümmer die Algen wuchern lassen, verkümmert im Umland die typische Pflanzenwelt. 79 Pflanzenarten verschwanden seit 1948 – ein Drittel des Artenbestandes. Wo einst die Sumpfdotterblume und Borstgras-Pfeiffengras-Wiesen die Landschaft bestimmten, macht

M1 Ausbringen von Gülle

sich jetzt die Maissteppe breit. Mit den Pflanzenarten ging auch die Vielfalt der Vogelwelt zurück: Zehn Brutvogelarten haben die Dümmerregion für immer verlassen.

(Die Welt vom 4.6.1991)

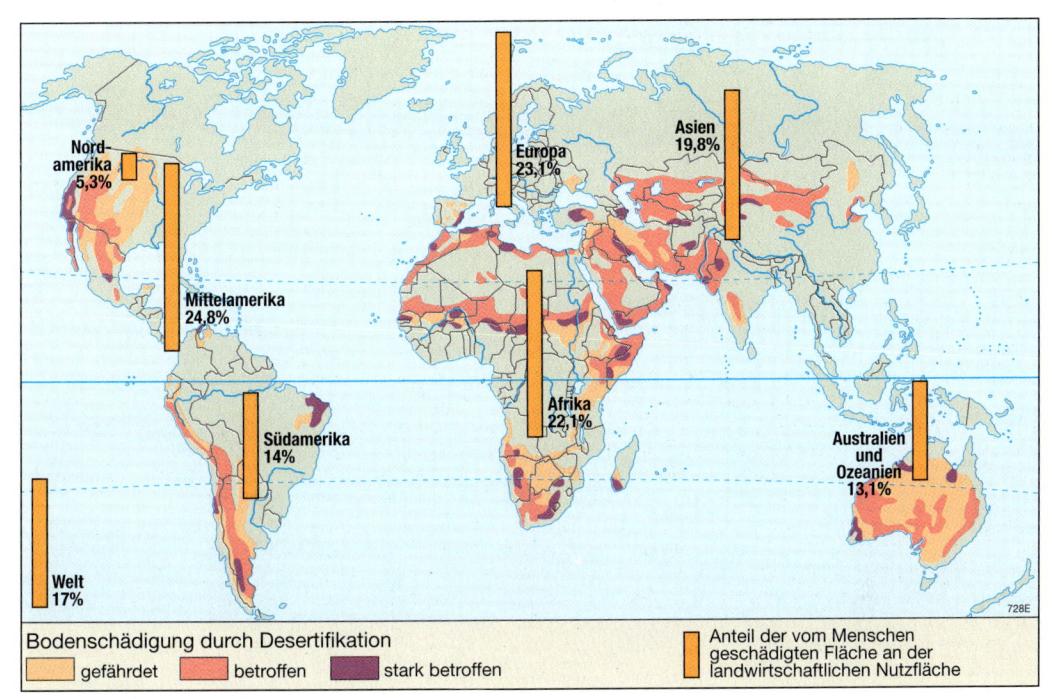

M2 Degradierung der Böden

Boden – Belastung weltweit

Der Ackerboden ist nicht nur in Deutschland und Europa belastet und geschädigt. Überall in der Welt wird der Boden abgeschwemmt, weggeweht, er ist versalzt, vergiftet oder falsch genutzt. Durch Erosion und Desertifikation gehen weltweit immer mehr landwirtschaftlich nutzbare Flächen verloren. Veränderungen der Umweltbedingungen, vor allem durch menschliche Eingriffe, führen zur Degradierung der Böden, das heißt, die Bodenfruchtbarkeit wird beeinträchtigt, ja sogar zerstört.

Immer mehr Menschen in der Dritten Welt brauchen Nahrung und Brennholz. Das führt zur Überweidung, zur Nutzung wenig fruchtbarer, stark erosionsgefährdeter Böden, zur Versalzung, Versumpfung und Abholzung.

Nach einer Studie der UN sind zwischen 1945 und 1990 durch menschliche Tätigkeiten weltweit etwa zwei Milliarden Hektar an Böden degradiert worden. Für die Ernährung der Menschheit stehen zur Zeit nur 1,5 Milliarden Hektar Ackerland zur Verfügung.

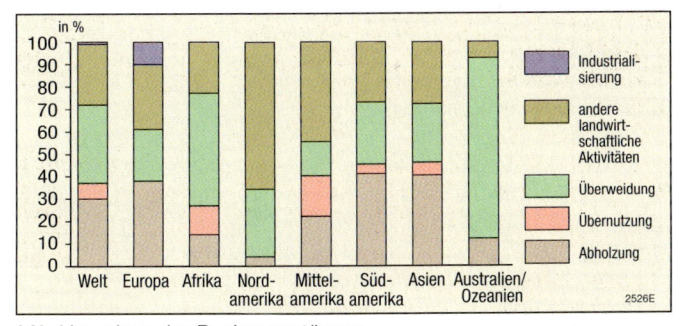

M3 Ursachen der Bodenzerstörung

1 Beschreibe die Auswirkungen landwirtschaftlicher Nutzung auf das Feuchtgebiet in der Nachbarschaft des Dümmersees so, dass sich die jeweils folgende Aussage aus der vorhergehenden ergibt (Kausalkette).

2 Angesichts der Entwicklung der Weltbevölkerung bezeichnen viele Experten die weltweite Degradierung landwirtschaftlich nutzbarer Flächen als katastrophal. Begründe ihre Meinung.

M1 Altlasten – Beispiel: stillgelegte Lackfabrik

Gefahrenquellen
1 undichter Lösungsmitteltank und undichtes Leitungssystem
2 durchgerostete Fässer mit giftigen Farbresten
3 Versickerung von Lösungsmitteln durch Risse in Hallenböden
4 Abfallhalde aus Produktionsrückständen

Gefährdungen
5 Bodenverschmutzung
6 Grundwasserverschmutzung
7 Zufluss von verschmutztem Grundwasser in den Bach
8 Zutritt von verschmutztem Sickerwasser in den Bach
9 Abschwemmung giftiger Stoffe von der Halde in den Bach
10 Ablagerung giftiger Schwermetalle im Bachbett
11 Verwehung schadstoffhaltiger Stäube von der Halde
12 Ausgasung giftiger Lösungsmittel
13 Einwirkung giftiger Gase auf die Vegetation

Boden – Belastung ohne Ende

Der Boden nimmt vielfältige Aufgaben wahr, ohne die der Mensch auf dieser Erde nicht leben könnte. Auf ihm wachsen die Pflanzen, die Menschen und Tiere ernähren; er speichert Wasser und Nährstoffe; er ist als Filter für unser Trinkwasser unerlässlich.

Diese Aufgaben werden nicht allein durch die landwirtschaftliche Nutzung beeinträchtigt. Ein Großteil der **Emissionen** aus Kohlekraftwerken, industriellen und gewerblichen Anlagen, aus Siedlungen und Verkehr gelangen über Luft, Regenwasser und Staub in den Boden. Hier werden sie angehäuft, belasten die Bodenlebewesen, werden zum Teil von den Pflanzen aufgenommen und gelangen so in Futter- und Nahrungsmittel bzw. über das Grundwasser vielleicht sogar in das Trinkwasser.

Ein besonderes Problem stellen die **Altlasten** dar. Dabei handelt es sich um Schadstoffe, die Böden und Grundwasser häufig extrem belasten und vergiften. Sie resultieren aus der wirtschaftlichen Tätigkeit des Menschen bzw. aus Ablagerungen von Abfall und bedeuten oft eine Gefahr für die Umwelt oder die Gesundheit von Menschen. Altlasten finden sich auf aufgelassenen Industrie- und Gewerbeflächen in ganz Deutschland. Experten vermuten, dass hier eine Vielzahl von Flächen so stark verseucht ist, dass von ihnen eine ernsthafte Gefährdung des Grundwassers ausgehen könnte. Besonders zahlreich sind die Altlasten in alten Industrieregionen. Wenn die verunreinigten Böden erneut genutzt werden sollen, müssen sie häufig für viel Geld saniert werden.

Problematisch ist auch die **Bodenversiegelung**, zum Beispiel durch den Bau von Gebäuden oder Straßen. Das Regenwasser kann nicht mehr einsickern; der Wasserhaushalt gerät aus dem Gleichgewicht. Der hohe Landverbrauch schränkt Lebensräume für Tiere und Pflanzen ein und vermindert die Neubildung von Grundwasser.

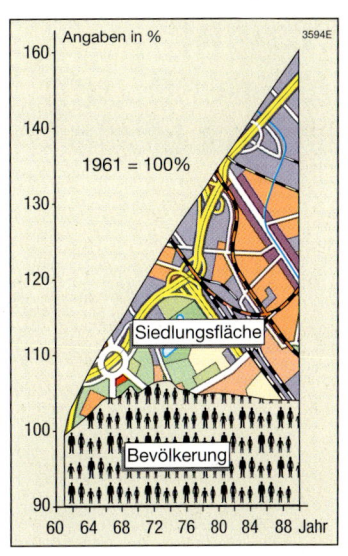

M2 Bebauung und Bodenversiegelung

1 Liste die Belastungen des Bodens auf, die nicht von der Landwirtschaft ausgehen *(M1-M3)*.

2 Weshalb stellen in einem dicht besiedelten Raum wie dem Ruhrgebiet Altlasten ein besonderes Problem dar?

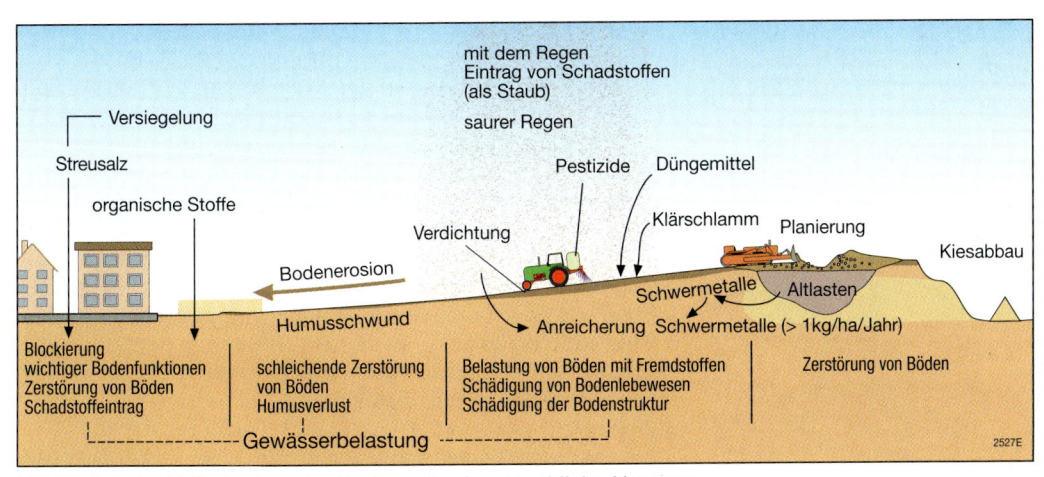

M3 Vielfalt der Belastungen des Bodens durch menschliche Nutzung

Projekt
Versuche zum Thema Boden

> **Bodenart**
> Wenn man von 'Bodenart' spricht, meint man die prozentuale Zusammensetzung des Bodens mit unterschiedlichen Korngrößengruppen. Sand-, Schluff- und Tonböden kommen in reiner Form jedoch äußerst selten vor. In der Regel besteht der Boden aus einem Gemisch der unterschiedlichen Korngrößen. Die Mischung aus Sand und Ton wird als Lehm bezeichnet. Böden mit überwiegend Sand-, Schluff- und Tonanteil heißen Feinböden, solche mit überwiegend Kiesanteil Grobböden.
> Man bezeichnet die Bodenteilchen nach dem Durchmesser ihrer Körnung:
>
> | | | | |
> |---|---|---|---|
> | Ton | < 0,002 mm | Sand | 0,063 - 2 mm |
> | Schluff | 0,002 - 0,063 mm | Kies | > 2 mm |

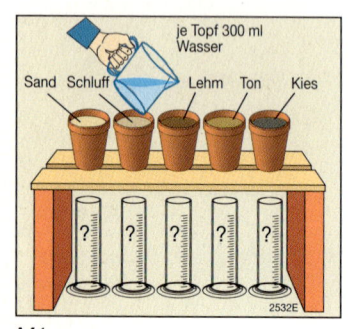

M1

(1) Unterschiedliche Böden haben eine unterschiedliche Wasserspeicherkapazität, d.h. ein unterschiedliches Wasserhaltevermögen. Das Wasser ist als Transportmittel von Nährstoffen für die Versorgung von Pflanzen besonders wichtig.

Aufgabe:
Fülle mit Filterpapier abgedichtete Blumentöpfe mit unterschiedlichen Bodenarten, stelle sie über ein Becherglas und gieße eine Wassermenge, etwa 300 ml, hinein. Miss die Zeit, bis der erste Tropfen ins Glas fällt. Begieße die Blumentöpfe zwei-, dreimal mit dem aufgefangenen Sickerwasser. Berechne den Unterschied zwischen der ursprünglichen und durchgesickerten Wassermenge. Bewerte die Eigenschaften der unterschiedlichen Böden.
Dieser Versuch kann auch dazu dienen die Filterwirkung unterschiedlicher Böden zu testen. Dazu lässt man leicht gefärbtes Wasser (z.B. mit Methylenblau oder Bleistiftstaub) durch die verschiedenen Bodenarten laufen und vergleicht das aufgefangene Wasser bezüglich der Intensität seiner (Rest)Färbung.

(2) Ein herausragender Bodenarbeiter ist der Regenwurm. Seine Arbeit können wir beobachten, indem wir einen Beobachtungskasten bauen (oder ein entsprechend geformtes Glas nehmen). Diesen füllen wir etwa zu zwei Dritteln mit Sand, darauf eine etwa 10 cm dicke Schicht aus Garten-, Acker- oder anderer humushaltiger Erde, darauf Wurmnahrung in Form von Laub, Nadeln oder Küchenabfällen. Etwa 20 bis 30 Regenwürmer kommen in den Kasten. Dieser sollte in einem dunklen Raum stehen und sein Inhalt immer feucht gehalten werden.

Aufgabe:
Beobachte, welche Nahrung die Regenwürmer bevorzugen und wie sie den Boden durchmischen.

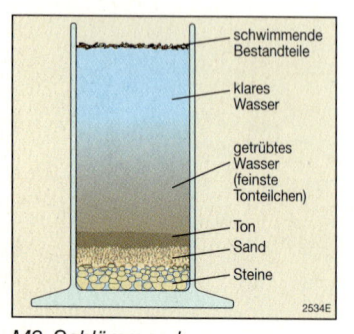

M2 Regenwurm-Beobachtungskasten

(3) Die Schlämmprobe informiert relativ genau über die unterschiedlichen Korngrößenanteile im Boden. Dazu wird eine Hand voll Erde in ein Glas gegeben, mit Wasser aufgefüllt und kräftig geschüttelt. Entsprechend ihrer Korngröße sinken die Bodenteilchen unterschiedlich schnell ab. Die schichtweise Ablagerung im Glas zeigt das Verhältnis von groben zu feinen Bodenteilchen und gibt Auskunft über Eigenschaften des Bodens wie Porenvolumen oder Neigung zur Verdichtung.

Aufgabe:
Stelle das Verhältnis der Anteile unterschiedlicher Korngrößen fest und ziehe Rückschlüsse auf die Bodeneigenschaften.

M3 Schlämmprobe

Smog in Dortmund ▷

Luft und Klima – vom Menschen beeinflusst

Luft und Klima – vom Menschen beeinflusst

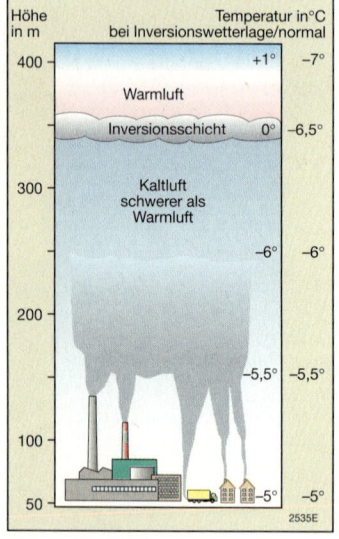

Unter giftiger Käseglocke

Noch immer regt sich kein Lüftchen über dem Ruhrgebiet. Die „dicke Suppe" aus Nebel und Schadstoffen, die sich zu ätzenden Säuretröpfchen verbinden, macht das Atmen immer schwerer. Obwohl gestern mit 1,42 mg nur der Grenzwert von Schwefeldioxid überschritten wurde, verkündete die Stadt Dortmund vorsorglich: Alle 200 Schulen bleiben Freitag und Samstag geschlossen. Damit sollen die Heizungen in den Schulen auf ein Minimum heruntergefahren werden und nicht länger zur Luftverpestung beitragen. Außerdem: Die Stadtwerke merkten an, sie könnten bei Alarmstufe 1 den gleichzeitigen Ansturm von Berufstätigen und Schülern auf Busse und Bahnen nicht mehr verkraften.

(nach Zeitungsberichten vom 18.1.1985)

Dicke Luft im Winter ....

Smog ist ein englisches Kunstwort aus Smoke (Rauch) und Fog (Nebel). So nennt man die Anreicherung von Wasserdampf und Luftverunreinigungen, die bei zu großer Konzentration die Gesundheit des Menschen gefährden können. Ursache für den Wintersmog sind so genannte „austauscharme" Wetterlagen, bei denen es in einer Höhe wenige 100 Meter über dem Boden zu einer Umkehr, einer **Inversion**, der normalen Temperaturverhältnisse kommt. Warme Luftmassen liegen dann wie ein Deckel auf kalten Luftschichten – vor allem in Tallagen und Senken – und verhindern einen vertikalen Luftaustausch und damit auch ein Entweichen der Luftverunreinigungen.

Die Gefahr von Wintersmog ist in Westdeutschland inzwischen gering geworden, weil durch den Einbau von Filtern und Reinigungsanlagen in die Kraftwerke und Industrieanlagen vor allem der Schwefeldioxid-Ausstoß

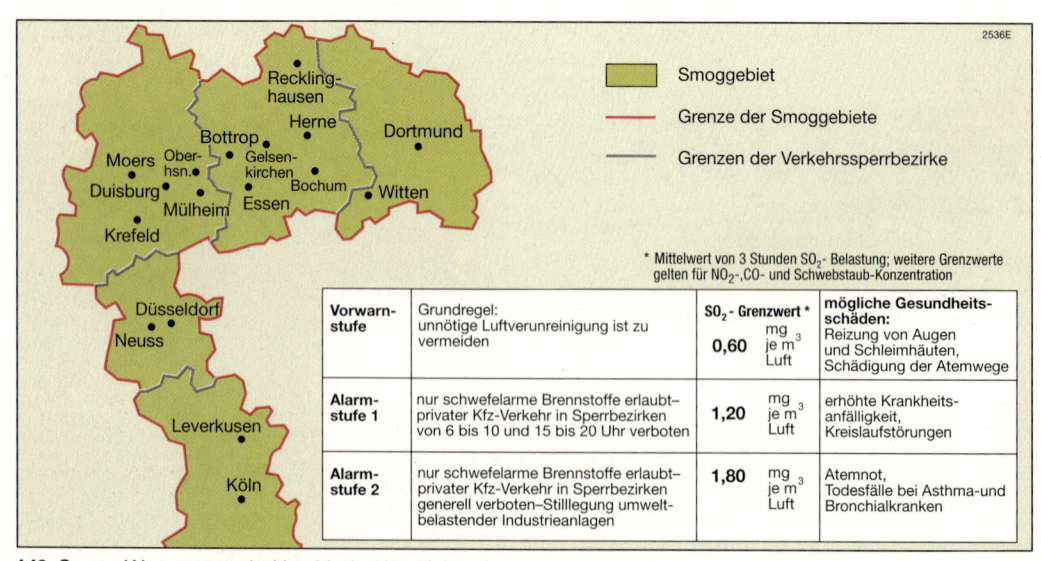

M1 Inversionswetterlage

Vorwarn-stufe	Grundregel: unnötige Luftverunreinigung ist zu vermeiden	SO_2-Grenzwert* 0,60 mg je m^3 Luft	mögliche Gesundheits-schäden: Reizung von Augen und Schleimhäuten, Schädigung der Atemwege
Alarm-stufe 1	nur schwefelarme Brennstoffe erlaubt – privater Kfz-Verkehr in Sperrbezirken von 6 bis 10 und 15 bis 20 Uhr verboten	1,20 mg je m^3 Luft	erhöhte Krankheits-anfälligkeit, Kreislaufstörungen
Alarm-stufe 2	nur schwefelarme Brennstoffe erlaubt – privater Kfz-Verkehr in Sperrbezirken generell verboten – Stilllegung umwelt-belastender Industrieanlagen	1,80 mg je m^3 Luft	Atemnot, Todesfälle bei Asthma- und Bronchialkranken

* Mittelwert von 3 Stunden SO_2-Belastung; weitere Grenzwerte gelten für NO_2-, CO- und Schwebstaub-Konzentration

M2 Smog-Warnsystem in Nordrhein-Westfalen

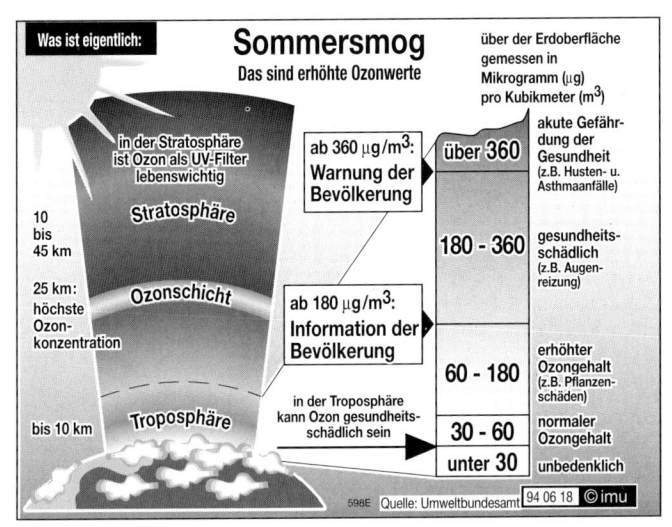

M3 Sommersmog

Was ist eigentlich: Sommersmog
Das sind erhöhte Ozonwerte

- 10 bis 45 km: in der Stratosphäre ist Ozon als UV-Filter lebenswichtig
- 25 km: höchste Ozonkonzentration (Ozonschicht)
- bis 10 km: Troposphäre — in der Troposphäre kann Ozon gesundheitsschädlich sein

über der Erdoberfläche gemessen in Mikrogramm (μg) pro Kubikmeter (m^3):

über 360	akute Gefährdung der Gesundheit (z.B. Husten- u. Asthmaanfälle)
180 – 360	gesundheitsschädlich (z.B. Augenreizung)
60 – 180	erhöhter Ozongehalt (z.B. Pflanzenschäden)
30 – 60	normaler Ozongehalt
unter 30	unbedenklich

- ab 360 $\mu g/m^3$: Warnung der Bevölkerung
- ab 180 $\mu g/m^3$: Information der Bevölkerung

Quelle: Umweltbundesamt 94 06 18 © imu

M4 Schlagzeilen

Schweißtreibender Sommer: Ozonwerte steigen. In Düsseldorf wurden gestern um 16.00 Uhr 221 Mikrogramm pro m³ Luft registriert. (Rheinische Post 29.06.94)

Zu viel Ozon. Kein Schulsport im Freien! (Rheinische Post 05.08.94)

Gegen den Sommersmog helfen nur noch Fahrverbote. Die Luft geht aus! (Die Zeit 05.08.94)

Ozon mindert die Ernte. Verkümmerte Pflanzen, Qualitätseinbußen, geringere Lagerfähigkeit des Sommerweizens. (Rheinische Post 10.08.94)

---

zwischen 1982 und 1992 auf ein Achtel gesenkt wurde. In den neuen Bundesländern ist diese Umstellung auf umweltschonende Technologien und abgasarmes Heizmaterial noch im Gange.

... und im Sommer

Erst seit Mitte der 70er Jahre beobachtet man in Deutschland einen anderen Typ von Smog, den Sommersmog: erhöhte Ozonwerte bei sommerlichen austauscharmen Wetterlagen mit 25 - 35°C, niedriger Luftfeuchtigkeit und geringen Windgeschwindigkeiten.

Ozon ist wie Sauerstoff ein natürlicher Bestandteil der Luft. In Höhen von 20 bis 50 km schützt es als Ozonschicht die Lebewesen auf der Erdoberfläche vor gefährlichen ultravioletten Strahlen, die zu Hautkrebs führen können. Viel Ozon in der unteren Atmosphäre ist dagegen schädlich, weil es ätzend auf die menschlichen Atmungsorgane und auf Pflanzen wirkt. Bei Ozonalarm wird daher davon abgeraten anstrengende Tätigkeiten im Freien auszuüben.

Die gefährliche Ozonmenge in Bodennähe produzieren wir selbst, vor allem durch Stickoxide und Kohlenwasserstoffe, die aus den Auspufftöpfen entweichen. Anders als beim Wintersmog fehlt jedoch der Nebel. Im Sommer ist es der Sonnenschein, der chemische Reaktionen in Gang setzt, die zur Bildung von Ozon (O_3) führen. In verkehrsreichen Ballungsräumen steigt daher der Ozongehalt an sonnigen Tagen bis zum späten Nachmittag an. Bei Sonnenuntergang sinkt er wieder, weil das Ozon dann zerfällt. Da die Schadstoffe in der Luft leicht transportierbar sind, bildet sich Ozon auch in ländlichen Gebieten fernab vom Verkehr. Besonders an Gebirgshängen, vor denen sich die Abgase stauen, trägt es zur Schädigung der Wälder bei.

1 Beschreibe die Schichtung der unteren Atmosphäre bei Normal- und bei Inversionswetterlage (M1).

2 Beschreibe und begründe die Maßnahmen bei Smoggefahr im Winter (M2).

3 Begründe die Verbreitung der Smoggebiete in NRW (M2, Atlas).

4 Beschreibe die Auswirkungen von erhöhten Ozonwerten in den bodennahen Luftschichten (M3 und M4).

5 Vergleiche Winter- und Sommersmog nach Merkmalen und Entstehungsbedingungen.

6 „Zu wenig Ozon am Himmel - Hautkrebsgefahr wächst!" - „Zu viel Ozon in der Luft - Jogger seid vorsichtig!" Erläutere die Schlagzeilen (M4).

1 Erläutere, wie der Mensch im Bereich von Ballungsräumen das Klima beeinflusst (*M1*, *M2* und *M4*).

2 Beschreibe die Wirkung der städtischen Dunstglocke (*M2*).

3 Stelle Vor- und Nachteile der städtischen Überwärmung zusammen. Berücksichtige dabei die verschiedenen Interessen der Stadtbewohner (z.B. Autofahrer, Schulkinder) und die Unterschiede zwischen Sommer und Winter (*M3* und *M5*).

Leben auf der Wärmeinsel

Ein Gespräch mit Herrn Esser vom Landesumweltamt:
Im Sommer kommt es immer wieder vor, dass die Schulen in der Dortmunder Innenstadt hitzefrei bekommen und wir in den südlichen Stadtteilen nicht. Ist das nicht Willkür?
Keinesfalls! Die Innenstadtbewohner profitieren in vielerlei Hinsicht davon, dass sie auf einer **'Wärmeinsel'** leben. Besonders deutlich wird das an Sommerabenden. Dann können sich die Stadtbewohner länger im Freien aufhalten als die Bewohner der Vororte. An solchen 'Grillpartytagen' beträgt die Lufttemperatur um 21.00 Uhr noch mindestens 20°C. Die Kehrseite: Viele Menschen klagen wegen Schwüle und fehlender nächtlicher Abkühlung über Kopfschmerzen, Mattigkeit und Schlafstörungen.

Und wie kommen diese Unterschiede zwischen Innenstadt und Umland zustande?
Dafür gibt es zahlreiche Ursachen. Grob gesagt, produziert jede Stadt ihr eigenes Klima. So erzeugen die Menschen selbst Wärme durch Verbrennungsprozesse und verunreinigen dabei die Luft, so dass sich über den Städten vor allem bei Hochdruckwetter eine **Dunstglocke** bildet. Die Sonnenstrahlung wird von den Gasen und festen Bestandteilen dieser Dunstglocke teilweise absorbiert und reflektiert. Die restliche Strahlung gelangt bis zum Boden. Sie wird dort ebenfalls reflektiert bzw. absorbiert und dabei in Wärmestrahlung umgewandelt. Wenn die Steinmassen des Nachts die gespeicherte Wärme abgeben, verhindert wiederum die Dunstglocke, dass diese Wärmestrahlung in die Atmosphäre entweichen kann. Die Luft heizt sich also wie unter einem Treibhausdach auf.

M1 Blick auf die Dunstglocke von Dortmund

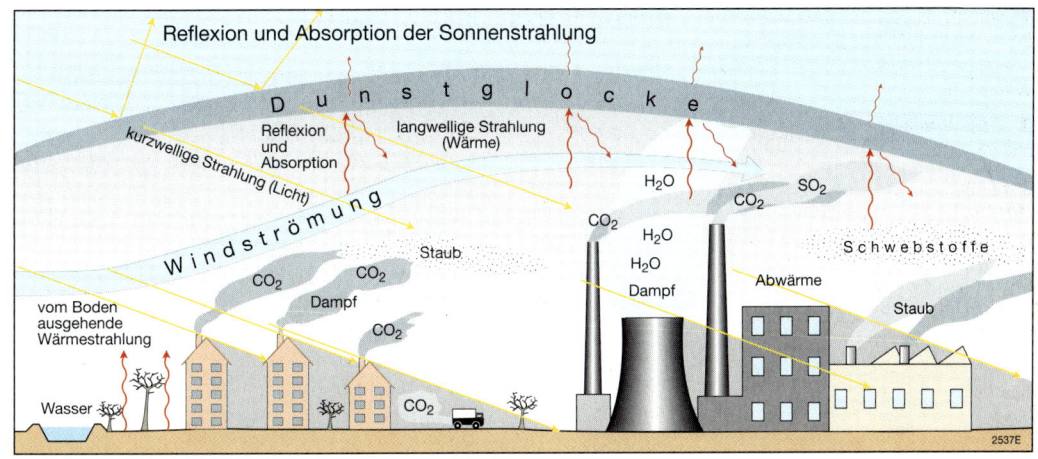

M2 Dunstglocke und Strahlungshaushalt einer Stadt

M3 Klimatische Merkmale der Stadt im Vergleich zur ländlichen Umgebung

Merkmale	Änderung gegenüber nicht bebautem Gebiet	Merkmale	Änderung gegenüber nicht bebautem Gebiet
Jahresmitteltemperatur	0,5 bis 1,5 °C höher	Nebel im Winter	100% mehr
Winterminimum der Temperatur	1 bis 2 °C höher	Nebel im Sommer	20 bis 30% mehr
frostfreie Tage	10% mehr	Sonnenscheindauer	5 bis 15% weniger
Dauer der Frostperiode	25% weniger	Schneefall	5 bis 10% weniger
Vegetationsperiode	8-10 Tage länger	Windstille	5 bis 20% mehr
Bewölkung	5 bis 10% mehr	Spitzenböen	10 bis 20% weniger

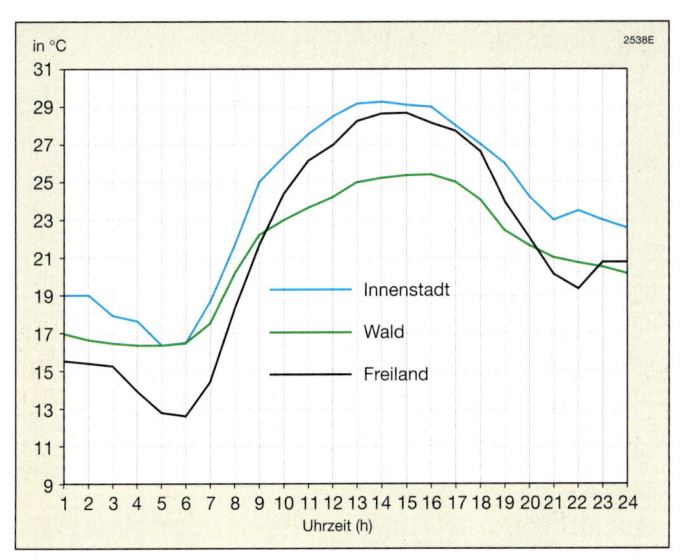

M4 Tagesgang der Lufttemperatur an einem Sonnentag (22.8.84) in Dortmund

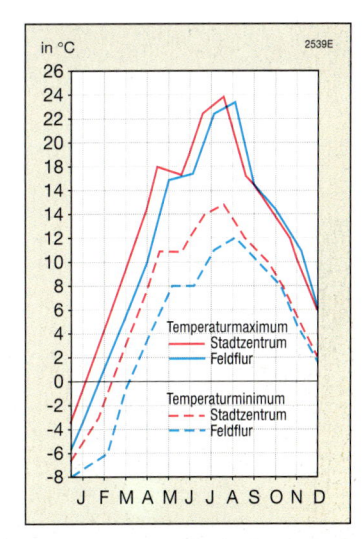

M5 Jahresgang der Lufttemperatur (Maximum und Minimum) in Dortmund 1984/85

1 Beschreibe die unterschiedliche Aufheizung von verschiedenen Bodenbedeckungen (*M3* und *M4*).

2 Suche auf dem Wärmebildplan (*M2*) Gebiete mit großen Temperaturunterschieden und Gebiete mit ähnlichen Wärmewerten und erläutere mit Hilfe des Luftbildes (*M1*) die Art der Bodenbeckung.

Alle 100 Meter ein anderes Klima?

Steile Erhebungen neben tiefen Schluchten, nacktes Gestein neben grünen Oasen, stürmische Wirbelwinde neben windstillen Ecken, wüstenhafte Hitze neben feuchtem Schatten: Jede Stadt stellt solch ein buntes Mosaik von Gegensätzen auf engstem Raum dar, wenn man das **Mikroklima**, die kleinräumlichen klimatischen Gegebenheiten, betrachtet. Die Stadt ist also keine einheitliche Wärmeinsel, sondern sie setzt sich aus vielen kleinen „Inseln" unterschiedlicher Erwärmung zusammen. Diese sind auf infraroten Wärmebildern erkennbar. Sie zeigen die abstrahlende Wärme der verschiedenen Oberflächen im Farbspektrum von rot bis blauviolett.

Deutlich wird: Es heizen sich Straßen, Betonfassaden und Bahngleise viel stärker auf als Gewässer, begrünte Fassaden und baumbestandene Alleen, wo die Verdunstung für Kühlung sorgt. Wohngebiete mit vielen Bäumen haben daher ein ausgeglichenes und angenehmes Mikroklima. Friedhöfe können vor allem des Nachts regelrechte „Kälteinseln" darstellen. Flachdächer weisen Temperaturunterschiede zwischen 90°C und 20°C auf, je nachdem, ob sie mit Teerpappe oder mit Pflanzen bedeckt sind. Solche Erkenntnisse sind eine wichtige Hilfe für die Stadtplaner, denn so können sie genau feststellen, welche Gebiete zum Beispiel zu dicht bebaut sind oder welche für den Temperaturausgleich unbedingt erhalten bleiben müssen.

Erläuterung zu M2
- kühl, unter 18°C
- warm, 18° bis 36°C
- heiß, über 36°C

M1 Luftbild der Innenstadt von Dortmund

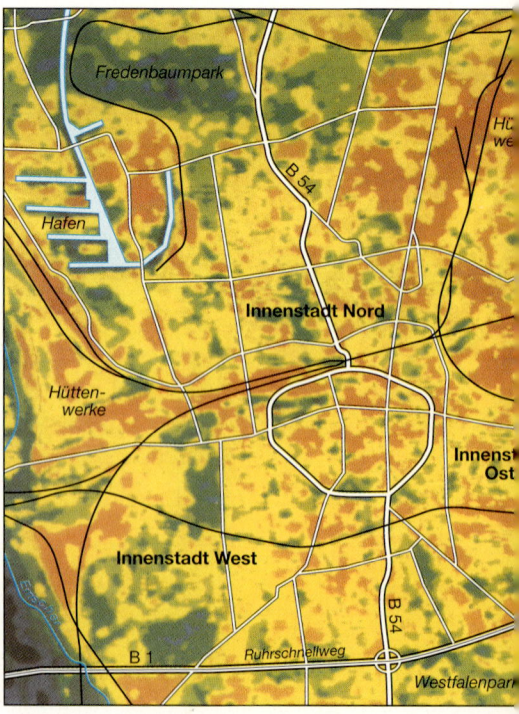

M2 Wärmebildplan der Innenstadt von Dortmund

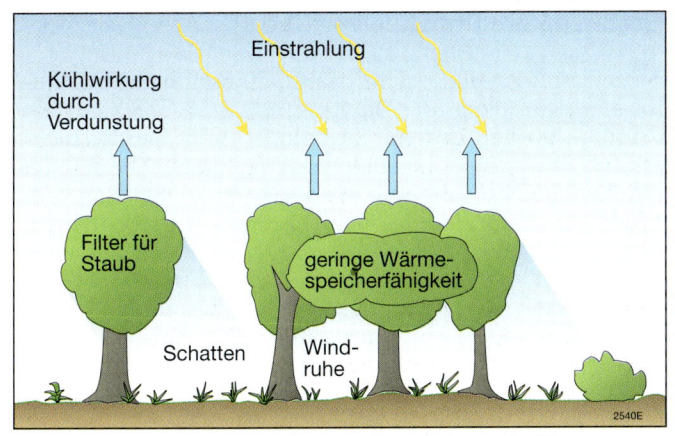

M3 Bedeutung des Waldes für das Klima (schematisch)

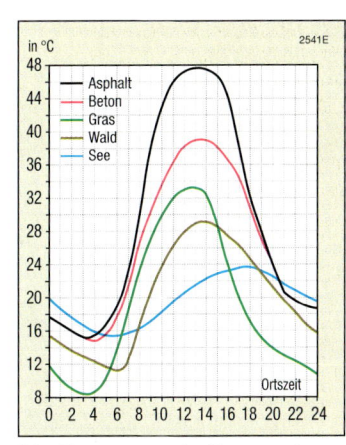

M4 Tagesgang der Temperatur über verschiedenen Bodenoberflächen

Unterschiede innerhalb des Stadtklimas von Dortmund	Stadt-zentrum	Wohngebiet mit Gärten	Industrie-gebiet	Feldflur	Wald
Temperatur im Jahresmittel	9,5° – 10°C	8,5° – 9°C	9° – 9,5°C	8,5° – 9°C	8,5° – 9°C
Anteil der versiegelten Fläche	80 – 100 %	50 – 70 %	60 – 80 %	0 – 20 %	/
Aufheizung und Abkühlung an einem Oktobertag / Strahlungstemperatur °C	13	8	13	8	12
Frosttage	58	64	74	83	64
Sonnentage	22	23	29	20	8
Anzahl der Tage zwischen erstem und letztem Frost (August 1984 bis Juli 1985)	115	173	162	185	118
Anzahl der Heizgradtage[3]	212	217	201	227	keine Angabe

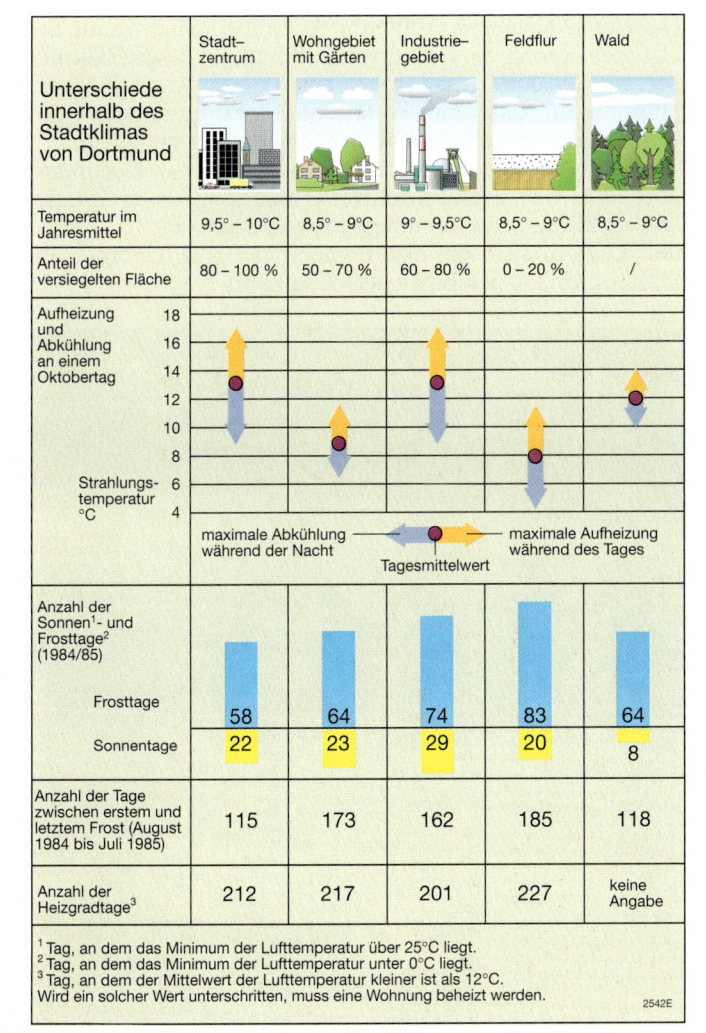

[1] Tag, an dem das Minimum der Lufttemperatur über 25°C liegt.
[2] Tag, an dem das Minimum der Lufttemperatur unter 0°C liegt.
[3] Tag, an dem der Mittelwert der Lufttemperatur kleiner ist als 12°C. Wird ein solcher Wert unterschritten, muss eine Wohnung beheizt werden.

M5 Unterschiede innerhalb des Stadtklimas von Dortmund

3 Vergleiche das Stadtzentrum von Dortmund mit einem anderen Gebiet aus M5 und erläutere die Unterschiede.

4 Temperaturabweichungen zwischen Stadtzentrum und Wald sind besonders in Sommernächten nachweisbar. Begründe (M3 und M4).

5 Ein Waldstück in der Nähe des Stadtzentrums soll abgeholzt werden. Stelle Argumente dagegen zusammen (M3).

M1 Schwach- und Starkwinde an Messpunkten in Dortmund (in % aller Winde)

	Westfalenpark		Randbereich Innenstadt	
	schwach	stark	schwach	stark
J	13,4	13,3	39,8	0,1
F	10,6	18,9	36,5	0
M	13,7	17,9	25,9	0
A	11,9	18,6	14,8	0
M	11,7	11,7	37,9	0
J	12,8	11,2	33,2	0
J	10,7	13,9	36,4	0
A	12,2	8,8	33,2	0
S	20,2	13,5	39,6	0
O	16,3	14,4	53,3	0
N	7,0	32,4	33,3	0,6
D	12,0	16,7	13,5	2,3
Jahr	12,8	20,1	33,9	0,2

Durchzug erwünscht

Eine Schlüsselfunktion für das Stadtklima hat die Durchlüftung vor allem der bodennahen Luftschichten. Der Wind sorgt nicht nur für Frischluftzufuhr, sondern auch für den Abtransport schadstoffbelasteter Luft. Die Windgeschwindigkeiten werden aber durch die vielen Bauwerke innerhalb der Stadt erheblich gebremst. An Hochhäusern und in eng bebauten Straßen können sich dagegen unangenehme Windböen und heftige Zugluft einstellen.

Problematisch wird die Situation bei sommerlichen Hochdruckwetterlagen und Windstille. Nur **Flurwinde**, also Winde, die „aus der umgebenden Flur" wehen, können dann Kühlung bringen. Sie entstehen durch das Temperaturgefälle zwischen Stadt und Umland. Die tagsüber aufsteigende Warmluft über der Stadt führt am Boden zu niedrigem Luftdruck (Tiefdruck). Durch den relativ hohen Luftdruck über den kühleren Außenbereichen gerät die Luft des Nachts in Richtung Stadtmitte in Bewegung und versorgt die Innenstadt mit kühler Luft aus dem Umland. Diese stadteigene Luftzirkulation funktioniert aber nur, wenn es unbebaute Zugbahnen für den Flurwind gibt.

Einige größere Parks sorgen zum Beispiel in Dortmund für eine Verbesserung der Luft bis in die Innenstadt hinein. Die südlichen Stadtteile profitieren davon, dass feuchtere und kühlere Luft von den Höhen des Ardey-Gebirges im Süden (um 230 m hoch) einfließen kann.

1 Begründe die unterschiedlichen Windgeschwindigkeiten an verschiedenen Messpunkten in der Stadt (*M1*).

2 Fertige eine Skizze zur Entstehung von Flurwinden an (Querschnitt durch eine Stadt).

3 Die Stadt Stuttgart liegt in einem Talkessel. Welche Bedeutung hat diese Lage für die Durchlüftung der Stadt?

M2 Luftschneise Fredenbaumpark (vgl. Seite 150 M1 und M2)

Dem Boden wird die Luft abgeschnitten

Die Stadt Dortmund ist mit über 2100 Einwohnern pro km² dicht besiedelt. Der Anteil der besiedelten Fläche am Stadtgebiet liegt bei 55%. Über die Hälfte des Stadtgebietes ist bebaut, knapp 10% sind bewaldet. Nur auf diesen Flächen kann sich Boden auf natürliche Weise bilden. In Parks, auf öffentlichen Grünflächen und in Privatgärten sorgen Gärtner für „Ordnung", das heißt, totes Pflanzenmaterial wird meist abgesammelt und fehlt für die Humusbildung. Oft sind Böden künstlich aufgeschüttet, planiert oder verdichtet. Sind die Poren zwischen den Bodenteilchen zusammengepresst, sinken das Wasserspeichervermögen und der Sauerstoffgehalt. Bodenleben und Pflanzenwachstum werden beeinträchtigt, erst recht, wenn Schadstoffe den Boden belasten.

Das Wechselspiel zwischen Boden und Atmosphäre wird vollends unterbunden, wenn Beton, Asphalt oder Bebauung den Boden versiegeln. Daher kann das Niederschlagswasser nicht mehr in den Boden eindringen. Es fließt in die Kanalisation ab und geht dem Grundwasser verloren. Infolgedessen sinkt der Grundwasserspiegel oft so tief, dass selbst größere Bäume ihn mit ihren Wurzeln nicht mehr erreichen können. Bei heftigen Regengüssen zeigen überlaufende Gullys, dass die Kanalisation den Wassermassen oft nicht gewachsen ist.

Viele Gemeinden versuchen den Boden zu „entsiegeln". So werden Parkplätze mit Rasengittersteinen und Wege mit Platten oder Pflastersteinen belegt. In den Fugen zwischen den Steinen kann Regenwasser versickern, wächst Gras, wird der Boden belüftet und auch mit Nährstoffen versorgt.

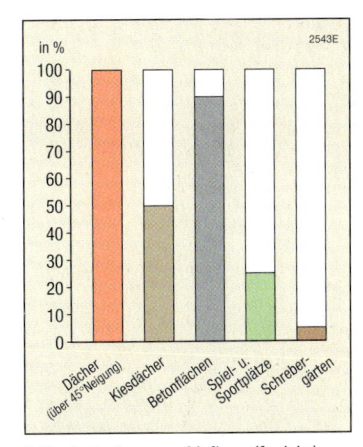

M3 Anteile von Abfluss (farbig) und Verdunstung (weiß) bei verschiedenen Bodenoberflächen

4 Erkläre, wie die städtischen Oberflächen die Verdunstung und den Abfluss von Niederschlagswasser beeinflussen *(M3 und M4)*.

5 Schreibe einen Bericht zum Thema „Kreislaufstörungen der Stadt – Der Patient Boden ist krank".

6 Überlege, wo in der Umgebung deiner Schule eine Entsiegelung von Flächen möglich wäre.

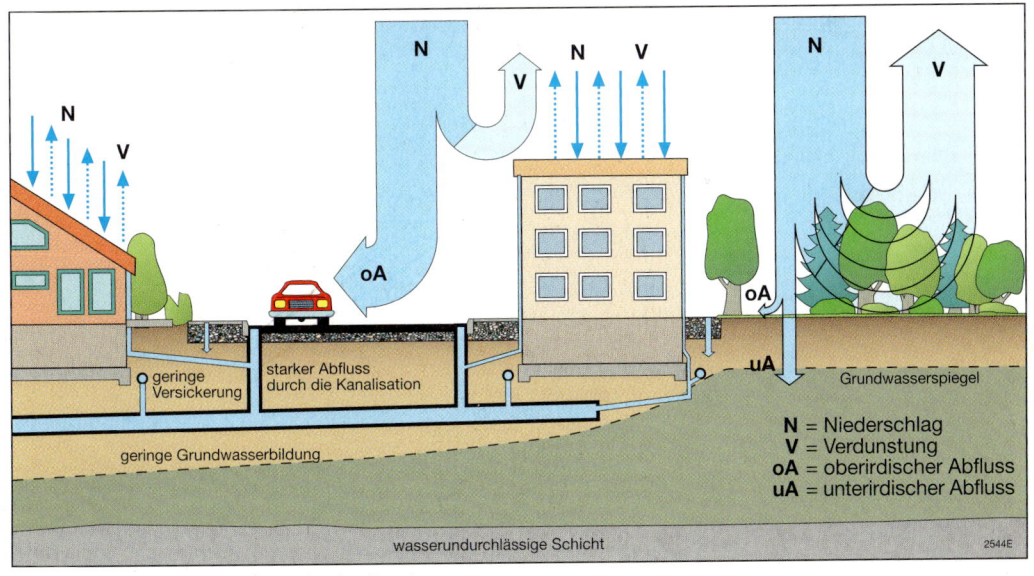

M4 Abfluss und Verdunstung in der Stadt

N = Niederschlag
V = Verdunstung
oA = oberirdischer Abfluss
uA = unterirdischer Abfluss

M1 Geschädigte Straßenbäume

Bäume können nicht ausweichen

Keine Kulturlandschaft ist so stark vom Menschen geprägt wie die Stadt. Große Teile Nordrhein-Westfalens sind eine Stadtlandschaft und gehören zu den am dichtesten besiedelten Industrieregionen der Welt. Bodenbedeckung, Energie- und Wasserhaushalt sind tief greifend verändert und beeinträchtigen das Klima der Städte.

Zur Verbesserung der stadtklimatischen Situation trägt jedes Stück „Natur in der Stadt" bei, wie Parks, Gärten oder Dach- und Fassadenbegrünungen. Jeder Straßenbaum verdient Beachtung. Gerade die Bäume in der Stadt unterliegen jedoch einem besonderen „Stress", weil sie den Umwelteinflüssen schutzlos ausgeliefert sind, ja sogar bewusst zur Filterung der Luft angepflanzt werden. Oft kommen Schäden durch die Salzstreuung im Winter oder zum Beispiel durch Straßenbauarbeiten und parkende Autos hinzu. Verminderter Wuchs, verkrüppelte Blätter, schüttere Kronen, abgestorbene Äste, erhöhte Krankheitsanfälligkeit oder frühes Absterben sind die Folge.

Doch nicht nur die Bäume in der Nähe von Schadstoffquellen sind geschädigt. Seitdem hohe Schornsteine die Schadstoffe in höhere Luftschichten entsenden und dort weiträumig verteilen, sterben ganze Wälder, die weit entfernt von Industriegebieten liegen. Ursache dieses **Waldsterbens** ist zwar immer ein ganzer „Giftcocktail", doch gilt Schwefeldioxid als ein besonders gefährlicher Schadstoff, weil er sich mit dem Wasserdampf in der Luft zu Schwefelsäure verbindet. Diese führt zu Schäden an Gebäuden, zur Versauerung von Böden und Gewässern und greift die Atemwege an.

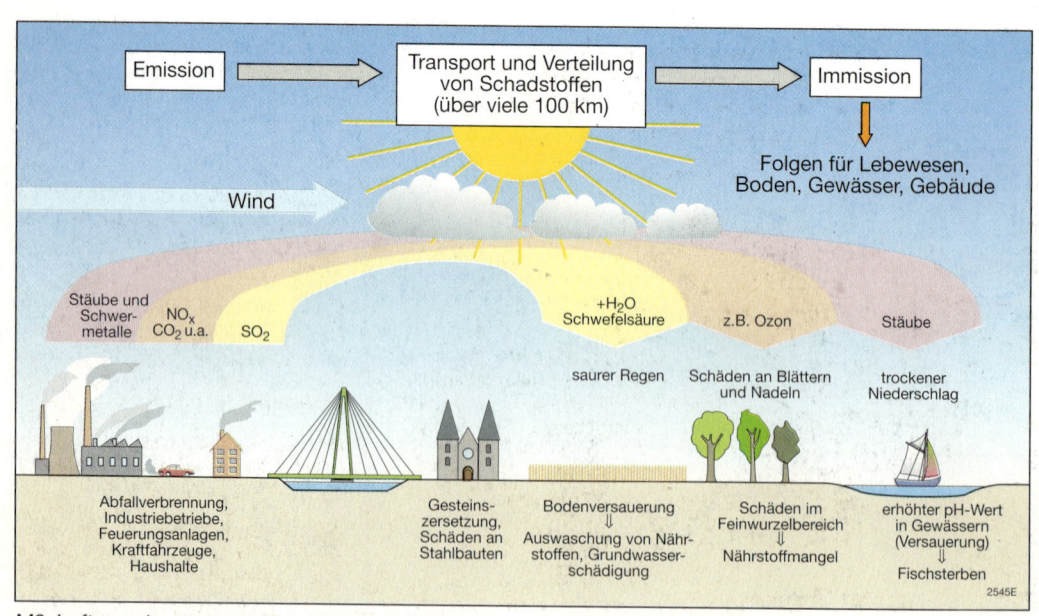

M2 Luftverschmutzung – Ursachen und Folgen

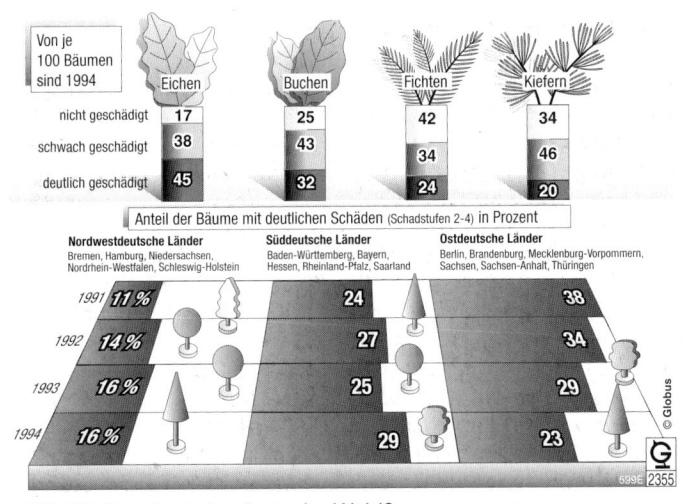

M3 Wie krank ist der deutsche Wald?

M4 Steinfraß an Portalfigur

Was der Landesumweltminister zur Situation des Waldes in Nordrhein-Westfalen sagte, gilt für ganz Deutschland:

„Seit Beginn der 80er Jahre haben die Waldschäden kontinuierlich zugenommen, sie stagnieren seit etwa drei Jahren auf hohem Niveau. Trotz der Umrüstung von fast 4000 Industrieanlagen und mehr als 100 Kraftwerksblöcken in NRW ist noch keine durchgreifende Erholung des Waldes festzustellen. Der gesteigerte Autoverkehr hat die Erfolge bei der Reduzierung von Stickoxiden und Kohlenwasserstoffen eingeschränkt. Das Auto ist heute eindeutig Waldkiller Nr.1!" (Rheinische Post vom 08.10.1994)

M5 Karikatur

1 Stelle zusammen, welchen besonderen Belastungen die Straßenbäume ausgesetzt sind (M1).

2 Schreibe auf, welche Bedeutung der Wald für Luftgüte, Klima, Wasserhaushalt sowie als Lebens- und Erholungsraum besitzt (M2 und Seiten 150-153).

3 Erläutere Ursachen und Folgen der Luftverschmutzung für den Wald (M2 und M3).

4 Das Eggegebirge in Ostwestfalen gehört nicht zu den Smoggebieten (siehe M2 Seite 146), ist aber besonders von Waldschäden betroffen. Begründe (M2).

Wird die Erde zum Treibhaus?

Ein Smogalarm mit Fahrverboten oder Tempolimits macht schlagartig deutlich, dass der Mensch das Klima negativ beeinflusst. Kaum merklich geschieht dies überall auf der Welt durch die Produktion von Gasen, die bei Verbrennungs- (CO_2), Gärungs- und Verdauungsvorgängen (CH_4), aus Spraydosen (FCKW) oder von überdüngten Äckern (N_2O) in die Atmosphäre entweichen. Würden diese Gase fehlen, so wäre es um etwa 35°C kälter auf der Erde, weil sie wie die Dunstglocke über einer Stadt wirken. Nimmt ihr Anteil jedoch weiter zu, so droht ein weltweiter Temperaturanstieg, der so genannte **Treibhauseffekt**.

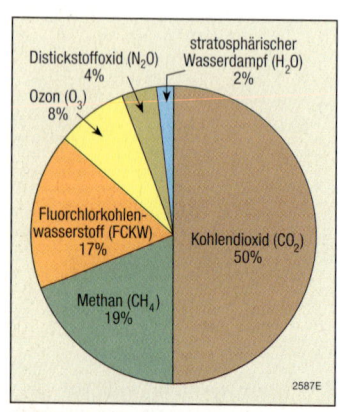

M1 Anteil der Spurengase an der Entstehung des Treibhauseffektes. Alle Spurengase (Treibhausgase) zusammen machen einen Anteil von 0,1% des Volumens der Atmosphäre aus.

- Distickstoffoxid (N_2O) 4%
- Ozon (O_3) 8%
- stratosphärischer Wasserdampf (H_2O) 2%
- Fluorchlorkohlenwasserstoff (FCKW) 17%
- Methan (CH_4) 19%
- Kohlendioxid (CO_2) 50%

1 Die Industrieländer sind die Hauptschuldigen für die Verstärkung des Treibhauseffektes. Begründe (*M1* und *M2*).

2 Erläutere die möglichen Folgen einer Temperaturerhöhung (*M1*).

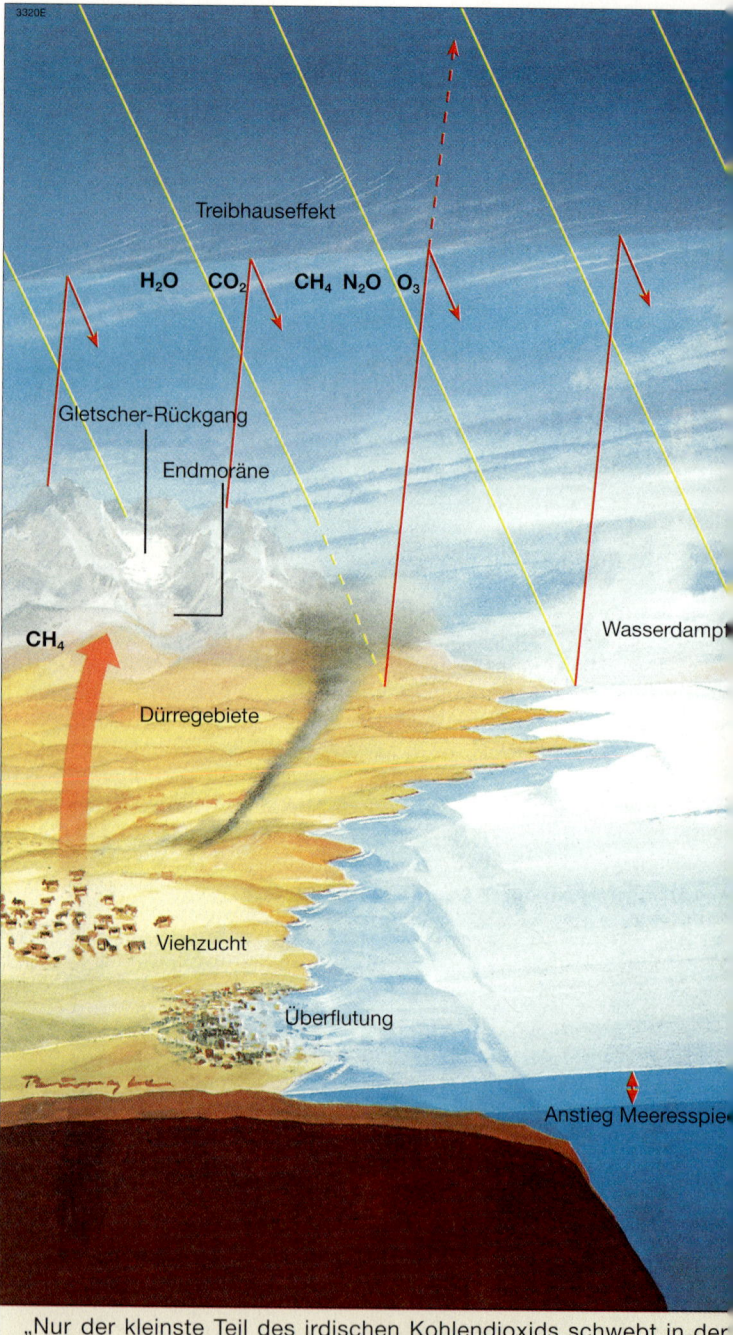

„Nur der kleinste Teil des irdischen Kohlendioxids schwebt in der Gashülle unseres Planeten. 90 Prozent des Spurengases – 39 000 Milliarden Tonnen – sind in den Weltmeeren gebunden. Solange das Wasser der Ozeane nicht mit Kohlendioxid gesättigt ist, lösen sich laufend gigantische CO_2-Mengen aus der Atmosphäre in ihren salzigen Weiten. Auch alle grünen Pflanzen ziehen Kohlendioxid aus der Luft und bauen es mit Hilfe des Sonnenlichts in ihren grünen Blättern zu organi-

M2 Verstärkung des Treibhauseffektes und die Folgen

Treibhausglocke

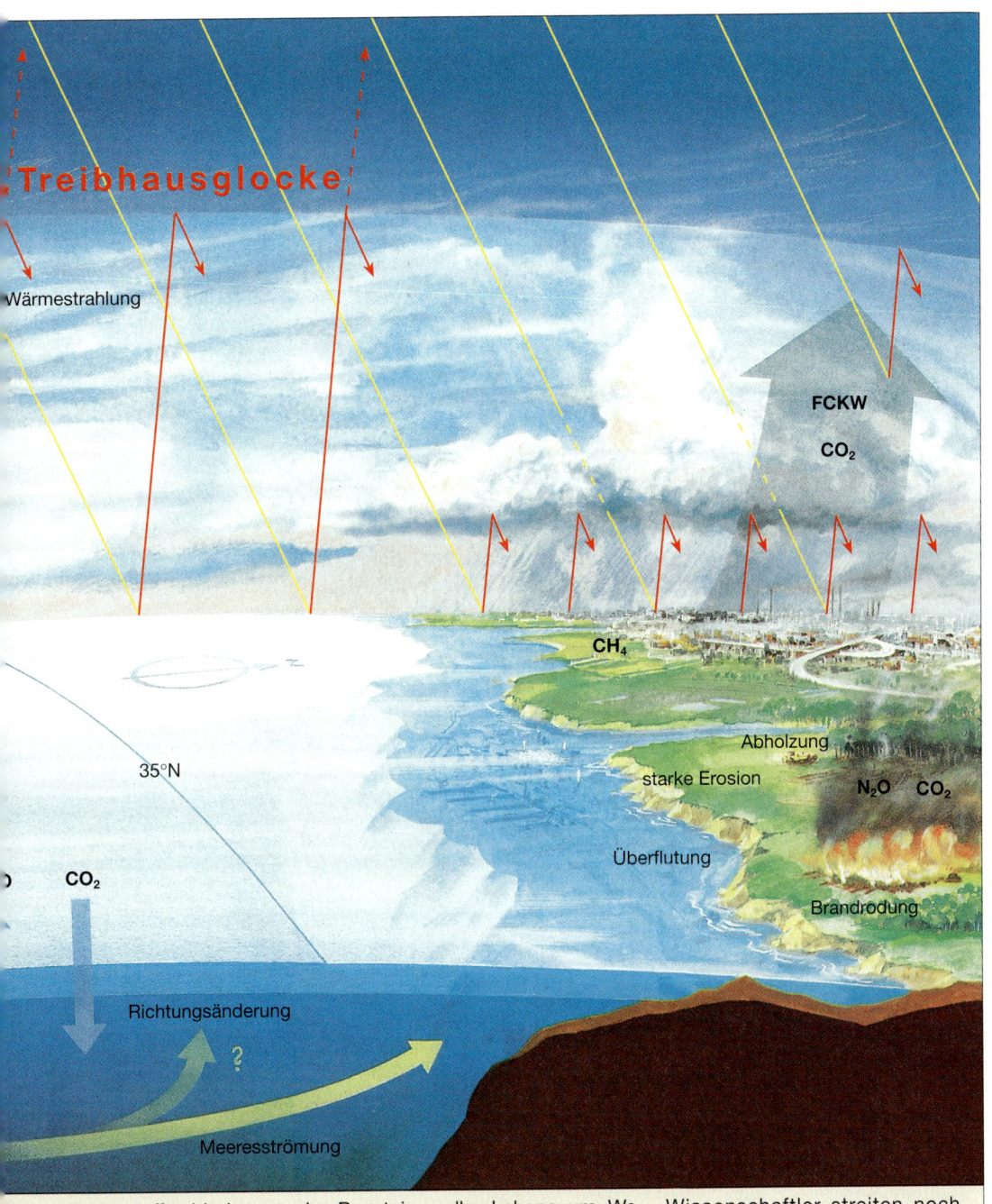

Wärmestrahlung

FCKW
CO$_2$

CH$_4$

Abholzung
starke Erosion
N$_2$O   CO$_2$
Überflutung
Brandrodung

35°N

CO$_2$

Richtungsänderung
?
Meeresströmung

schen Kohlenstoffverbindungen, den Bausteinen allen Lebens, um. Wo immer tropische Wälder niedergebrannt, wo immer fossiler Brennstoff (Überrest vorzeitlicher Biomasse) verheizt wird, steigt das darin gespeicherte Kohlendioxid in den Himmel – jede Sekunde rund 640 Tonnen. Und das ist mehr, als die Ozeane verdauen können. Die Folge: Immer mehr Kohlendioxid schwebt in der Luft und verstärkt so den Treibhauseffekt." (Greenpeace-Nachrichten 1/1989)

Wissenschaftler streiten noch über das Ausmaß der Folgen, weil das Zusammenspiel zwischen Luft, Wasser, Wolkenbildung, Land und Biomasse nur in groben Zügen bekannt ist.

Projekt
Erkunden – Messen – Kartieren

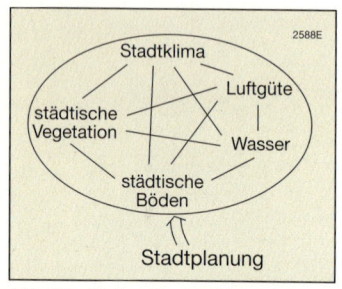

Bodenversiegelung, fehlendes Grün, Abwasserprobleme, Überwärmung, Luftbelastung, Baumsterben, das sind Probleme, die möglicherweise auch in eurem Heimatort auftreten. Mit einfachen Mitteln könnt ihr versuchen dies selbst zu untersuchen und Ausmaß, Ursachen und Wirkungsweisen zu ergründen. Beachtet dabei folgende Schritte:

1. Legt fest, welche Frage ihr untersuchen wollt und welches Ziel ihr damit verfolgt.
2. Plant eure Vorgehensweise und Untersuchungsmethoden.
3. Dokumentiert eure Ergebnisse nach den Untersuchungen (Wand- oder Schülerzeitung, Ausstellung usw.).
4. Stellt eure Ergebnisse in einen größeren Zusammenhang *(M1)*. Vergleicht sie mit Informationen dieses Kapitels und der Situation in Dortmund.
5. Überlegt euch geeignete Maßnahmen zur Verbesserung möglicher Missstände.

M1 Stadtklimatische Zusammenhänge

Hier einige Vorschläge, aus denen ihr je nach Jahreszeit und Wetter auswählen könnt, ob ihr notieren, befragen ●, messen, zählen ● oder kartieren ● wollt.

Durchgrünung
- ●● Verhältnis zwischen versiegelter Fläche und Grünflächen
- ● Dichte, Höhe, Vielfalt der Pflanzenarten
- ● Gestaltung von Fassaden und Innenhöfen
- ● Aussehen/Begrünung von Wegen und Parkplätzen

Straßenbäume
- ● sichtbare Schäden an Stamm und Krone
- ●● Aussehen des Bodens im Wurzelbereich (Verdichtung, Bewuchs)
- ● Breite von Straße/Bürgersteig, Höhe der Häuser
- ●● Verkehrsbelastung der Straße

Fassadenbegrünung und ihre Wirkung
- ● Temperaturen vor dem Blattwerk und direkt an Hausmauer
- ●● Wirkung bei Niederschlag (Regenablauf- und Versickerungsgeschwindigkeit)

Auswirkung unterschiedlicher Bodenbedeckung
- ●● Temperaturen in 2 m Höhe (im Schatten) über unterschiedlichem Untergrund

Blühbeginn von gleichen Pflanzen oder Bäumen an unterschiedlichen Standorten
- ●● Erblühen von Forsythien oder Kastanien

Überwärmung an einem Strahlungstag
- ●● Fahrradtour zu ausgewählten Standorten

Meinung der Bürger über ihre Stadt
- ● zur Durchgrünung/Ausstattung mit Parks
- ● zum Stadtklima (z.B. windige Ecken und Luftgüte)

Merkmale des Stadtklimas im Stadtplan
- ●● Ausgrenzung von klimatisch ähnlichen Gebieten, Überprüfung vor Ort bzw. mit Stadtklimakarte
- ●● Belastungsgebiete (mögliche)
- ●● Frischluftschneisen, Grüngürtel, Kaltluftzufuhr

Maßnahmen der Stadt zur Verbesserung des Stadtklimas (Städtische Ämter)
- ● Planung von Grünflächen/Straßenbäumen
- ● Planungsunterlagen zu Klimaverhältnissen
- ● Trinkwasser-/Abwasserbehandlung

M2 Vorschläge für Untersuchungen in der Stadt

Ein gefährdetes Ökosystem
Die Ostsee

Die Ostsee — Stickstoffeinträge aus der Luft nach Herkunftsländern (in %):
- Deutschland 38%
- Polen 14%
- ehem. UdSSR 13%
- Dänemark 7%
- Schweden 5%
- Finnland 3%
- übriges Europa 20%

Legende:
- Einzugsbereich der Ostsee
- Schwerpunkte der Umweltbelastung
- Schadstoffeinleitung vor allem über Flüsse
- Stickstoff
- Phosphat
- ≙ 2000 t pro Jahr = 100 Güterwagen

Ein gefährdetes Ökosystem
Die Ostsee

Alarm im Norden: Stirbt die Ostsee?

Der Ostsee droht der Erstickungstod. Eine alarmierende Sauerstoffabnahme hat ganze Tiefwasserregionen bereits in 'Todeszonen' verwandelt. 20 000 km² der Ostsee sind seit 10 Jahren ohne Sauerstoff. Im flachen westlichen Bereich reicht die 'lebensfreie Zone' bereits bis zu 14 m unter die Wasseroberfläche. Sichtbare Vorboten waren Fischsterben und die Algenblüte.
(nach: Ostsee-Zeitung vom 18.04.91)

Andere Schreckensmeldungen von der Ostsee berichten von Fischen mit Missbildungen, nachgewiesenen Chemikalien in Pflanzen und Tieren oder kranken Seehunden. Wissenschaftler haben zum Beispiel herausgefunden, dass die Robbenbestände unter anderem deshalb zurückgehen, weil die Fortpflanzung bei etwa 40% der Weibchen durch Umweltgifte gestört ist.

Die Ostsee ist besonders gefährdet, weil sie als Randmeer weitgehend vom Ozean abgetrennt ist. Deshalb geht der Wasseraustausch nur langsam vor sich. Zudem wird sie von den Anrainerstaaten mit ihren rund 80 Millionen Einwohnern intensiv genutzt: als Verkehrsweg, Rohstoff- und Nahrungslieferant, Müllkippe und Erholungsraum sowie an den Küsten als Siedlungs- und Industriestandort.

Eine wesentliche Ursache für den alarmierenden Zustand der Ostsee ist der erhöhte Eintrag von Stoffen, die das Pflanzenwachstum fördern. So hat sich in den letzten 40 Jahren die Menge an Phosphor um das Siebenfache, von Stickstoff um das Vierfache erhöht. Dies bedeutet eine erhebliche Belastung, da das von Natur aus nährstoffarme Ostseewasser „überdüngt" wird. Dadurch verändert sich auch die Lebewelt. Das Phytoplankton (vor allem die Al-

1 Ordne die Schwerpunkte der Umweltbelastung im Einzugsbereich der Ostsee nach Ländern (*Seite 159*).

2 Beschreibe die Belastung der Ostsee (*Seite 159* und *M4*).

3 Beschreibe die Folgen erhöhter Schadstoff- und Nährstoffeinträge (*M1* und *M2*).

4 Erkläre die Bedeutung der Algen im Ökosystem der Ostsee (*M2* und *M3*).

5 Suche nach weiteren Randmeeren auf der Welt und nenne die Anrainerstaaten (*Atlas*).

M1 Algenblüte

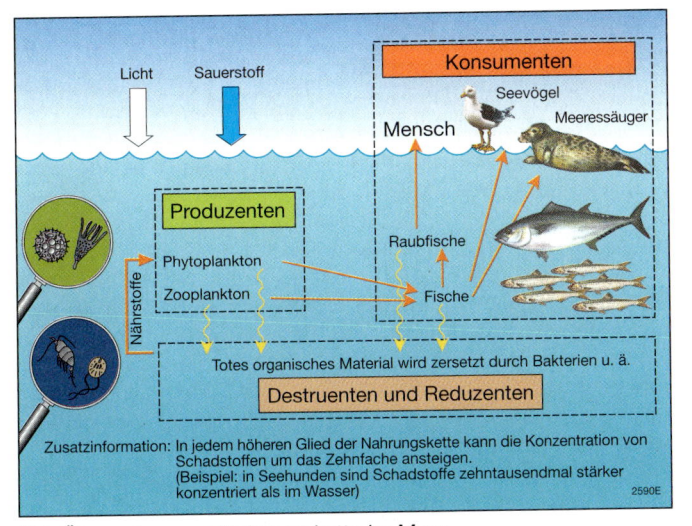

M2 Ökosystem und Nahrungskette im Meer

gen) wird regelrecht „gemästet" und kann sich explosionsartig vermehren. Diese „Algenblüte" ist am Strand als Schaumbildung zu beobachten.

Zum Abbau der massenhaft abgestorbenen Algen verbrauchen Bakterien den im Wasser gelösten Sauerstoff. Ist dieser völlig verbraucht, setzen andere Abbauprozesse ein. Dabei produzieren zum Beispiel Schwefelbakterien das Giftgas Schwefelwasserstoff. Die Folge: Alle höheren Lebewesen sterben, zurück bleiben „Unterwasserwüsten". Wenn eine kräftige Brise die tödlich wirkenden Tiefenwässer nach oben wirbelt, kommt es zum Massensterben von Fischen.

30 000 verschiedene Algenarten sind bis heute bekannt; unter ihnen gibt es mikroskopisch kleine Einzeller von nur wenigen hundertstel Millimetern Durchmesser, aber auch meterlange wie die Braunalgen, im Volksmund „Tang" genannt.

Die Algen versorgen die Meere mit dem nötigen Sauerstoff und sind Nahrung für die Tiere. Die Mikroalgen sind Teil des **Planktons** im Meer, zu dem neben dem so genannten Phytoplankton auch kleinste tierische Organismen (Zooplankton) wie zum Beispiel Einzeller, Fischlarven und Kleinkrebse gezählt werden. Plankton ist die wichtigste Nahrungsquelle im Meer; mit den Algen fangen die **Nahrungsketten** an, von denen ganz am Ende auch der Fischkonsument Mensch lebt.

(nach: Wieland, J., Nordsee in Not. Hamburg 1988)

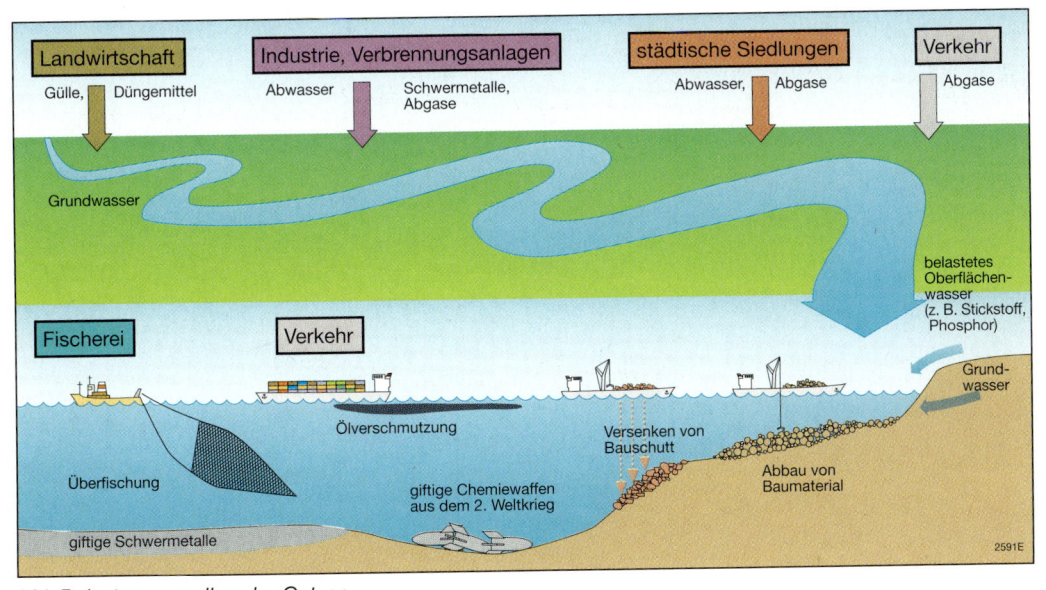

M3 Bedeutung der Algen

M4 Belastungsquellen der Ostsee

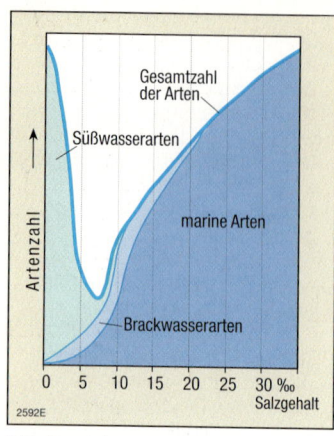

M1 Beziehung zwischen Artenzahl und Salzgehalt

Ostseewasser – salzig oder süß?

Schon ohne das Zutun des Menschen haben Pflanzen und Tiere in der Ostsee schwierige Lebensbedingungen, weil die Ostsee ein **Brackwasser**meer ist, das heißt, ihr Salzgehalt liegt im Mittel bei 9 - 10‰, also zwischen dem Salzgehalt von Meerwasser (über 30,6‰) und Süßwasser (unter 1,8‰). Jeder Urlauber kann beim Muschelsammeln am Strand beobachten, welche Folgen das für die Artenzahl hat. Nur relativ wenige Arten haben es in der noch jungen Geschichte der Ostsee geschafft, sich an diesen Salzgehalt anzupassen. Er ist außerdem nicht überall gleich hoch. Besonders in der Nähe von Flussmündungen schwankt er je nach Süßwasserzufuhr, Wassertemperatur und Jahreszeit. Dorscheier zum Beispiel gehen zu Grunde, wenn der Salzgehalt weniger als 13‰ beträgt.

Der Salzgehalt des Wassers beeinflusst auch die Eisbildung im Winter, denn mit zunehmendem Salzgehalt sinkt die Temperatur, bei der das Wasser gefriert. Vereisungsgefährdet sind besonders die Meeresteile mit einer weniger bewegten Wasseroberfläche, zum Beispiel im Bereich von Inseln, Meeresengen oder flachen Buchten.

Auch mit zunehmender Tiefe verändert sich der Salzgehalt. „Ab einer Tiefe von unter 60 m erhöht sich der Salzgehalt schnell; die Meereskundler reden von einer Sprungschicht. Darunter liegt das Tiefenwasser mit höherem Salzgehalt. Salziges Wasser ist schwerer als salzarmes Wasser. Der Unterschied ist so groß, dass die Sprungschicht auch im Winter nicht aufgebrochen wird, wenn sich das Oberflächenwasser abkühlt und dadurch schwerer wird. Sie deckt also ganzjährig das Tiefenwasser ab, verhindert die Durchmischung und damit auch die Anreicherung mit Sauerstoff." *(nach: MNU 41/5, 1988, S. 271/272)*

1 Die Ostsee ist das größte zusammenhängende Brackwassermeer der Erde. Gib an, welche Folgen dies für die Artenzahl darstellt (*M1*).

2 Stelle Zusammenhänge zwischen Ostseewasser (Temperatur und Salzgehalt) und Klima im Ostseeraum her (*M3, M4, Atlas*).

3 „Die Ostsee hat einen Deckel." Erkläre diesen Satz (*M5*).

4 Nenne und begründe den Salzgehalt im Skagerrak und im Finnischen Meerbusen (*M3*).

M2 Junge Robben, sie werden im Frühjahr auf dem Eis geboren.

M4 Sauerstofflöslichkeit (in ml/l) im Wasser in Abhängigkeit von Temperatur und Salzgehalt

Wasser-temperatur in °C	Salzgehalt in ‰		
	10	20	35
-2	10,19	9,50	8,47
0	9,65	9,00	8,04
10	7,56	7,09	6,41
20	6,22	5,88	5,35
30	5,27	4,95	4,50

(Quelle: Hupfer, Ostsee, S. 120)

Lesehilfe: Wenn der Salzgehalt 10 ‰ und die Wassertemperatur -2°C beträgt, können in 1 l Wasser 10,19 ml Luftsauerstoff gelöst sein.
10 ‰ entsprechen 10 g Salz auf 1 l Wasser.

M3 Mittlerer Oberflächensalzgehalt und Eisbedeckung

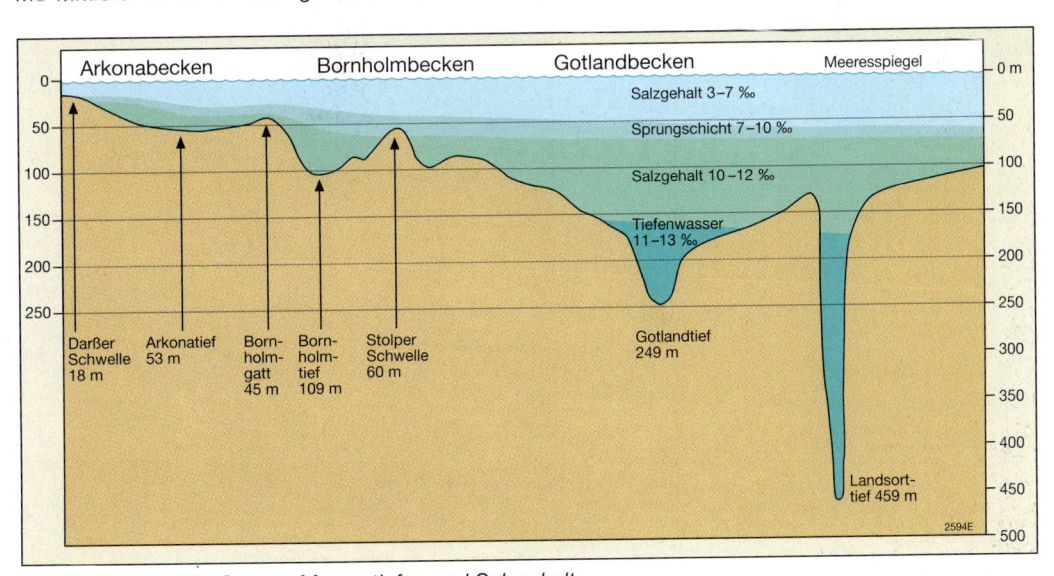

M5 Profil durch die Ostsee: Meerestiefen und Salzgehalt

163

1 Erläutere Wechselbeziehungen zwischen dem Relief des Meeresbodens und dem Salzgehalt der Ostsee *(M2)*.

2 Welche Ursachen hat die schlechte Verfassung der Ostsee? Unterscheide nach natürlichen und menschlichen Einflüssen.

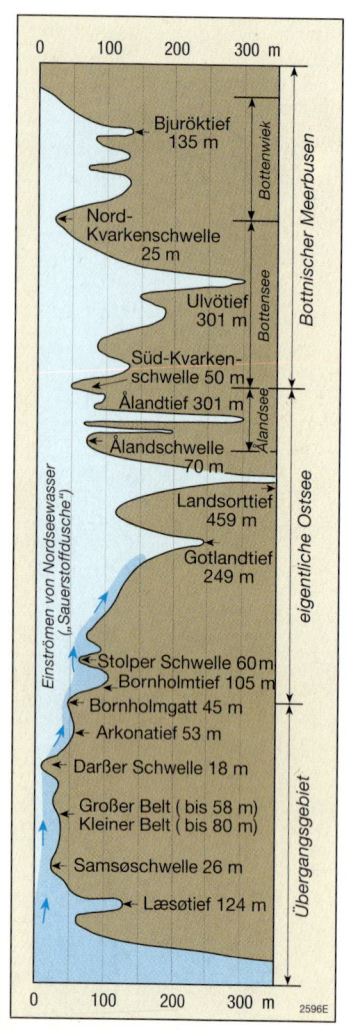

Nordsee rettet Ostsee

Die Fische in der Ostsee können durchatmen. Nach jahrelangem Sauerstoffmangel in den tieferen Regionen haben die orkanartigen Stürme des vergangenen Jahres den kaum mehr messbaren Sauerstoffgehalt in diesem Frühjahr anwachsen lassen. In den Jahren zuvor hatten der Salz- und der Sauerstoffgehalt die niedrigsten jemals beobachteten Werte erreicht. Ursachen für die schlechte Verfassung des Meeres waren teils menschliche, teils natürliche Einflüsse. (nach: GEO Nr. 9, 1993, S. 160)

Während die Nordsee ständig Wasser mit dem offenen Ozean austauscht und Ebbe und Flut die Wassermassen kräftig durchmischen, hat die Ostsee nur ein „Nadelöhr" als Verbindung zur Nordsee und praktisch keine Gezeiten. Der Austausch der Wassermassen zwischen Nord- und Ostsee dauert daher sehr lange, etwa 20 bis 40 Jahre. Niederschläge und Flusswasser führen der Ostsee regelmäßig Süßwasser zu. Sauerstoffreiches Nordseewasser strömt dagegen im langjährigen Mittel nur alle drei bis fünf Jahre in größeren Mengen ein, wenn die Winterstürme heftig genug sind um das Nordseewasser in Richtung Ostsee zu drücken. Besondere Gefahr für die Meerestiere droht, wenn diese „Sauerstoffdusche" längere Zeit ausbleibt, wie es von 1976 bis 1993 der Fall war. Beim Einströmen schiebt sich das schwerere Nordseewasser unter das leichtere Ostseewasser, hebt also das Tiefenwasser an, so dass es sich durchmischen kann. Die Wassermengen reichen aber oft nicht aus um sich über die hohen untermeerischen Bergrücken hinweg bis in alle Becken und Meeresbuchten hinein auszubreiten.

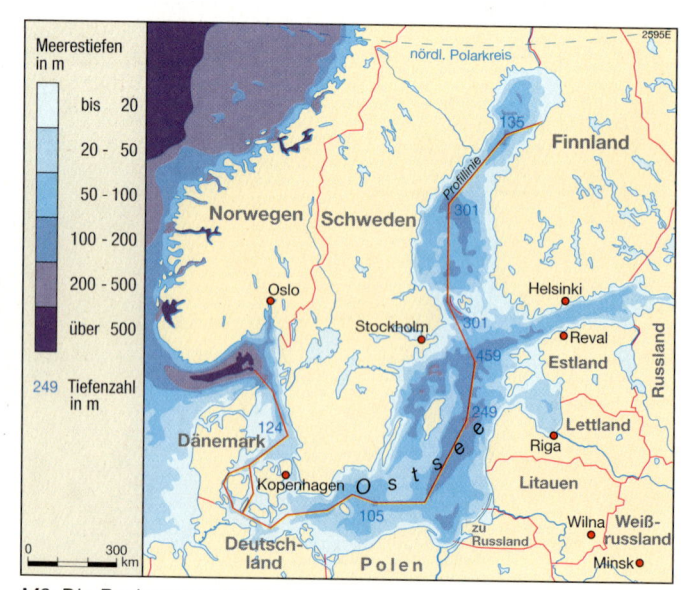

M1 Bodenprofil der Ostsee (Profillinie siehe M2)

M2 Die Bodentopographie der Ostsee

Blick in die Zukunft

Wissenschaftler, Umweltschutzorganisationen und Bürgerinitiativen sind rund um die Ostsee bemüht, die Wechselwirkungen in diesem Ökosystem zu analysieren, die Belastungen zu registrieren und Auswirkungen auf Flora und Fauna zu studieren. Die Ostsee reagiert wegen ihrer besonderen geographischen Bedingungen ausgesprochen empfindlich auf alle Veränderungen.

Die Notwendigkeit zum Schutz der Ostsee wurde seit langem erkannt. Schon 1974 haben sich die Anrainerstaaten in der „Konvention zum Schutz der marinen Umwelt der Ostsee" vertraglich zusammengeschlossen. Seit dem politischen und wirtschaftlichen Umbruch in Osteuropa wurde es deutlicher denn je: Die Sanierung der Ostsee ist eine Herausforderung für die europäische Umweltpolitik. Denn was nützen Kläranlagen der schwedischen Holzindustrie, wenn die Belastung aus der Luft anhält und die Nachfolgestaaten der Sowjetunion kein Geld für den Umweltschutz haben?

1992 wurde das Ostseeaktionsprogramm verabschiedet, dessen Ziel es ist, mit umfassenden Maßnahmen die ökologisch dringend erforderliche Sanierung der Ostsee anzukurbeln und die Finanzierung sicherzustellen. Das Kernstück des Programms bilden diverse Maßnahmen zur Verringerung der Schad- und Nährstoffeinträge, wie zum Beispiel die Reinigung kommunaler und industrieller Abwässer sowie der Einsatz umweltschonender Technologien in der Industrie, Abfallwirtschaft und Landwirtschaft. Insgesamt werden 132 besondere Belastungsschwerpunkte genannt, die vorrangig saniert werden sollen. Das gesamte Programm ist auf mindestens 20 Jahre ausgelegt.

M3 Inhalt des internationalen Ostseeaktionsprogrammes

- Maßnahmen zur Verringerung der Umweltbelastung
- Förderung der angewandten Forschung
- Stärkung des öffentlichen Umweltbewusstseins und Förderung der Umwelterziehung, Ausbildung von Umweltschutzexperten
- Bewirtschaftungsprogramme für Meeresbuchten und Feuchtgebiete
- Schaffung politischer und rechtlicher Rahmenbedingungen

3 Das Mittelmeer hat einen Salzgehalt von ca. 39 ‰ (Atlantik 35 ‰). Suche nach Gründen, indem du Größe, Klimazone und Zugang zum Atlantik mit der Ostsee vergleichst (*M2, Atlas*).

4 Nenne die Teilbereiche der Ostsee, die durch das Ostseeaktionsprogramm vorrangig saniert werden müssen (*M3-M5*).

5 Warum ist die Sanierung der Ostsee eine Aufgabe für die europäische Umweltpolitik (*Seite 159 und M3-5*)?

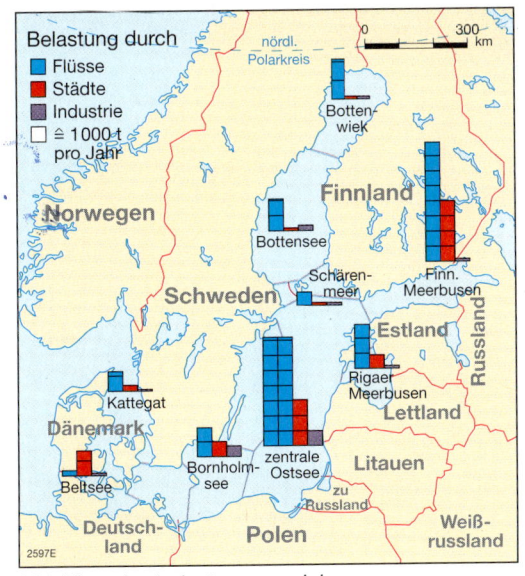

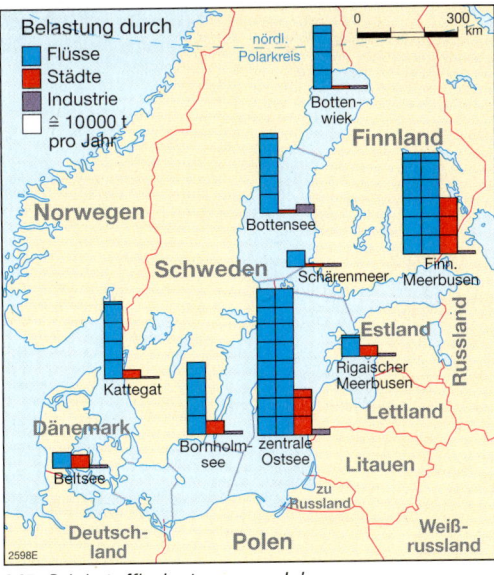

M4 Phosphorbelastung pro Jahr

M5 Stickstoffbelastung pro Jahr

1 Beschreibe die Verschmutzung der Weltmeere (*M1*).

2 Wähle Meeresteile mit unterschiedlichem Verschmutzungsgrad aus (*M1*) und begründe mit Hilfe des *Atlas*.

3 Vergleiche die Lage der Häfen Narvik und Luleå (*Atlas*). Warum ist nur Narvik ganzjährig eisfrei?

4 Wissenschaftler befürchten bei abschmelzenden Gletschern in Grönland eine Erniedrigung des Salzgehaltes im Nordatlantik. Welche Folgen könnte das für die Meeresströmungen und das mitteleuropäische Klima haben?

Der größte aller Lebensräume – unerforscht

Es ist paradox: Unser blauer Planet heißt zwar Erde, doch sind rund 70% mit Wasser bedeckt. Alles Leben stammt aus dem Meer. Doch über diesen größten aller Lebensräume wissen wir nur wenig. Videoaufnahmen aus 5000 m Tiefe im Nordatlantik haben zum Beispiel Spekulationen geweckt, dass auf dem Tiefseegrund Millionen unbekannter Arten leben. Nur in groben Umrissen ist bisher bekannt, welche Bedeutung die Meere als Klimafaktor, als Ökosystem und als Ressourcenquelle haben. Rund die Hälfte der Menschheit lebt in Küstennähe, 99% der weltweit gefangenen Fische kommen aus den Küstenregionen. Doch gerade dieses Nahrungsreservoir und die „Kinderstube" für viele Fische und Krebse sind weltweit durch Verschmutzung, Zerstörung und Raubbau bedroht.

Im September 1994 fand eine „Europäische Konferenz über große Herausforderungen der Meeres- und Polarforschung" in Bremen statt. Hier einige Stimmen:
„Wer die globale Wettermaschine Ozean verstehen und das Klima der Zukunft vorhersagen will, der muss die wichtigsten Meeresströme und deren Änderungen erklären können. Zwei entscheidende Pumpen für die globalen Ströme liegen an den beiden Polen. Dort sinkt kaltes, salzreiches und daher schweres Wasser in die Tiefen und hält damit eine gigantische Strömung in Schwung, die als salzhaltige Tiefen- und warme Oberflächenströmung den Globus umspannt."

„Die Meere enthalten 95% des in der gesamten Biosphäre vorhandenen Kohlenstoffes, weil das Plankton der Luft Kohlendioxid entzieht und als Kohlenstoff in der Biomasse bindet. Die Biomasse, die auf den Meeresboden sinkt, wird im Gestein gelagert. Wenn nicht große Teile des Treibhausgases CO_2 in den Weltmeeren gespeichert würden, hätten wir längst noch größere Klimaprobleme. Was aber, wenn Algen und Plankton in ihrem Wachstum behindert werden, zum Beispiel durch zunehmende Verschmutzung, durch Zunahme der schädlichen Strahlung des Sonnenlichts oder durch Änderung der Wassertemperaturen?"
(nach: Schuh-Tschan, H., in: Die Zeit vom 23.09.94)

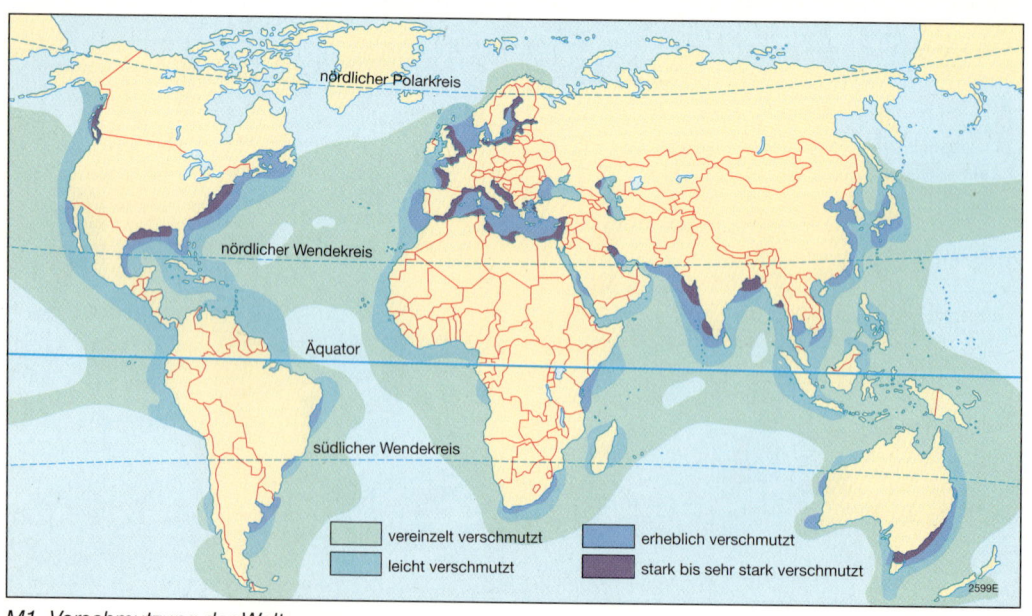

M1 Verschmutzung der Weltmeere

Die Erhaltung der Umwelt – eine Aufgabe für alle

Der Mensch beeinflusst seit Jahrhunderten das natürliche Gleichgewicht in der Natur. Landwirtschaft, Industrie, Städtebau und Freizeitverhalten belasten den Boden, die Luft und das Wasser. Die Eigenschaften der Bodenhorizonte werden durch die intensive Landwirtschaft verändert: Der Einsatz schwerer Maschinen führt zur Bodenverdichtung, die die Gefahr der Bodenerosion erhöht. Jahrhundertelang hat der Mensch durch Fruchtwechselwirtschaft und Brache dem natürlichen Stoffkreislauf im Boden Rechnung getragen. Heute entziehen Monokulturen dem Boden einseitig Nährstoffe, die ihm durch Düngung wieder zugeführt werden müssen. Ein nicht richtig dosierter Einsatz von Düngemitteln, Gülle und Pflanzenschutzmitteln schädigt das Bodenleben und das Grundwasser. Durch Oberflächenabspülung gelangen diese Stoffe auch in die Gewässer mit der Folge, dass die Biomasse sich erhöht und die biologische Selbstreinigungskraft sinkt. Diese wird auch durch Einleitungen aus geklärten häuslichen oder industriellen Abwässern oder von Kühlwässern beeinträchtigt.

Die Belastung des Flusswassers bleibt nicht ohne Auswirkungen auf die Meere. Besonders empfindlich sind Randmeere. Handelt es sich dabei auch noch um Brackwassermeere, dann erschweren sich die Lebensbedingungen für das Plankton und die höheren Tiere und Pflanzen weiter. Schadstoffe im Wasser reichern sich über die Nahrungskette an, so dass auch der Mensch direkt gefährdet ist.

Intensivere Nutzung der Flusstäler, Verbesserung der Bedingungen für die Schifffahrt und Hochwasserschutzmaßnahmen waren Motive für Gewässerbaumaßnahmen, wie Flussbegradigungen. Dadurch und durch die Bodenversiegelung wurde der Wasserhaushalt im Einzugsgebiet von Flüssen verändert. So kam es zu Grundwasserabsenkungen, zur verstärkten Erosion und Akkumulation und zum Verlust besonderer Lebensräume, wie der Auewälder. Durch Renaturierungsmaßnahmen, wie Deichverlegungen oder Polder, versucht man die negativen Folgen zu korrigieren.

Durch die Emissionen von Industrie, Verkehr oder privaten Haushalten bildet sich über den Städten besonders bei Inversionswetterlagen eine Dunstglocke. Sie verändert das Mikroklima der Stadt, so dass zum Beispiel der Wärmeaustausch und damit die Entstehung von Flurwinden gestört ist. Besonders Smog-Wetterlagen sind für die Menschen gefährlich. Deshalb wird bei Überschreitung festgelegter Grenzwerte Smogalarm ausgelöst. Die Luftverschmutzung ist auch die Ursache für die Versauerung von Gewässern und Böden und damit für das Waldsterben.

Die Erhaltung der natürlichen Lebensgrundlagen Boden, Wasser und Luft erfordert abgestimmtes Handeln über Grenzen hinweg und den Schutz naturnaher Landschaften, zum Beispiel in Nationalparks oder Biosphärenreservaten. Durch die Erforschung der Folgen menschlicher Aktivitäten auf den Naturhaushalt können Fehlhandlungen vermieden werden.

Wichtige Begriffe

Einzugsgebiet
Bodenversiegelung
Mäander
Naturhaushalt
Auewald
Renaturierung
Polder
Biologische Selbstreinigung
Nahrungskette
Bodenhorizont
Biomasse
Stoffkreislauf
Brache
Erosion
Monokultur
Emissionen
Altlast
Smog
Inversion
Wärmeinsel
Dunstglocke
Mikroklima
Flurwinde
Waldsterben
Treibhauseffekt
Randmeer
Plankton
Brackwasser

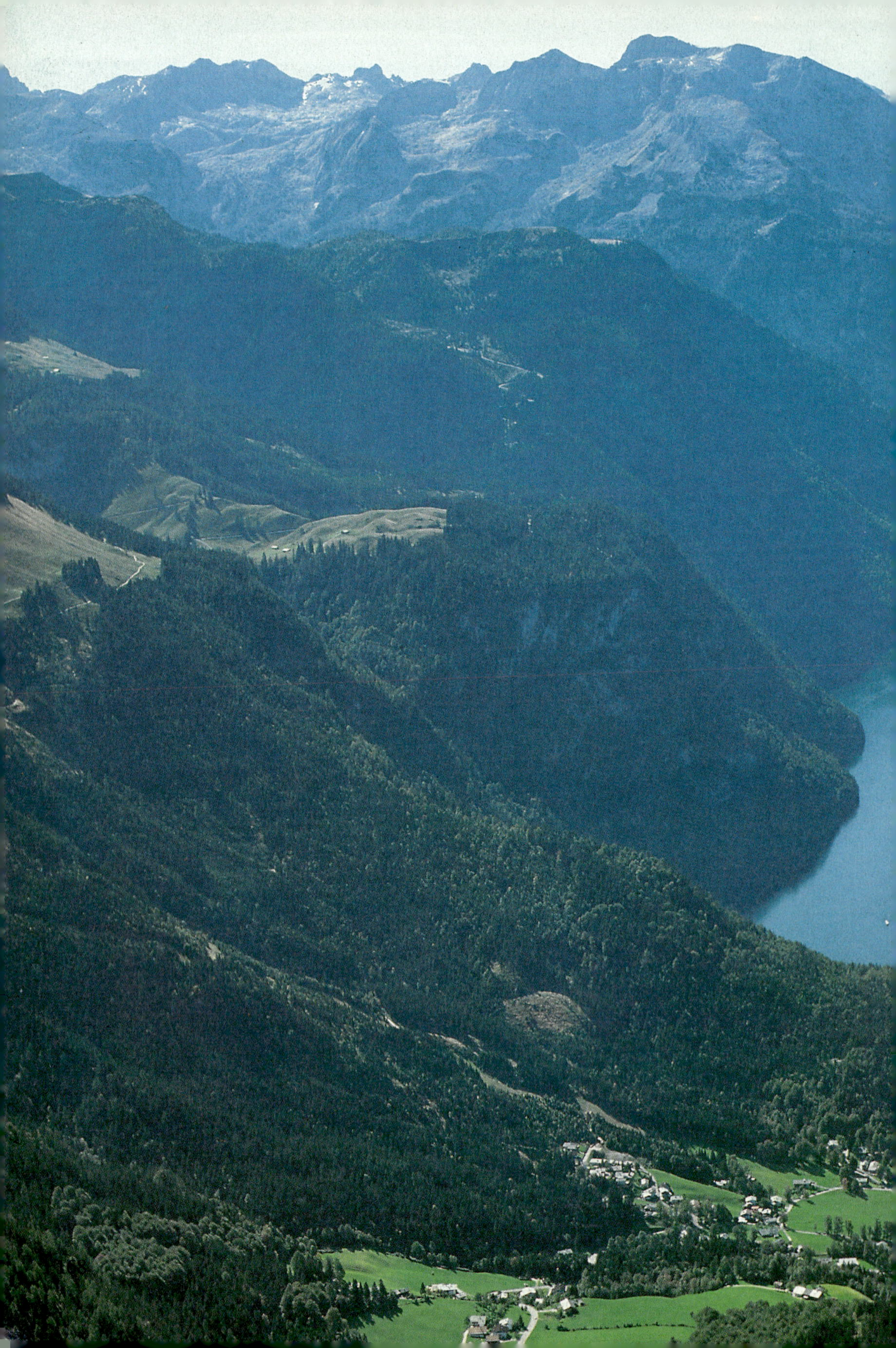

Ein Raum unter der Lupe
Nationalpark Berchtesgaden –
Schutz ohne Konflikte?

Ein Raum unter der Lupe
Nationalpark Berchtesgaden

Eine Raumanalyse zielt darauf ab, die unverwechselbaren Merkmale, die Besonderheiten eines Raumes zu erfassen. Sie ergeben sich durch das Zusammenwirken der naturräumlichen Faktoren und deren Beeinflussung durch den wirtschaftenden Menschen. Für die Untersuchung des Raumes ist die Konzentration auf eine wichtige Fragestellung sinnvoll.
Diese Leitfrage ist in Teilfragen zu untergliedern. Sie bestimmen die Materialauswertung und führen zu Teilantworten, aus denen sich die umfassende Aussage ergibt. Die abschließende Antwort muss das Zusammenspiel der Faktoren und die Besonderheit des Raumes verdeutlichen.

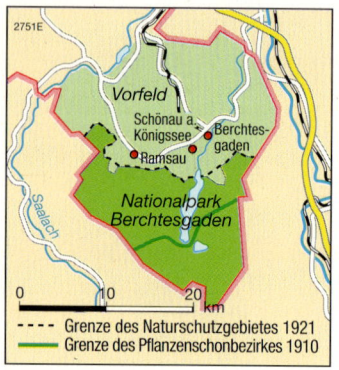

Der Nationalpark wird erforscht

Der Nationalpark Berchtesgaden hat sich nicht nur den Schutz der Natur, sondern auch die Umwelterziehung zur Aufgabe gemacht. Beides setzt voraus, dass wir die natürliche Ausstattung des Schutzgebietes kennen und seine Beeinflussung durch die Menschen im Laufe der Jahrhunderte erfassen. Uns interessiert ganz besonders die Frage, welche Auswirkungen der Tourismus und die alten, auch heute nicht aufzuhebenden Nutzungsrechte der privaten Alm- und Forstwirtschaft auf den Naturhaushalt haben und wie diese wirtschaftlichen Interessen mit denen des Naturschutzes in Einklang zu bringen sind.

Die Zusammenhänge zwischen Naturausstattung und wirtschaftlicher Nutzung sind vielfältig. Deshalb wird fächerübergreifende Forschung und Datenauswertung betrieben. Forstwissenschaftler, Zoologen, Vegetationskundler, Meteorologen, Hydrologen, Geologen, Geographen und Sozialwissenschaftler versuchen gemeinsam Antworten auf die Frage zu geben.

Das gewonnene Daten- und Informationsmaterial wird entsprechend den Fragestellungen ausgewertet. Die moderne Computertechnik erleichtert uns die Verarbeitung der einzelnen Forschungsergebnisse zu einem umfassenden geographischen Informationssystem. In vielen Jahren der fragengeleiteten Forschung haben wir herausgefunden, welche Faktoren in diesem alpinen Landschaftshaushalt zusammenwirken und wie sie auf verschiedene Beeinflussungen reagieren. In Kenntnis der kausalen Zusammenhänge können wir einen Plan erstellen, wo und in welchem Umfang Nutzungen im Nationalpark zu tolerieren sind.

Seit der Nationalpark und sein Vorfeld 1983 von der UNESCO als Biosphärenreservat anerkannt wurde, arbeiten wir auch an einem internationalen Forschungsprojekt „Man and Biosphere" (MAB) mit.

Ebenso wie Forscher in Nord- und Südamerika oder im Himalaya gehen wir den Fragen nach: „Welchen Einfluss hat der Mensch auf das Ökosystem eines Hochgebirges?" und „Wie lassen sich natürliche bzw. naturnahe Räume wieder herstellen oder erhalten?"

(aus einem Vortrag eines Mitarbeiters, Nationalpark Berchtesgaden, 1995)

M1 Der Nationalpark Berchtesgaden

◁ Seiten 168/169: Blick in den Nationalpark Berchtesgaden

M2 Heutige Nutzflächenverteilung im Nationalpark

Naturraum 29% (Fels, Flächen oberhalb der Waldgrenze)
Siedlung 1%
ohne forstliche Nutzung 40%
Verkehr 2%
Gewässer 2%
*Grünland 9%
Wald 57%
forstlich genutzt 17%

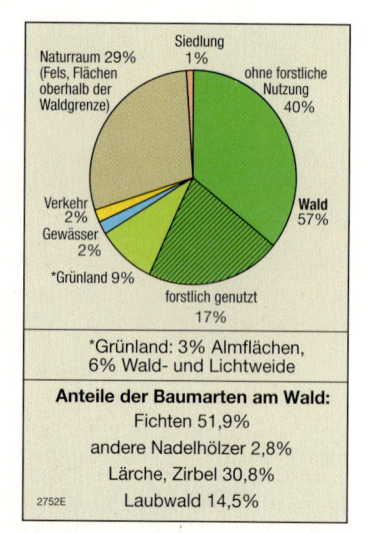

*Grünland: 3% Almflächen, 6% Wald- und Lichtweide

Anteile der Baumarten am Wald:
Fichten 51,9%
andere Nadelhölzer 2,8%
Lärche, Zirbel 30,8%
Laubwald 14,5%

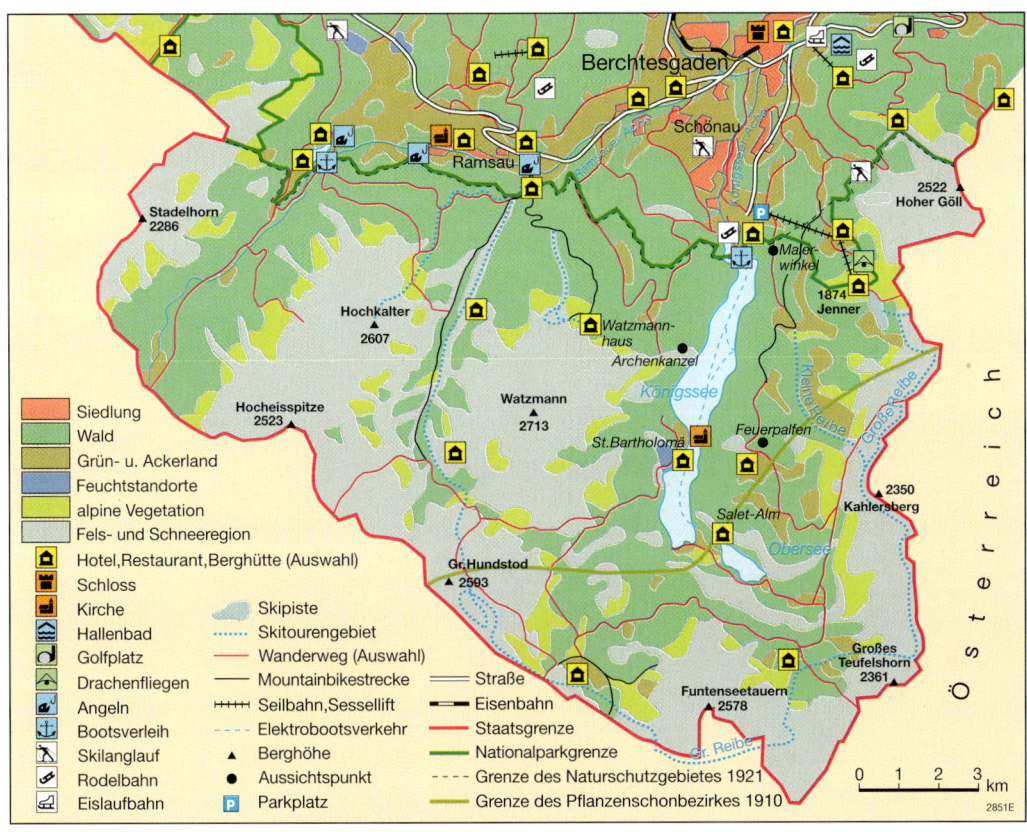

M3 Vegetation und Nutzung im Nationalpark und im Vorfeld

Biosphärenreservate sind großflächige, repräsentative Ausschnitte von Natur- und Kulturlandschaften. Aufgabe des Biosphärenschutzes ist die weltweite Erforschung und Erhaltung der durch traditionelle Landnutzungen gewachsenen Kulturlandschaften. Die Anerkennung als Biosphärenreservat und die Koordination der Forschungen erfolgt durch ein Komitee der UNESCO.

Aus dem Bundesnaturschutzgesetz
(1) Nationalparke sind rechtsverbindlich festgesetzte, einheitlich zu schützende Gebiete, die
  1. eine bestimmte Größe haben und von besonderer Eigenart sind,
  2. im überwiegenden Teil naturschutzwürdige Gebiete umfassen,
  3. sich in einem vom Menschen nicht oder wenig beeinflussten Zustand befinden und
  4. vornehmlich der Erhaltung eines möglichst artenreichen heimischen Pflanzen- und Tierbestandes dienen.
(2) Nationalparke sollen, sofern möglich, der Allgemeinheit zugänglich gemacht werden.

M4 Steckbrief des Nationalparks

Größe:
  Nationalpark   210 km^2
  Vorfeld des Parks   250 km^2
Geschichte:
  1910 Pflanzenschonbezirk
       Berchtesgadener Alpen
  1921 Naturschutzgebiet Königssee
  1978 Nationalpark Berchtesgaden
  1983 Teil des Biosphärenreservates
tiefster Punkt:
  Königssee   603 m
höchster Punkt:
  Watzmann   2713 m
Wegenetz: 190 km

Der Erholungswert des Alpenraumes hängt ganz entscheidend von der Arbeit der Bauern und Forstleute ab. Die Almwirtschaft sorgt für eine abwechslungsreiche Landschaft und ermöglicht Wintersport auf den Almhängen, aussichtsreiche Wanderungen und Bergtouren.
(Bayerischer Staatsminister Eisenmann)

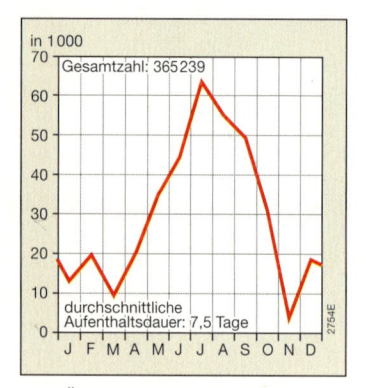

Ein Nationalpark, den der Mensch gestaltet

Sommer, Sonne und was dann?
Ganz klar: Urlaub im Berchtesgadener Land. Sie genießen das Erlebnis einer ursprünglichen Landschaft. Wandern im Berchtesgadener Land, im einzigen alpinen Nationalpark Deutschlands, bedeutet Schritt für Schritt die Natur neu zu entdecken. Wo die Natur sich selbst überlassen sein darf, haben seltene Pflanzen und vom Aussterben bedrohte Tiere ihre Ruhe und natürliche Heimat gefunden. Der Erlebniswert steigt.
(aus: Werbeprospekt der Gemeinde Berchtesgaden)

Nationalparke werden eingerichtet zur „Freude und Erbauung" der Besucher. Diese Zielsetzung aus der Gründerzeit der Nationalparke in Nordamerika ist im Zusammenhang mit anspruchsvollen Naturschutzaufgaben nicht immer konfliktfrei. Durch drei Grundsätze sollen im Nationalpark Berchtesgaden Konflikte vermieden werden:
1. Das Erholungsangebot des Nationalparks ist in erster Linie ein Angebot für den Fußgänger.
2. Die Besucher werden gebeten auf den ausgebauten und markierten Wegen zu bleiben, damit in den restlichen Gebieten Ruhe herrscht.
3. Auf Wanderungen und in Vorträgen vermitteln die Mitarbeiter der Nationalparkverwaltung den Besuchern persönliches Naturerleben und Informationen über die Umwelt.
(aus: Information der Nationalparkverwaltung)

M1 Übernachtungsgäste im Berchtesgadener Land (1995)
Gesamtzahl: 365 239
durchschnittliche Aufenthaltsdauer: 7,5 Tage

M2 Besucher von Königssee und Jenner (1995)

Übernachtungsgäste	365 239
Übernachtungen	2 749 583
Königssee-Parkplatz:	
Pkw und Motorräder	327 457
Busse	7 666
Besucher Bartholomä	654 956
Benutzer der Jennerbahn	584 674

M3 Auf dem Jenner, einem beliebten Wanderziel

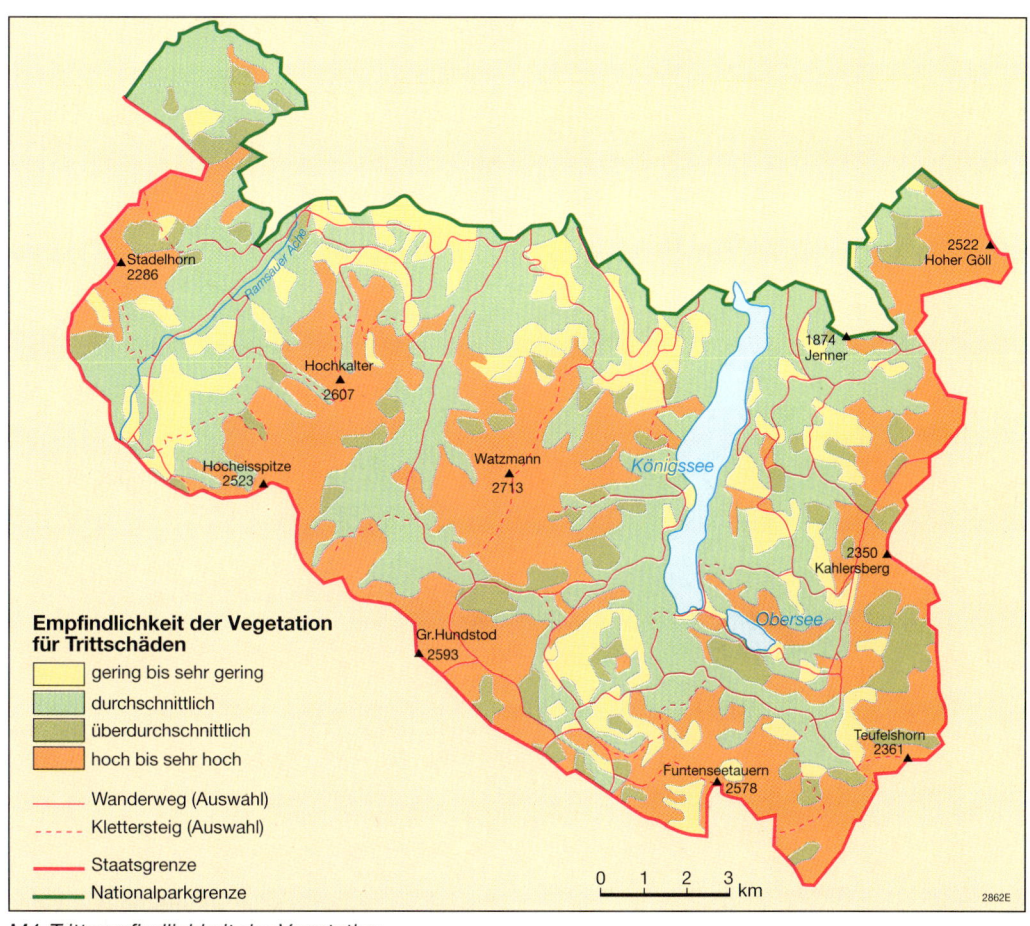

Empfindlichkeit der Vegetation für Trittschäden
- gering bis sehr gering
- durchschnittlich
- überdurchschnittlich
- hoch bis sehr hoch
- Wanderweg (Auswahl)
- Klettersteig (Auswahl)
- Staatsgrenze
- Nationalparkgrenze

M4 Trittempfindlichkeit der Vegetation

M5 Trittschäden durch Touristen

M6 Belastung der Oberfläche durch Touristen

STEHEN Druck bis 200 g/cm²
SITZEN Druck bis 70 g/cm²
STEIGEN Druck bis 400 g/cm²
LAGERN Druck bis 40 g/cm²
BERGABSPRINGEN Druck bis 57 000 g/cm²

M1 Almwirtschaft im Nationalpark

1830	143 Almen
1988	60 Almen
	(5400 ha Waldweide)
1994	24 Almen
	(5000 ha Waldweide)

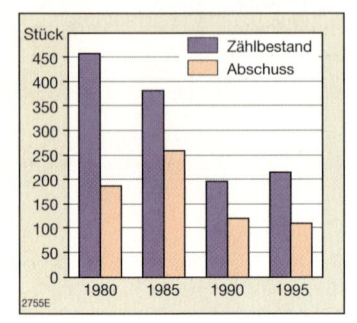

M2 Rotwildbestand und Abschuss

M3 Verbiss- und Fegeschäden durch Wild und Weidevieh im Nationalpark (in %)

Fichte	29,4	Ahorn	69,2
Tanne	36,4	Buche	60,4
Lärche	48,2	sonstige Laubbäume	71,0
am Gesamtbaumbestand im Nationalpark			30,0

Alte Nutzungsrechte und ihre Folgen

Die Almwirtschaft im Berchtesgadener Land blickt auf eine über tausendjährige Geschichte zurück. Die Weiderechte sind heute noch gültig, denn sie sind an den Hofbesitz gebunden. Nur wenn der Besitzer den Almbetrieb aufgibt, die Alm auflässt, erlischt das Nutzungsrecht. Aufgelassene Almen verbuschen und langsam setzt eine Wiederbewaldung ein.

Für die im Nationalpark liegenden Almflächen werden Tierart und -zahl sowie die Weidezeit vorgeschrieben. Allerdings sind die bevorzugten Tierarten heute fast doppelt so schwer wie die zum Beispiel 1950 gehaltenen Tiere. Sie beeinträchtigen sichtbar Boden und Vegetation.

Die meisten freien Almflächen, die Lichtweiden, entstanden im Nationalpark Berchtesgaden einst durch Rodung des Bergwaldes, nur wenige lagen oberhalb der Baumgrenze. Das Weiderecht umfasste zudem ausgedehnte Waldweiden, wo die Tiere im Wald grasen und sich auch von jungen Trieben ernähren. Die Nationalparkverwaltung ist bestrebt die Waldweiderechte einzuschränken.
(nach: Information Nationalpark Berchtesgaden „Almen")

Einfluss auf die Waldstruktur im Nationalpark hatte auch die Staatsjagd. Winterfütterung und Pflege des großen Wildbestandes gaben dem Aufkommen von Laubbäumen und der Tanne keine Chance. Das Abreiben der Geweihe der Hirsche, das Fegen, führte ebenso wie der Fraß der Rinde in harten Wintern, das Schälen, zur Schädigung der Bäume.
(nach: Forschungsbericht Nationalpark „Wälder")

M4 Waldweide

M5 Trittschäden durch Weidevieh („Viehgangerl")

M6 Der Bergmischwald kehrt zurück

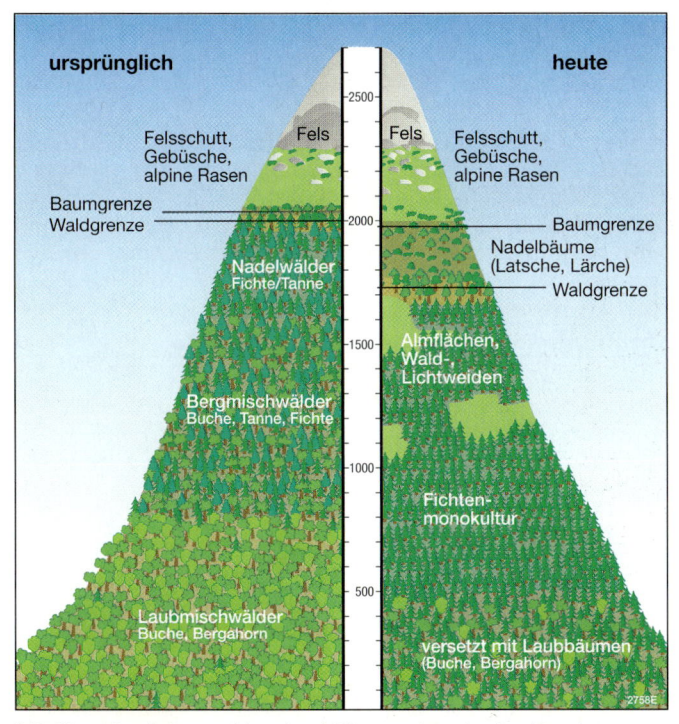

M7 Zusammenhang von Oberflächengestalt und Abfluss

	Abfluss des Niederschlags in %	Bodenabtrag in t/ha und Jahr
Mischwald	5	0,01
Fichtenwald	6	0,13
(Alm-)Wiesen	30	0,18
Skipisten	80	10,60

M8 Ursprüngliche und heutige Höhenstufung in den Berchtesgadener Alpen

ursprünglich — Felsschutt, Gebüsche, alpine Rasen; Baumgrenze/Waldgrenze; Nadelwälder (Fichte/Tanne); Bergmischwälder (Buche, Tanne, Fichte); Laubmischwälder (Buche, Bergahorn)

heute — Fels; Felsschutt, Gebüsche, alpine Rasen; Baumgrenze; Nadelbäume (Latsche, Lärche); Waldgrenze; Almflächen, Wald-, Lichtweiden; Fichtenmonokultur; versetzt mit Laubbäumen (Buche, Bergahorn)

Seit dem Mittelalter wurde im Berchtesgadener Land Holz für das Salzsieden geschlagen. Die Verdampfung aus dem Untergrund gelöster Salzsole erforderte Unmengen des Brennstoffes Nadelholz. Das Wachstum der Fichten und Tannen konnte mit dem Kahlschlag nicht Schritt halten. Der damalige Klosterstaat Berchtesgaden war gezwungen seinen Holzbedarf aus eigenen Wäldern zu decken. Nach Bau der Soleleitung wurde die Sole ab 1817 in Reichenhall verarbeitet. Man entschloss sich die Wälder durch Fichtenanbau zu sanieren.

(nach: Forschungsbericht Nationalpark Berchtesgaden)

Unser Land braucht keine Wächter, die uns sagen, wo es lang geht, denn das haben uns schon unsere Vorfahren vorgelebt. Ist es nicht Hohn und Spott, wenn sich der Nationalpark ein Gesetz für den Wald macht, dass beim Befall unseres schönen Bergwaldes durch den Borkenkäfer er selbst nichts zu tun braucht, aber die angrenzenden Bergbauern ihren Wald im eigenen Interesse schützen müssen. Ich war von Anfang an ein Gegner des Nationalparks.
W.I.

Das Land lebt hier nun mal vom Gast, der die Erholung sucht und Rast, und alle brauchen die Natur, aber ohne Nationalpark–Diktatur!
S.R.

M1 Leserbriefe
(aus: Berchtesgadener Anzeiger vom 18. Nov. und 2. Dez. 1993)

Zurück zur unberührten Naturlandschaft?

Die Initiatoren des Nationalparks Berchtesgaden hatten 1910 den amerikanischen Yellowstone-Nationalpark zum Vorbild: ein Gebiet, in dem kein Schuss fallen, kein Stein vom anderen genommen, kein Zweig umgeknickt, keine Pflanze ausgerissen, kein Tier getötet werden durfte. Diese Zielsetzung ließ sich aber in dem seit Jahrhunderten durch Jagd, Fischerei, Forst- und Almwirtschaft geprägten Berchtesgadener Land nicht durchsetzen. Die für alle Staaten verbindlichen Nationalpark-Richtlinien erlauben inzwischen, dass neben ursprünglichen Naturlandschaften auch vom Menschen geprägte Kulturlandschaften in Nationalparke einbezogen werden, wenn in einem Kerngebiet die Naturlandschaft vorherrscht und in weiten Bereichen die Ursprünglichkeit wieder hergestellt wird.

Uns stellt sich täglich die Aufgabe Kompromisse zwischen der traditionellen Nutzung und dem Schutz der Natur zu finden. Von der Einsicht der Einheimischen und der Gäste hängt es ab, ob Kompromisse gefunden werden und ob sie naturverträglich umzusetzen sind.

Viele verstehen unsere Maßnahmen nicht, weil sie nicht sehen, dass es in einer Landschaft viele komplizierte Wechselwirkungen gibt. Deshalb muss man die Folgen jeder einzelnen Einwirkung, sowohl schädigende als auch pflegerische kennen. Wer denkt schon daran, dass die Sicherheit der Siedlungen von der Wirkung der Trittbelastung von Mensch und Tier auf Vegetation und Boden abhängig sein kann. Wer mit offenen Augen durch den Wald geht, beobachtet auch, dass nach dem Windwurf und Borkenkäferbefall durch unser Nichteingreifen der Wald sich verjüngt und die Artenvielfalt zugenommen hat. Das ist eine erfreuliche Entwicklung, zumal wir gegen den großen Borkenkäferbefall nach den Sturmschäden nichts unternommen hatten. Das alles ist nur zu begreifen, wenn man die kausalen Zusammenhänge bis ins Detail zurückverfolgt.

(Stellungnahme eines Mitarbeiters des Nationalparks, 1995)

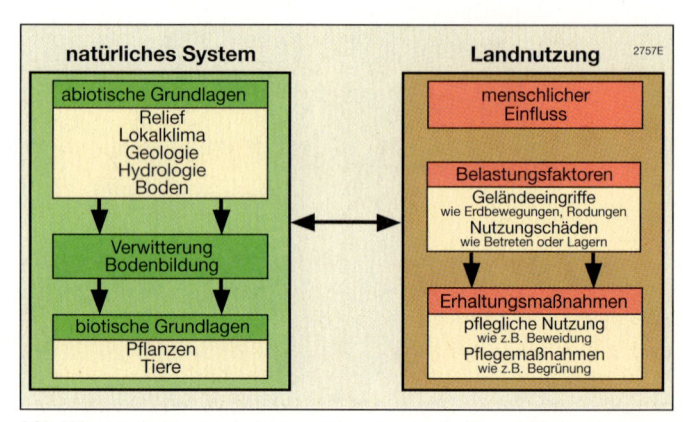

M2 Wechselwirkung zwischen Naturlandschaft und Nutzung

Kausaldiagramme veranschaulichen Zusammenhänge

Nationalparkforschung ist Forschung in einer vernetzten Welt. Die Wissenschaftler untersuchen in verschiedenen Forschungsprogrammen diese Vernetzungen. Sie erfahren auch großes Interesse bei allen Besuchern, die an geführten Wanderungen und Vorträgen teilnehmen. Fast alle Teilnehmer ahnen, dass es vielfältige Verbindungen zwischen den Elementen dieser Landschaft gibt. Die Verdeutlichung der einzelnen Sachverhalte und deren kausalen Zusammenhänge darf sich nicht in Einzelheiten verlieren. Sie gelingt am besten mit Hilfe von Kausaldiagrammen, weil diese das Wesentliche aus der Vielzahl der Einzelergebnisse herausarbeiten und das Wissen besonders übersichtlich strukturieren.

Die Zusammenhänge zwischen Tourismus sowie Alm- und Forstwirtschaft und Naturhaushalt im Nationalpark lassen sich grob wie folgt darstellen:

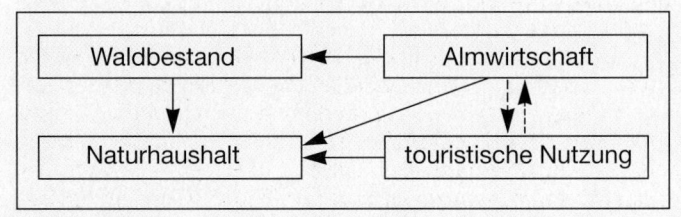

1 Werte die Materialen auf den *Seiten 170-176* aus und erkläre die in *M3* dargestellten Zusammenhänge.

2 Erstelle wenigstens zwei Kausaldiagramme, die die Zusammenhänge zwischen den einzelnen Faktoren detaillierter darstellen.

```
┌──────────────┐      ┌──────────────────┐
│ Waldbestand  │◄─────│   Almwirtschaft  │
└──────┬───────┘      └────┬─────────┬───┘
       │                   │         ┊
       ▼                   ▼         ▼
┌──────────────┐      ┌──────────────────┐
│ Naturhaushalt│◄─────│touristische Nutzung│
└──────────────┘      └──────────────────┘
```

M3 Einwirkungen auf den Naturhaushalt

Mit Hilfe des Materials auf den Seiten 170 bis 176 können weitere Teilaspekte in Kausaldiagrammen dargestellt werden. Bei der Erstellung eines Kausaldiagramms sind folgende Arbeitsschritte zu beachten:
- Der Sachverhalt, den das Kausaldiagramm darstellen soll, ist einzugrenzen um eine zu große Detailfülle zu vermeiden. So könnte man zum Beispiel die Almwirtschaft in ihren Folgen in den Mittelpunkt stellen.
- Das Thema, die Überschrift, ist so zu formulieren, dass dem Betrachter auf den ersten Blick die Darstellungsabsicht auffällt.
- Für die Faktoren, die den Sachverhalt kennzeichnen, sind wie in *M3* treffende, sachspezifische Stichworte zu wählen. Zunächst sind die über- und dann die nachgeordneten Faktoren zu bestimmen. So lässt sich dem übergeordneten Faktor Waldbestand zum Beispiel der Faktor Artenzusammensetzung oder dem Naturhaushalt der Faktor Erosion zuordnen.
- Um die Anordnung der Stichworte übersichtlich zu gestalten ist zu überlegen, welche Art von Beziehungen zwischen den Faktoren besteht: einseitige, wechselseitige oder vielfältig vernetzte.
- Die Stichworte sind so anzuordnen, dass durch wenige Striche und sich wenig kreuzende Pfeile die kausalen Zusammenhänge sichtbar werden.

> Eine übersichtliche Anordnung der Stichworte und Pfeile gelingt nicht auf Anhieb. Deshalb ist es hilfreich die Stichworte auf Papier- oder Folienstreifen zu schreiben und sie so lange zu verschieben und neu zu ordnen, bis das Pfeilgeflecht am übersichtlichsten ist. Erst dann sollte eine Reinzeichnung angefertigt werden.
> Für die Zeichnung der Striche und Pfeile ist stets ein Lineal zu verwenden. Die Wichtigkeit der Beziehungen ist durch verschiedene Pfeilstärken, eventuell auch durch gestrichelte Linien auszudrücken.

International schützen – national handeln

Seit den 50er Jahren setzte sich der Gedanke naturnahe Landschaften zu schützen durch. Landschaften, die nicht wesentlich durch den Menschen verändert sind und wertvolle Lebensräume umschließen, werden vom jeweiligen Staat zum Nationalpark erklärt. Entsprechend einer UN-Vereinbarung aus dem Jahre 1969 zielt der Schutz auf die Sicherung der ökologischen, geologischen und landschaftlichen Eigenart. Bis heute gibt es auf der ganzen Welt 2000 Nationalparke. In Europa wurden in mehr als 20 Ländern über 200 Gebiete zum Nationalpark erklärt. Sie liegen in unterschiedlichen Landschaften und schützen typische Lebensräume. Ihre Gesamtheit dokumentiert die Vielfalt der europäischen Naturlandschaften.

Einzelne Nationalparke sind mit ihrem Vorfeld von der UNESCO als Biosphärenreservate anerkannt. Der Nationalpark stellt meist die Kernzone des Reservats dar. In ihr bleibt die Natur sich selbst überlassen.

Die 300 Biosphärenreservate in 75 Staaten der Erde umschließen aber auch gewachsene Kulturlandschaften, unabhängig von Nationalparkgebieten. Ihre Verteilung ermöglicht eine weltweite ökologische Grundlagenforschung und Umweltbeobachtung in verschiedenen Klima- und Vegetationszonen sowie einen internationalen Erfahrungsaustausch.

1 In welchen Staaten sind wenigstens zwei Nationalparke auch als Biosphärenreservate ausgewiesen?

2 Wie heißen die Gebirge 1-12 (*Atlas*)?

3 Benenne die Staaten, in denen Gebirgslandschaften geschützt werden.

4 Zu welchen Landschaften gehören die Nationalparke in Deutschland, in Frankreich und in Polen, die Teile von Biosphärenreservaten sind (*Atlas*)?

5 Wie heißen die Meere, an deren Küsten Nationalparke liegen (*Atlas*)?

6 Benenne die Inseln und Halbinseln (*Atlas*).

M1 Ausgewählte Nationalparke und Biosphärenreservate in Europa

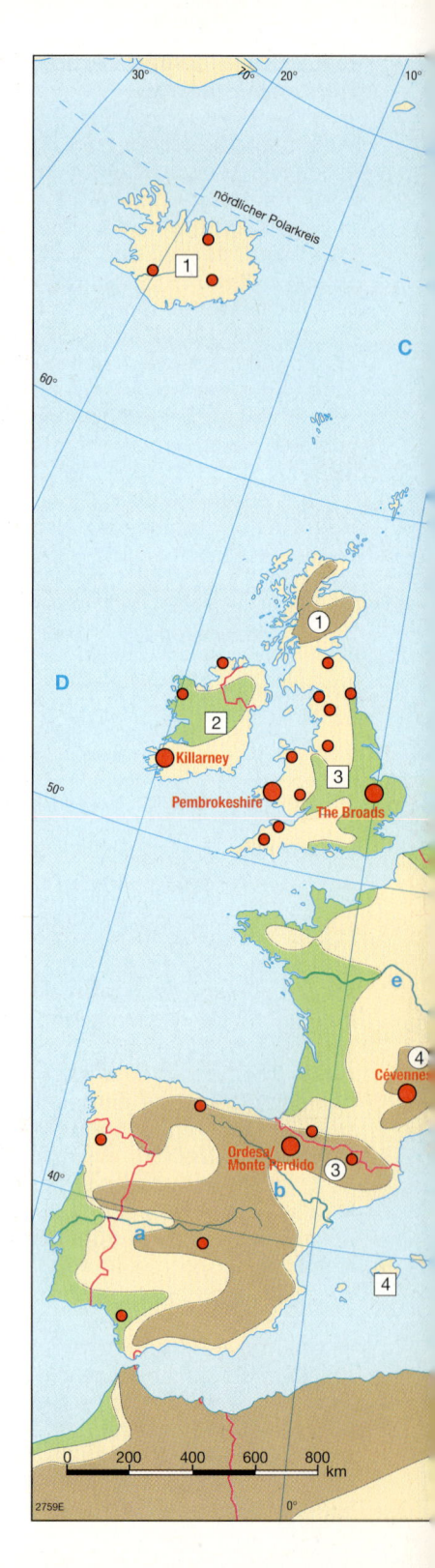

Nationalparke in Europa

	Svartisen-Saltfjellet
	Schleswig-Holsteinisches Wattenmeer
	Hamburgisches Wattenmeer
	Niedersächsisches Wattenmeer
	Białowieża
	Sächsische Schweiz
	Krkonoše
	Babia-Gora
	Vysoké Tatry
	Aggtelek
	Bayerischer Wald
	Berchtesgaden
	Hortobágy
	Neusiedler See
	Kiskunság
	Schweizer Nationalpark
	Circeo
	Tara
	Steneto
	Olympos
	Samaria

Legende

- Küsten, Tiefland
- Hügel- und Bergland
- ① Gebirge
- ● Nationalparke, die als Biosphärenreservate anerkannt sind
- • übrige Nationalparke
- a Fluss
- A Meer
- 4 Insel, Halbinsel
- Staatsgrenzen

179

Minilexikon
Erklärung wichtiger Begriffe

Agglomeration (Seite 66)
Allgemeine Bezeichnung für räumliche Ballung oder Verdichtung, z.B. von Bevölkerung oder Industrie.

Altlast (Seite 143)
Abfälle oder Rückstände aus vorwiegend industrieller Produktion, die für Mensch und Umwelt gefährlich sind. Sie wurden oft vor Jahrzehnten sorglos ohne Schutzmaßnahmen abgelagert. Giftige Stoffe können z.B. ins Erdreich eingesickert sein und gefährden das Grundwasser oder steigen als Gase in die Luft (→ Treibhauseffekt).

Auewald (Seite 126)
Wald im Überschwemmungsbereich großer Flüsse in Mitteleuropa, durch Flussregulierungen weitgehend vernichtet.

Binnenmarkt (Seite 92)
Angebot und Nachfrage von Waren innerhalb eines Landes. Der EU-Binnenmarkt schafft Bedingungen, als seien alle EU-Länder ein großes Land (z.B. keine Binnenzölle, freie Wahl des Wohn- und Arbeitsplatzes innerhalb der EU).

Biologische Selbstreinigung (Seite 130)
Die Fähigkeit der Organismen in einem Fließgewässer organische Belastungen abzubauen. Zu starke Belastungen und Gifte stören die Selbstreinigung.

Biomasse (Seite 136)
Menge der lebenden organischen Substanz (Pflanzen, Tiere) zu einem bestimmten Zeitpunkt und an einem bestimmten Ort.

Biosphärenreservat (Seite 171)
Von der UNESCO anerkanntes großflächiges Schutzgebiet als repräsentativer Ausschnitt einer gewachsenen Natur- und Kulturlandschaft. Die weltweite Verteilung ermöglicht eine abgestimmte fächerübergreifende Forschung aller wichtigen Ökosysteme der Erde.

Bodenhorizonte (Seite 136)
Unterschiedlich mächtige, mehr oder weniger parallel zur Erdoberfläche verlaufende und mit verschiedenen Merkmalen ausgestattete Bodenschichten.

Bodenversiegelung (Seiten 125 und 143)
Abdichten der Erdoberfläche, z.B. durch Asphalt, so dass kein Wasser mehr in den Boden eindringen kann.

Brache (Seite 138)
Ackerbaulich genutzte Fläche, die ein oder mehrere Jahre nicht mehr bearbeitet wird.

Brackwasser (Seite 162)
Das schwach salzige Gemisch aus Fluss- und Meereswasser im Mündungsbereich von Flüssen, in abgetrennten Meeresbuchten oder in → Randmeeren.

Bruttoinlandsprodukt (BIP) (Seite 14)
Wert aller Güter und Dienstleistungen, die von einer Volkswirtschaft während eines Jahres innerhalb eines Landes erzeugt bzw. erbracht werden – im Unterschied zum Bruttosozialprodukt. Hier werden auch die Werte hinzugerechnet, die im Ausland erwirtschaftet werden, z.B. durch Tochterfirmen.

Dezentralisierung (Seite 69)
Auflösung und Entflechtung zentralisierter Strukturen in Wirtschaft, Politik und Siedlungswesen (→ Zentralismus).

Dunstglocke (Seite 148)
Glockenartiges Gebilde über Großstädten und Industriegebieten; entsteht durch die starke Erhitzung der Siedlungsflächen und den Ausstoß von Staub, Rauch und Schadstoffen bevorzugt bei austauscharmen Wetterlagen (→ Inversion). Unter der Dunstglocke können sich die Schadstoffe in der Luft anreichern.

ECU (Seite 92)
European Currency Unit, gemeinsame europäische Währungseinheit.

Einzugsgebiet (Seite 124)
Von einem Fluss und seinen Nebenflüssen ober- und unterirdisch entwässertes Gebiet; vom Einzugsgebiet anderer Flüsse durch Wasserscheiden getrennt.

Emissionen (Seite 143)
Die Luft verunreinigenden Stoffe, die z.B. Autos, Kraftwerke und Fabriken ausstoßen.

Entlastungszentrum (Seite 68)
Neue Stadt in einem Großraum mit infrastrukturellen Einrichtungen um das Hauptzentrum zu entlasten, z.B. villes nouvelles um die Hauptstadt Paris.

Erosion (Seite 138)
Abtragung von Boden, hauptsächlich durch Wasser und Wind.

Euregios (Seite 90)
Regionen an den Binnen- und Außengrenzen der EU, in denen grenzüberschreitende Zusammenarbeit vereinbart und praktiziert wird, z.B. auf dem Gebiet des Tourismus, der Umwelt, des Sports, der Kultur u.a.

Europäische Integration (Seite 92)
Europäische Einigung: Sie besteht aus der wirtschaftlichen Integration, z.B. der Schaffung des EU- →Binnenmarktes, des → EWR und des → ECU und der politischen Integration, z.B. einer gemeinsamen Umwelt-, Außen- oder Agrarpolitik.

Europäische Union (EU) (Seite 85)
Zusammenschluss von 15 europäischen Staaten (bis 1995)

mit dem Ziel einer politischen Integration.

Europäischer Wirtschaftsraum (EWR) (Seite 92)
Gemeinsamer Binnenmarkt der EU- und einiger weiterer Länder (1991 beschlossen).

Extensivierung (Seite 95)
Im Gegensatz zur → Intensivierung verzichtet man bei den landwirtschaftlichen Flächen z.B. auf den Einsatz von Dünger oder lässt Flächen brachliegen. Dadurch gehen die Erträge zurück. Angesichts der Überproduktion wird dies von der EU gefördert.

Flächenstilllegung (Seite 18)
Herausnahme von Ackerflächen aus der landwirtschaftlichen Nutzung zum Zwecke der Verringerung von → Überproduktion. Diese brachliegenden Flächen können mit Bodendeckern gegen Erosion und Abnahme der Bodenfruchtbarkeit bepflanzt werden. Als Ausgleich erhalten die Landwirte eine Stilllegungsprämie (→ Subvention).

Flurwinde (Seite 152)
Schwache bodennahe Luftströmung, die vom kühleren Freiland in die wärmere Stadt weht.

Fühlungsvorteil (Seite 67)
Ein wichtiger → Standortfaktor für Betriebe des → sekundären und → tertiären Sektors. Man versteht darunter die günstigen Kontaktmöglichkeiten, die durch die Nähe zu anderen Industrie- und Dienstleistungsbetrieben (z.B. Zulieferer oder Abnehmer) oder zu Behörden (z.B. Ministerien, Patentamt) entstehen.

Genossenschaft (Seite 23)
Zusammenschluss mehrerer Personen mit dem Ziel die gemeinsamen wirtschaftlichen Interessen zu realisieren und möglichst hohe Gewinne zu erzielen.

going-global (Seite 34)
Strategie der Großfirmen im Ausland neue Betriebe zu gründen, in dem sie Steuererleichterungen, preiswertes Gelände, billigere Arbeitskräfte nutzen um billiger zu produzieren (→ Niedriglohnländer).

Güterverkehrszentrum (Seite 46)
Güterverkehrszentren (GVZ) bilden im kombinierten Verkehr die Übergangsstellen zwischen verschiedenen Verkehrsträgern (LKW, Bahn) und sind gleichzeitig Standorte von Transportunternehmen (Speditionen) und Industriebetrieben.

Huerta (Seite 76)
Bewässerte Agrarlandschaft in den schmalen Küstengebieten entlang der Mittelmeerküste Spaniens, wo auf Schwemmlandböden intensiver (Garten-) Anbau betrieben wird.

Indexzahlen (Seite 19)
Prozentzahlen, bezogen auf den Wert 100.

Industrielle Verflechtung (Seite 33)
Arbeitsteilige Zusammenarbeit von Industrieunternehmen, oft auch mit Zulieferbetrieben.

Infrastruktur (Seite 80)
Einrichtungen (u. a. Verkehrsmittel und -wege, Elektrizität, Fernmeldewesen, Gesundheits- und Ausbildungswesen), die die wirtschaftliche und gesellschaftliche Entwicklung eines Raumes fördern.

Intensivhaltung (Seite 20)
Massentierhaltung in stark automatisierten Ställen (z.B. Futterzufuhr).

Intensivierung (Seite 16)
Verstärkung aller Bemühungen um eine Verbesserung der Bodennutzung, z.B. durch Düngung, Bewässerung, Schädlingsbekämpfung.

Intensivkultur (Seite 76)
Pflanzenbau, der mit hohem Arbeits- und Kapitalaufwand und infolgedessen hohen Ernteerträgen betrieben wird.

Inversion (Seite 146)
Temperaturumkehr in der Atmosphäre, die dadurch in Erscheinung tritt, dass innerhalb einer Luftschicht die Temperatur mit der Höhe nicht ab-, sondern zunimmt. Sie entsteht bei austauscharmen Wetterlagen, die die Voraussetzung für das Entstehen von → Smog sind.

Jointventure (Seite 103)
Zusammenschluss von Unternehmen aus verschiedenen Ländern um ein gemeinsames Projekt durchzuführen. Anfang der 90er Jahre entstanden Jointventures vor allem zwischen westlichen Industriestaaten und osteuropäischen Ländern.

Just-in-time (Seite 33)
Organisation der Zulieferung von Teilen, die bei der Produktion gebraucht werden. Der Hersteller bestellt aus Kostengründen erst dann bei den einzelnen Zulieferern, wenn der Lagerbestand zur Neige geht.

Kombinat (Seite 31)
Industriebetriebe, die durch Produktionsverbund und durch gegenseitige Lieferungen sehr eng miteinander verflochten sind. Kombinate waren typisch für die Industrie in den sozialistischen Staaten des ehemaligen Ostblocks.

Mäander (Seite 126)
Fluss- und Talschlingen, verursacht durch geringes Gefälle des Fließgewässers.

Marktwirtschaft (Seite 102)
Wirtschaftsordnung, bei der die Unternehmer frei darüber entscheiden können, welche und wie viel Güter sie herstellen. Ihr Handeln wird vom Markt, das heißt durch Angebot und Nachfrage sowie vom Wettbewerb bestimmt.

Mechanisierung (Seite 16)
Ersatz der menschlichen Arbeitskraft durch Maschinen, z.B. Traktoren in der Landwirtschaft.

Metropole (Seite 38)
Hauptstadt bzw. politischer, wirtschaftlicher und kultureller Mittelpunkt eines Landes.

Migration (Seiten 28 und 80)
Wanderung, Wechsel des Wohnortes. Gründe dafür können die Suche nach einem Arbeitsplatz, aber auch eine

Flucht vor Hunger und Krieg sein.

Mikroklima (Seite 150)
Klima der bodennahen Luftschichten von 0 bis 2 m Höhe. Bodenbedeckung und Bodenbeschaffenheit bewirken oft eine Veränderung von Temperatur und Luftfeuchtigkeit innerhalb weniger Meter.

Monokultur (Seite 139)
Eine langjährige einseitige Nutzung einer bestimmten Fläche durch eine Kulturpflanze, z.B. Mais.

Monostruktur (Seite 37)
Wirtschaft, die durch einen (Mono-) Industriezweig oder eine Branche bestimmt oder beherrscht wird.

Montanrevier (Seite 44)
Ein Gebiet, das durch den Bergbau und die Eisen- und Stahlindustrie geprägt ist oder war, z.B. das Ruhrgebiet.

Nahrungskette
(Seiten 132 und 161)
Eine Reihe von Lebewesen, bei der jeweils eine Art die hauptsächliche Nahrungsgrundlage der nächsten Art ist, z.B. Alge–Krebs–kleiner Fisch–Raubfisch. Letztes Glied der Nahrungskette ist oft der Mensch.

Nationalpark (Seite 170)
Großflächige naturnahe Landschaft, die gesetzlich geschützt ist. Im Nationalpark soll die ursprüngliche Landschaft erhalten oder wiederhergestellt werden. Die heimische Pflanzen- und Tierwelt steht unter Schutz. Nutzungen sind nur in begrenztem Umfang erlaubt.

Naturhaushalt (Seite 126)
Das Wirkungsgefüge aller Faktoren des landschaftlichen Ökosystems.

Niedriglohnländer
(Seiten 34 und 104)
Länder mit besonders niedrigem Lohnniveau. In Billiglohnländern können arbeitsintensive Waren in der Regel kostengünstiger produziert werden als in den westlichen Industrieländern mit hohem Lohnniveau.

Offshore (Seite 62)
engl. = „küstenfern". In der Nordsee werden Öl und Gas in der „Offshore-Technik", d.h. im Meer gefördert.

Ostblock (Seite 100)
Zusammenfassender Ausdruck für die ehemalige Sowjetunion und die unter ihrem Einfluss gestandenen kommunistischen Staaten (Ostblockstaaten).

Plankton (Seite 161)
Gesamtheit aller Kleinstlebewesen in Süß- und Salzwasser, die frei im Wasser schweben. Unterschieden werden Phytoplankton (pflanzlich: winzige Algen) und Zooplankton (tierisch: Kleinlebewesen, Fischeier, Larven von Meerestieren). Plankton ist für viele Fische wichtigste Nahrungsgrundlage.

Planwirtschaft
(Seiten 22 und 101)
Wirtschaftsordnung, bei der der Staat den Unternehmern für einen bestimmten Zeitraum, z.B. ein Jahr, genau vorschreibt, welche und wie viel Güter sie zu produzieren haben. Der Staat überwacht, ob der „Plan", das heißt die vorgegebenen Ziele, erfüllt wird.

Polder (Seite 128)
Ursprünglich eingedeichtes, neugewonnenes Marschland an der Nordseeküste, auch verwendet für eingedeichte Flusslandschaften, die bei Hochwasser als Ausgleichsflächen dienen. In beiden Fällen sind sie landwirtschaftlich genutzt.

Primärer Sektor (Seite 14)
Der Teil der Wirtschaft, der sich mit der Produktion von Rohstoffen beschäftigt: die Landwirtschaft, die Forstwirtschaft, die Fischerei und der reine Bergbau (nicht die Aufbereitung).

Produktivität
(Seiten 16 und 61)
Verhältnis von Herstellungskosten zu Produktionsmengen oder zu wertmäßigem Produktionsergebnis. Die Produktivität kann gesteigert werden, wenn sich bei gleichem Einsatz das Produktionsergebnis erhöht.

Räumliche Disparität (Seite 14)
Unterschiedliche Ausstattung von Regionen. Diese zeigt sich in unterschiedlichem Angebot an Arbeitsplätzen oder an unterschiedlichen Lebensbedingungen (→ strukturschwacher Raum).

Randmeer (Seite 160)
Meeresteil, der überwiegend von Land umschlossen ist und nur einen mehr oder weniger schmalen Zugang zu einem Ozean hat oder der vom Ozean durch eine Inselgruppe getrennt ist (z.B. Nordsee), auch Nebenmeer genannt.

Rat für gegenseitige Wirtschaftshilfe (RGW) (Seite 100)
1949 gegründete Organisation der Staaten des → Ostblocks. Ziele: Abstimmung der Wirtschaftspläne der einzelnen Länder, Durchführung gemeinsamer Projekte. Mit dem Zerfall des Ostblocks und der Sowjetunion löste sich der RGW 1991 auf.

Renaturierung (Seite 128)
Rückführung von Kulturlandschaften in einen naturnahen Zustand.

Sanierung (Seite 106)
Im Städtebau alle Maßnahmen, die zu einer Verbesserung der Lebensbedingungen in Altbaugebieten oder Altbauwohnungen führen.

**Schlanke Produktion
(lean production)**
(Seiten 31 und 61)
Moderne Organisationsform von Industrieunternehmen nach japanischem Vorbild zur Herstellung von Verkaufsprodukten mit einem möglichst geringen Aufwand an Verwaltungs-, Personal- oder Lagerkosten.

Schlüsselindustrie (Seite 60)
Industriezweige, deren Produktion und Aufträge für andere Industrien, Betriebe oder Länder lebenswichtig sind.
Zu den traditionellen Schlüsselindustrien gehören z.B. die Schwerindustrie, die Textilindustrie, der Fahrzeugbau und die Energieerzeugung.

Sekundärer Sektor
(Seite 14)
Der Teil der Wirtschaft, der sich mit der Bearbeitung, Verarbeitung und Aufbereitung von Rohstoffen beschäftigt: die Industrie, das Handwerk, die Bauwirtschaft, die Heimarbeit.

Smog (Seite 146)
(= Smoke + Fog); entsteht aus Nebel bzw. Dunst und Abgasen bei Hochdruck-Wetterlagen mit geringem Luftaustausch (→ Inversion) über Industriegebieten und Großstädten. Sommersmog bildet sich bei starker Sonneneinstrahlung als erhöhte Ozonkonzentration in den bodennahen Luftschichten.

Spezialisierung (Seite 17)
Reduzierung auf ein oder wenige Produkte; in der Landwirtschaft z.B. auf einen Bereich der Acker- oder Viehwirtschaft.

Standortfaktor
(Seiten 43 und 46)
Voraussetzung für die Anlage von Industriebetrieben um eine wirtschaftliche (rentable) Produktion zu erzielen. Standortfaktoren können sein: Rohstoffvorkommen, Absatzmärkte, Verkehrsanbindung, billige oder gut ausgebildete Arbeitskräfte, aber auch z.B. die Wohn- und Umweltqualität oder das Kultur- und Freizeitangebot, die so genannten weichen Standortfaktoren.

Stoffkreislauf (Seite 137)
Der Umlauf eines bestimmten Stoffes, z.B. eines Nährstoffes, aber auch eines Schadstoffes, im Naturhaushalt.

Strukturschwacher Raum
(Seite 26)
Gebiet, in dem sich wegen schlechter → Standortfaktoren, wie z.B. schlechter Infrastruktur, kaum Wirtschaftsunternehmen ansiedeln bzw. angesiedelt haben. Daher gibt es dort nur wenige Arbeitsplätze und zahlreiche Arbeitslose.

Strukturpolitik (Seite 86)
Bündel von Maßnahmen der → EU zur Entwicklung → strukturschwacher Räume innerhalb der Mitgliedsstaaten der EU (z.B. Maßnahmen zur Verbesserung der Agrarstruktur oder Ausbau der Infrastruktur).

Subvention (Seite 18)
Unterstützungszahlungen des Staates, eines Landes oder einer Kommune mit dem Ziel die Ansiedlung bestimmter Betriebe an bestimmten Standorten zu fördern oder bestimmten Wirtschaftszweigen (etwa der Montanindustrie oder der Landwirtschaft) zu helfen.

Technologiepark (Seite 44)
Räumliche Konzentration von kleinen und mittelständischen Betrieben, die unmittelbar mit Universitäten, Fachhochschulen und wissenschaftlichen Instituten zusammenarbeiten und deren Forschungsergebnisse in praktische Produkte umsetzen.

Tertiärer Sektor (Seite 14)
Der Teil der Wirtschaft, der Dienstleistungen erbringt: Handel, Banken, Verkehr, Tourismusgewerbe, Verwaltung, Bildungs-, Gesundheitswesen, freie Berufe (Ärzte, Rechtsanwälte, Architekten usw.).

Touristische Infrastruktur
(Seite 51)
Speziell für die Bedürfnisse der Touristen geschaffene Infrastruktur.

Treibhauseffekt (Seite 156)
Der natürliche Treibhauseffekt verhindert, dass sich die Erde zu stark abkühlt. Die Atmosphäre lässt einen Teil der Strahlung der Sonne zur Erde durch. Die von der Erde zurückgestrahlte Wärme wird von der Atmosphäre jedoch zurückgehalten, wie beim Glasdach eines Treibhauses, und wiederum zur Erde zurückgeworfen. Der Treibhauseffekt wird vom Menschen dadurch verstärkt, dass z.B. bei Verbrennungsvorgängen Kohlendioxid in die Atmosphäre entweicht. Die Folge kann eine weltweite Erwärmung des Klimas sein.

Überproduktion (Seite 18)
Erzeugung von Waren, die auf dem Markt nicht abgesetzt werden können.

Versiegelung
→ Bodenversiegelung

Vollerwerbsbetrieb (Seite 16)
Ein landwirtschaftlicher Betrieb, der die volle Arbeitskraft des Betriebsleiters beansprucht und im Wesentlichen sein Einkommen deckt.

Wärmeinsel (Seite 148)
Ein Gebiet, das im Vergleich zur weiteren Umgebung höhere Temperaturen aufweist (z.B. besonders stark aufgeheizte Flächen aus Stein oder Beton in einer Stadt).

Waldsterben (Seite 154)
Schädigung und schließlich Absterben von Nadel- und Laubbäumen in großem Umfang. Ursache sind Schadstoffe, die die Luft verunreinigen. Sie werden von den Bäumen vorwiegend aus dem Boden, zusammen mit den Nährstoffen, aufgenommen. Hauptursache für das Waldsterben ist der saure Regen, die säurehaltigen Niederschläge, die die Böden und Kronenschichten der Wälder schädigen.

Weiche Standortfaktoren
→ Standortfaktor

Wirtschaftssektoren (Seite 14)
Bereiche der Wirtschaft, die in drei Zweige unterteilt ist. Man unterscheidet zwischen
→ primärem, → sekundärem und
→ tertiärem Sektor.

Zentralismus (Seite 66)
Prinzip politischer, teilweise auch wirtschaftlicher Verwaltung, die alle Entscheidungen für ein Land von einem Zentrum, einer Zentrale aus, trifft (Gegensatz: Regionalismus).

Bildnachweis: AeroCamera, Rotterdam: 56 o.; Agrarprodukte Ludwigshof: 22 M2; Anthony-Verlag, Starnberg: 106 M2 (Backhaus); Arbeitsgem. Hydrogeologie und Umweltschutz (AHU) und BUND Umwelt Forschungsinst. (BUF), Aachen: 142 M1 (G. Feuerstein); Atelier Juch, Berlin: 43 M2; Atelier Rissler, Heidelberg: 136 M2, 137 M5; AVIA-Luftbild/M. Jochum, Aachen: 123; Baaske, W., Cartoon Agentur, München: 155 M5 (F. Wössner); Bavaria Bildagentur, Gauting: 113 M4 (Janicek); Bayer AG, Leverkusen: 25; Bilderberg, Hamburg: 108 M1 (Madej), 114 M1 (Kallay), 114 M2 (Kallay); BP, London: 59; Bronny, H., Castrop-Rauxel: 79 u., 81 M4; Buergle, K., Göppingen: 156 M2; Daimler Benz AG, Stuttgart: 32 M3, 34 M3; debis Gesellschaft für Potsdamer Platz Projekt und Immobilienmanagement mbH/Next Edit GmbH, Berlin: 41 M4; Deutsche Luftbild, Hamburg: 12 o., 12 u.; dpa, Frankfurt/M.: 10 M1 (Reeh), 28 M3 (Schindler/Zentralbild), 100 M3 (Agence France), 101 M5 (Agence France); Druck- u. Verlagshaus Bitter GmbH, Recklinghausen: 83 (nach: Schmitz, K.: Bock auf Europa, 1986); El Bassam/FAL, Braunschweig: 138 M3; Focus, Hamburg: 81 M5 (Möller), 95 M3 (Silvester), 102 M1 (Bur/Contact), 102 M2 (Nicholl/Katz Pictures), 105 (Mazin/Agence Top); Galeries Lafayette, Berlin: 39 M2; Geiger, F., Merzhausen: 75 o.; Globus-Kartendienst, Hamburg: 11 M2 (nach: Globus/index funk), 26 M3, 28 M2, 96 M2, 103 M3, 132 M1, 155 M3; Haitzinger, H., München: 125 M5; Huber, Garmisch-Partenkirchen: 50 M3 (Schmid), 111 (Schmid), 112 M3 (Schmid); IBA Emscher Park, Gelsenkirchen: 13 u. (Liedtke), 48 M1 (Vollmer); IFA-Bilderteam, Taufkirchen: 56 u. (Welsh), 73 M3 (Amberg), 98 M2 (WPS); Illustreret Videnskab, Kopenhagen: 64 M1; IMA, Hannover: 15 (agrar press), 15 u., 18 M3, 21 M5, 139 M4 (agrar press); imu-bildinfo, Essen: 147 M3; Institut für Angewandte Geodäsie, Frankfurt/M.: 129 M4 (Kartengrundlage: Topograph. Übersichtskarte 1:200.000 Blatt CC 7910 Freiburg-Nord. Mit Genehm. des Inst. für Angewandte Geodäsie, Frankfurt/M., Nr. 15/96 vom 2.4.1996); Internationale Kommission zum Schutz des Rheins: 130 m. (aus: Der Rhein auf dem Weg zu vielseitigem Leben, 1994, S. 18); Koblenz Stadtverwaltung: 133 M3; KVR, Essen: 150 M1, 150 M2, 152 M2; Landesanstalt für Pflanzenbau Forchheim, Rheinstetten: 139 M5 (Quist); Landesbildstelle Baden, Karlsruhe: 127 M4, 127 M5; Landratsamt Berchtesgadener Land, Nationalparkverwaltung: 168/169, 172 M3, 175 M6; Latz, W., Linz: 160 M1; Lüftner, H., Dortmund: 145, 148 M1; Marth, G., Neu Isenburg: 12/13 m.; Mauritius, Mittenwald: 8 M2 (Hackenberg), 8 M3 (v. Knobloch), 57 u. (Torino), 75 u. (Richter-Abraham); Meyer Werft, Papenburg: 36 M2 (art-studio Manitzke); Micro Compact Car AG (MCC), Zürich: 88 M2 (Sexer Loyrette); National Geographic Society, Washington: 120/121 (W.H. Bond); Naturschutzzentrum NRW: 137 M3 (nach: Der Boden lebt, 1993, S. 8); Noll, E., Dortmund: 173 M5, 174 M4, 174 M5; Nordis picture pool, Essen: 79 o. (Haafke); NRSC Ltd., GB – Farnborough: 7 M3 (NOAA AVHRR, Mosaikbild); Okapia-Bildarchiv, Frankfurt/M.: 140 M1 (Hanneforth); PAMINA, Berg - Neu Lauterburg: 54 M3; Pielert, K./Handelsblatt, Düsseldorf: 100 M1; Rapho, Paris: 65 (Halary), 67 M4 (Halary); Roberts, G.R., NZ - Nelson: 60 M2; Seipelt, A., Vechelde: 135; Silvestris Fotoservice, Kastl/Obb.: 154 M1, 162 M2 (Lane); Staatsarchiv Freiburg: 129 M5 (Slg. Pragher); Strohbach, D., Berlin: 57 o.; TechnologieZentrumDortmund GmbH: 45 M3; Thaler, U., Leipzig: 112 M2, 113 M5; Trud vom 15.2.1991: 100 M2; Ullstein Bilderdienst, Berlin: 13 o. (Sticha); UNICEPTA, Bitterfeld: 30 M3; VCH Verlagsgesellschaft, Weinheim: 127 M 3 (aus: Hydrologischer Atlas der Bundesrepublik Deutschland, Hrsg.: Dt. Forschungsgemeinschaft, 1978); Visum, Hamburg: 155 M4 (Reinartz); Zeitz KG, Königssee: Titelbild; Zentrum für europäische Bildung, Bonn: 4/5 (S. Albrecht).

Europa im Überblick

- ①–⑮ Gebirge
- a–q Flüsse
- I–IX Seen/Meere
- 1–11 Inseln/Halbinseln
- • T. Stadt (mit Anfangs-Buchstaben)
- **SLO** Staaten